독재를 부르는
우리 안의 심리

일러두기 / 이 책(Ending the Era of Dictratorships)은 2019년 5월 3일부터 6일까지 한국의 서울에서 열린 상승 마스터 컨퍼런스에서 메신저 킴 마이클즈를 통해 전해진 내용을 담고 있습니다. 이에 앞서 2016년의 한국 컨퍼런스에서는 한국의 미래에 대한 비전이, 2017년 컨퍼런스에서는 그 비전을 실현하기 위한 접근방식이 제시되었습니다. 이 책은 지구에 만연한 여러 종류의 독재체제에 대한 깊은 심리적, 영적 통찰을 주고 있습니다. 아울러 독재를 초래한 인류의 집단의식이 지닌 특성들을 극복하여 새로운 민주주의를 구현하기 위한 기원문을 제시합니다.

독재를 부르는 우리 안의 심리

ⓒ2019~, Kim Michaels

킴 마이클즈를 통해 전해진, 한국의 미래를 위한 상승 마스터들의 메시지를 '그리스도 의식을 추구하며' 카페에서 공부하는 상승 마스터 학생들이 번역하고 디자인 및 편집을 해서 직접 이 책을 펴냈습니다. 이 책의 한국어판 저작권은 저작권자인 킴 마이클즈와 계약을 한 '그리스도 의식을 추구하며' 카페에 있습니다.
아이앰 출판사(http://cafe.naver.com/iampublish)는 '그리스도 의식을 추구하며' 카페에 의해 상승 마스터의 가르침들을 널리 알리기 위한 목적으로 설립되었으며, 2015년 9월 4일(제 2015-000075호)에 등록되었습니다. 주소는 서울시 송파구 장지동 송파파인타운 11단지 내에 있으며, 인터넷 카페는 http://cafe.naver.com/christhood입니다.

2020년 3월 20일 펴낸 책(초판 제1쇄)

번역 및 디자인, 편집, 출판: 아이앰 편집팀
이 책은 최대한 내용의 명확한 전달에 초점을 맞추어 번역되었음을 알려드립니다.
.

ISBN 979-11-967019-6-3
CIP 2020009177

이 도서의 국립중앙도서관 출판시도서목록(CIP)은 서지정보유통지원시스템 홈페이지(http://seoji.nl.go.kr)와 국가자료공동목록시스템 (http://seoji.nl.go.kr/kolisnet)에서 이용하실 수 있습니다.

독재를 부르는 우리 안의 심리

Ending the Era of Dictratorships
2019 상승 마스터 한국 컨퍼런스

킴 마이클즈

I AM

공식 한국어 번역 사이트 (네이버 카페)

cafe.naver.com/christhood

비영리 단체인 '그리스도 의식을 추구하며' 네이버 카페에서는 킴 마이클즈가 지난 10년 이상 웹사이트에 공개한 상승 마스터들의 메시지 및 기원문을 번역해서 제공합니다. 누구나 가입해서 자유롭게 내용을 볼 수 있으며, 상승 마스터들의 가르침을 따라 스스로 내면의 여정을 걸어갈 수 있는 환경을 만들려고 노력하고 있습니다. 카페에서는 정기적인 온라인/오프라인 모임과 상승 마스터 컨퍼런스, 셀프 마스터의 수행 과정을 진행하고 있습니다. (상세 내용은 책 끝부분 참조)

킴 마이클즈(Kim Michaels)

1957년 덴마크 출생. 킴 마이클즈는 50여 권의 책을 펴낸 저자이자 이 시대의 가장 탁월한 메신저 중의 한 사람입니다. 15개국에서 영적인 컨퍼런스와 워크숍을 이끌면서 많은 영적인 탐구자들의 상담자 역할을 해왔으며, 영적인 주제를 다루는 다수의 라디오 프로그램에 출연하기도 했습니다. 그는 다양한 영적 가르침을 광범위하게 연구해 왔으며, 의식을 고양하는 다양한 실천 기법들을 수행했습니다. 2002년 이래로 그는 예수를 비롯한 여러 상승 마스터들의 메신저로 봉사하고 있습니다. 그는 신비주의 여정에 관한 광범위한 가르침을 전해주었으며, 그 가르침은 그의 웹사이트에서 무료로 제공되고 있습니다.

차례

이 책에는 2019년 한국의 서울에서 개최된 상승 마스터 컨퍼런스 구술문을 담고 있습니다. 이 책은 각 구술문의 내용을 읽고 각 장에 해당하는 기원문을 낭송하도록 구성되어 있습니다. 이 책과 관련된 기원문은 총 13개이며, 약 400페이지 분량입니다. 따라서, 이 책에는 지면 부족으로 각 장에 해당하는 기원문을 싣지 못하였으며, 기원문 책은 별도의 책으로 제작하였습니다.

　기원문 책이 필요하신 분은 아래 '그리스도 의식을 추구하며' 카페에서 종이책 또는 전자책을 별도로 구입하실 수 있습니다.

기원문 책 구입처: https://cafe.naver.com/christhood

기원문 전자책(ebook) 구입처: ridibooks.com ("아이앰출판사"로 검색)

이 책을 읽는 분들께

　이 책은 '세계 영성화' 시리즈에 속합니다. 이 시리즈의 책들은 구체적인 세계 문제들을 해결하는 데 도움이 될 실제적인 도구와 가르침을 제공하는 수행서로서 상승 마스터들께서 전해주셨습니다. 이 책에는 지구상에서 독재자의 시대를 끝내는 데 필요한 도구와 지식이 담겨 있습니다. 그러나 이 책은 상승 마스터들과 그 가르침에 대한 기본 지식을 담고 있지는 않습니다. 이 책을 효과적으로 사용하기 위해서는, 다음과 같은 일반 지식을 알고 있어야 합니다.

　먼저 상승 마스터가 누구이고, 가르침이 어떻게 주어지며, 그 가르침을 개인과 행성 차원에서 최대한 활용할 수 있는 방법을 알아야 합니다. '세상의 변화를 돕는 방법(How You Can Help Change the World)'과 '영원한 나를 찾아가는 여정(The Power of Self)' 같은 책에서 더 폭넓게 상승 마스터의 가르침을 발견할 수 있습니다.

　여러분은 지구가 어떻게 우주의 학교로써 기능하는지 알아야 합니다. 여러분은 육화 중인 영적인 존재로서 자신의 역할과 권한을 알아야 합니다. 또한 상승 마스터의 역할을 알아야 합니다. 육화한 여러분만이 상승 마스터들에게 무한한 힘을 사용하여 지구를 변화시킬 수 있는 권한을 줄 수 있다는 사실을 알아야 합니다. 이 시리즈의 첫 번째 책인 '세상의 변화를 돕는 방법'에서 이에 관한 주제를 더 많이 발견할 수 있습니다.

여러분은 상승 마스터에게 받은 실제적인 도구들을 사용하는 방법을 알아야 합니다. '세상의 변화를 돕는 방법'과 웹사이트: www.TranscendenceToolbox.com에 이에 관한 더 많은 주제가 있습니다.

여러분은 어둠의 세력들이라는 존재와 그들의 수법을 알아야 하고, 지구상의 문제들을 만들어내는 궁극적 책임이 그들에게 있음을 알아야 합니다. 더 자세한 내용은 '악의 우주론(Cosmology of Evil)' 책에 있습니다.

이 책을 사용하는 방법

이 책에 제시된 가르침과 도구를 사용하는 방법은 한 가지가 아닙니다. 그러나, 한 국가의 문제를 해결하는 데 의미 있는 공헌을 하고 싶다면, 이 프로그램을 따라 시작하기를 제안합니다.

이 주제에 대한 이해를 높이기 위해 여러분은 이 책에서 한 장 (chapter)을 완전히 읽습니다.

같은 장을 다시 공부하면서, 하루에 한 번씩 9일 동안 그 장과 관련된 기원문을 합니다.

이 프로그램은 책의 각 장이 점차 앞으로 나아가도록 구성되어 있습니다. 여러분은 장마다 기원문을 낭송하면서, 특정한 환영과 에너지에서 자신의 의식을 정화합니다. 이것은 다음 장의 가르침을 받아들이고 적용하기 쉽게 해줍니다.

물론 이 책 전체를 읽고 나서 하나 혹은 그 이상의 기원문을 낭송하겠다고 선택할 수도 있습니다. 하지만, 9일 또는 33일 동안 하루에 1회씩 기원문을 낭송하는 것이 더 강력합니다.

두려움 기반의 에너지를 느낀다면

이 책의 목적은 단순히 지적인 지식을 제공하는 것이 아닙니다. 참된 목적은 여러분이 이 책의 기원문을 낭송하는 것입니다. 이로써 여러분은 상승 마스터에게 독재의 배후에 있는 어둠의 세력들과 에너지들을 제거할 권한을 부여합니다. 이러한 세력에게는 지구에서 자신을 제거하는 과정에 여러분이 기여하는 것이 달갑지 않을 것입니다. 따라서 그들은 다양한 방법으로 여러분이 부담감을 느끼게 만드는 심령 에너지를 보내려고 할 것입니다. 그들의 목적은 여러분이 이러한 노력을 하지 못하도록 그만두게 하거나 아니면 시작하지 못하게 하는 것입니다.

만약 부담을 느낀다면, 이 책의 마지막 장을 읽고 그 장과 관련된 기원문을 이용해서 자신과 여러분 주위의 모든 사람에 대한 보호를 요청하세요. 그 장에서 말했듯이, 대부분의 사람은 어둠의 세력들 공격으로부터 더 이상 취약하지 않게 되는 지점으로 빠르게 빠져나올 수가 있습니다.

어둠의 세력들은 언제나 우리를 취약하게 만드는 삶의 어떤 조건을 부풀리려고 합니다. 여러분에게 특정한 문제가 있다면, 좀 더 직접적인 방법으로 그 문제들에 대해 언급한 다른 도구를 사용하는 것이 도움이 될 수 있습니다. 상승 마스터는 여러분이 특정한 주제를 다루는 데 도움이 되는 많은 기원문과 디크리를 주었으며, 그것들 대부분은 www.TranscendenceToolbox.com에서 찾아볼 수 있습니다. 일부 도구는 킴 마이클즈의 다른 책에 나오며, 다음의 웹사이트에서 구입할 수 있습니다: www.MorePublish.com.

특정한 수의 사람들이 독재 배후의 의식을 초월하고 기원을 하는 것이 중요합니다. 이 책을 소셜 미디어를 포함하여, 다른 사람들에게 알리기를 강력히 권장합니다. 이 책과 기원문들을 충분한 수의 사람

들이 사용한다면, 가까운 장래에 상승 마스터들이 독재정권을 제거할
수 있을 것입니다. 널리 알릴 가치가 있는 메시지 아닌가요?

1
독재는 국민의 무의식적인 동의로 유지됩니다

나는 미카엘 대천사입니다. 여러분이 원한다면 상승 마스터 대천사 미카엘이라고 하겠습니다. 대천사를 왜 상승 마스터라고 할까요? 상승 영역에는 분리가 없음을 여러분 모두가 인식하기를 바라기 때문입니다. 나는 지구상의 일반적인 분리를 모두 극복함으로써 상승한 어떤 존재와도 다르지 않고, 그들과 분리되어 있거나 대립하지도 않습니다.

우리는 컨퍼런스에 참여한 여러분 모두에게 깊은 감사를 드립니다. 여기에 있는 분들, 인터넷을 통해 연결된 분들, 나중에 이 가르침을 공부하고 적용하게 될 모든 분에게 깊은 감사를 드립니다. 우리가 왜 "지구에서 독재의 시대를 종식하기"라는 주제를 선택했을까요? 자, 그것은 특정한 조건들로부터 지구를 끌어올릴 수 있는 도구들을 주는 데 초점을 맞춘 일련의 컨퍼런스를 앞으로 개최할 예정이기 때문입니다. 집단의식의 상태를 고려해 볼 때, 우리는 여러분이 그 작업을 시작할 준비가 되어 있고, 이 행성도 준비가 되어 있다고 평가했습니다.

집단의식을 끌어올리기

집단의식 상태란 무엇일까요? 상승 마스터 학생인 여러분을 비롯해 거의 지난 1세기 동안 상승 마스터 학생들이었던 모두가, 집단의식을 끌어올리기 위해 도움을 주고 있습니다. 우리가 후원하는 메신저들을 통해서 준 가르침의 초기 단계부터, 우리는 학생들이 집단의식을 끌어올릴 수 있는 개념들을 제공해 왔습니다. 우리는 이런 특정한 목적을 위한 도구와 디크리들, 기원문들을 제공해 왔습니다. 그러므로 집단의식을 높이는 일환으로, 또한 우리가 제공하는 점진적인 계시의 일환으로, 이제 한 걸음 더 나아가 이 행성의 특정한 조건들을 극복하는 데 도움이 될 특정한 도구들을 제공하려는 것은 당연한 일입니다. 올해 컨퍼런스는 이것에 초점을 맞출 것입니다.

여러분도 알고 있듯이, 작년에 우리는 이와는 다른 주제들로 컨퍼런스를 개최하여, 여러분의 개인적인 의식을 높이는 도구들, 특히 출생 트라우마와 지구 트라우마를 치유하기 위한 도구들을 주었습니다. 물론 그 도구들은 여전히 유효하며, 앞으로도 오랫동안 도움이 될 것입니다. 특히 새로운 사람들이 와서 이 가르침을 발견할 때 그러할 것입니다. 행성 지구의 의식을 초월하고 행성의 의식을 끌어올리기 위해 이 도구들을 사용하기 전에, 여러분은 자신의 심리 문제를 가능한 한 최고 수준으로 해결할 수 있습니다.

우리가 올해 컨퍼런스에서 제공할 도구들, 그리고 지구의 상승을 위해 우리가 준 도구들은 이미 개인적으로 의식을 높인 사람들, 특히 출생 트라우마와 지구 트라우마를 극복했거나, 최소한 그 작업을 시작한 사람들이 하면 대단히 효과적일 것입니다. 그렇게 하면 매우 강력한 효과가 있을 것입니다. 그렇게 하면 여러분은 자신의 출생 트라우마나 지구 트라우마에 기초하여 지구를 변화시키려고 하지 않을 것입니다. 따라서 여러분은 그 트라우마에 의해 채색되지 않기에, 자신의 에너지를 인간의 비전이나 인간적인 감정으로 향하게 해서 지구를 변화시키려고 하지 않을 것입니다. 당연히, 여러분이 중립적일수록 기원문과 디크리 등 제공되는 이 도구들을 더 효과적으로 사용할 수 있습니다.

사랑하는 이들이여, 우리는 진실로 여러분 누구에게도 우리 도구를 사용하기에 앞서, 완전해야 한다거나, 깨달음을 얻어야 한다거나, 어떤 특정한 의식 상태에 있어야 한다고 요구하지 않습니다. 하지만, 우리는 여러분 심리의 더 깊은 측면을 진실로 해결하는 데 도움이 되는 일련의 도구를 제공했습니다. 여러분이 더 많이 결심할수록, 더 효율적으로 된다는 것을 알았으면 합니다. 여러분이 어떤 의식 수준에 있든, 이 도구들을 사용하려는 의욕을 꺾으려는 것이 아닙니다. 다만 여러분이 알았으면 하는 것은 이전 상승 마스터 시혜에서는, 사람들이 특정한 두려움 기반의 의식 상태, 특정한 두려움 기반의 비전을 가지고 우리 도구들과 디크리를 사용했다는 것입니다. 여러분 내면에 이런 두려움이 있는지 알아채기를 강력하게 권합니다. 우리가 주는 도구를 두려움 기반의 마음 상태에서 사용하지 말고, 두려움을 극복하기 위해서 자신의 심리를 치유하는 도구로 사용하기를 바랍니다.

어둠의 세력들에 대한 두려움을 극복하기

사랑하는 이들이여, 우리가 이 행성에서 일어나는 조건들을 알려줄 때, 여러분 중 일부가 두려움이나 공포로 반응할 수밖에 없다는 것을 알고 있습니다. 우리는 사람들에게 일반적으로 알려지지 않은 타락한 존재들이나 어둠의 세력들에 대해 많은 가르침을 주었습니다. 상승 마스터 학생들로서, 유치원에서 들었던 것보다 이곳 지구에 대해 알아야 할 것이 훨씬 많다는 사실을 깨닫기 시작하면, 당연히 이것에 대해 어느 정도 두려워하는 시기를 겪게 될 것입니다. 어둠의 세력들이 있고, 이번 육화에서는 물론 여러 생애에 걸쳐, 어둠의 세력들에게 직접 공격을 받아왔다는 것을 알게 되면서, 여러분은 어둠의 세력들이 어느 정도 두려울 것입니다. 물론, 이런 어둠의 세력들이 있고, 그들로부터 자신을 어떻게 보호할지 모를 때는 그것이 여러분에게 어느 정도의 두려움을 줄 수 있습니다.

사랑하는 이들이여, 다른 마스터들이 작년에 말했듯이, 상승 마스터들인 우리는 항상 어떤 딜레마에 직면하고 있습니다. 문제는 우리가 어느 정도까지 밝힐 수 있는가 하는 것입니다. 우리가 어느 정도의 가르침을 내려보내야 여러분이 두려움에 빠지거나 압도되지 않을까요? 이것이 우리가 항상 유지하고 있는 섬세한 균형입니다. 심리를 해결하기 위해 지난 수년간(이 문제에 대해서는 지난 몇 년간) 우리가 내려보낸 도구들을 통해, 이러한 두려움 기반의 반응에서 자유로워질 수 있음을 여러분 모두가 잘 알고 있다고 믿습니다. 왜냐하면, 두려움에 기초한 반응은 여러분 외면의 자아(들)로부터 오는 것입니다. 여러분의 그리스도 자아, 여러분의 아이앰 현존(I AM Presence)은 두려움이 없습니다.

우리가 이야기하는 의식하는 자아(conscious you; 순수의식)에 여러분이 정박하기 시작하면, 의식하는 자아 역시 두려움이 없다는 것을 실제로 알 수 있습니다. 의식하는 자아는, 자신이 누구이고 무엇인지를 자각하면서, 단순히 중립적인 마음 상태로 지구에서 일어나는 일을 관찰합니다. 두려움은 의식하는 자아 안에는 존재하지 않습니다. 의식하는 자아는 하위자아들로 확장하지 않습니다. 의식하는 자아 안에는 두려움의 여지가 없습니다. 그러면 두려움은 어디에 있을까요? 그것은 오직 분리된 자아들, 외면의 자아들 안에만 있을 수 있습니다.

그것은 타락한 존재들에게 노출되어서 자연스럽게 두려움으로 반응했던, 여러분의 원초적 자아(primal self)일 수도 있지만, 또한 다른 분리된 자아의 일부일 수도 있습니다.

이제 여러분은 이 문제를 해결할 수 있는 도구를 가지고 있지만, 만약 스스로를 살펴보았을 때, 우리가 주는 가르침에 대해 두려움에 기반한 어떤 반응이 느껴진다면, 지금 당장은 세상을 변화시키기 위해서 이 도구들을 사용하지는 마세요. 대신 개인적으로 시간이 얼마나 걸리든, 두려움 기반의 자아(들)로부터 자신을 해방하는 시간을 가지기 바랍니다. 여러분 대부분은 이 행성의 매우 격동적인 역사에 기반을 둔 몇 가지 자아를 가지고 있을 것입니다. 따라서 여러분이 중립적인 마음 상태로 세상을 변화시키기 위해 이 도구들을 사용할 수 있을 때까지, 두려움을 극복하기 위한 시간을 가질 필요가 있습니다.

나는 첫 번째 광선의 대천사이며, 여러분이 두려움을 극복하고 항상 두려움의 출발점이 되는 의심을 극복하도록 돕는 것은 나의 임무이자 기쁨입니다. 그러므로 여러분은 나의 기원문과 디크리를 낭송할 수 있지만, 그냥 나에게 요청할 수도 있습니다. 자신의 두려움을 극복하는 것을 도와달라고 요청하세요. 그리고 자신의 존재 안에서 두려움의 저장소인 그 자아들을 볼 수 있도록 도와달라고 요청하세요. 여러분의 네 하위체 어느 곳에 두려움이 있는지 보여달라고 나에게 요청해도 됩니다. 대부분의 사람은 두려움을 감정체와 연관된 느낌으로 생각하겠지만, 실제로는 멘탈층이나 정체성층에서도 두려움이 있음을 알게 될 것입니다. 여러분은 이것을 볼 수 있도록 나에게 요청할 수 있고, 다른 마스터들에게도 요청할 수 있습니다. 그렇게 하여 여러분은 두려움에서 벗어나는 지점으로 올 수 있습니다. 한동안은 두려움에서 완전히 자유롭지 못할 수도 있지만, 적어도 여러분은 두려움에 이끌리지 않고, 두려움에 물들지 않으며, 어둠의 세력들에 대한 특정한 반응을 두려워하지 않으면서 기원할 수 있습니다. 당연히 여러분은 자신의 보호를 위해 나에게 디크리와 기원을 할 수 있고, 그렇게 하여 나의 보호가 효과가 있음을 알고 경험하게 되면, 두려움에 압도 당하지 않게 됩니다.

마스터들의 방송국이 되는 방법

두려움은 독재자들이 국민을 억압하기 위해 여러 시대에 걸쳐 사용해 온 주된 감정입니다. 따라서 여러분이 지구에서 독재의 시대가 종식되는 것을 효과적으로 돕기 위해서는, 여러분 스스로가 두려움을 초월해야 합니다. 물론 우리는, 이 컨퍼런스 자체만으로 지구에서 독재의 시대가 종식되리라 기대하지는 않습니다. 그렇더라도, 이 컨퍼런스에 참석하기로 선택한 많은 사람을 보게 되어 매우 기쁩니다. 우리는 숫자가 매우 중요하다는 느낌을 주지 않기 위해 주의하고 있습니다. 하지만, 사람들이 많을수록 증폭 요소가 더 커지는 것은 분명합니다. 여러분의 디크리와 기원은 참여한 사람들의 수에 따라 증폭될 것입니다. 따라서 우리는 컨퍼런스에 이렇게 많은 사람이 참석해서, 앞으로 사람들이 이 구술에 기초한 기원문을 사용할 수 있게 되는 중요한 전환점이 될 수 있다는 것에 감사하고 있으며, 이로 인해 지구에서 독재의 시대가 점차 끝나게 될 것입니다.

지금 여러분은 단지 여기에 앉아서 메신저를 통해 내 말을 듣고 있지만, 자신이 이 컨퍼런스의 수동적인 참가자가 아니라는 것을 알 것입니다. 여러분 각자는 능동적으로 이 컨퍼런스에 참여하고 있습니다. 여러분은 앉아있을 수도 있고, 그냥 받아들일 수도 있지만, 여러분이 할 의지만 있다면, 우리가 방출하는 진동과 빛, 구술을 받아들이면서 동시에 방송국이 되고 있음을 인식할 수 있습니다. 여러분의 오라, 네 하위체, 차크라는 우리의 빛과 진동을 집단의식으로 송출하는 방송국입니다. 따라서 여러분이 지금 말하고 있는 마스터의 현존에 더 많이 조율할수록, 여러분은 방송국으로써 더 효과적인 역할을 하게 됩니다.

사랑하는 이들이여, 여러분은 기본적인 방정식을 이해하고 있습니다. 우리 상승 마스터들은 물질계에 영향력을 행사할 권한이 없습니다. 물질계에 육화한 여러분만이 자신의 자유의지를 행사할 권한을 가지고 있습니다. 물론, 메신저는 우리가 그를 통해 말할 수 있도록 허용하였고, 어떤 의미에서는 우리가 메신저를 혼자 세워두고 구술하는 것도 효과적일 수 있습니다. 하지만 여러분이 이곳에 참석하고 또한 물질 옥타브에서 방송국이 된다면, 그 효과는 훨씬 다양해집니다. 여러분이 자신을 우리가 방출하는 것을 수동적으로 받기만 하는 수신자로 여기지 않는 것이 중요한 이유는 바로 이 때문입니다. 여러분은 이 컨퍼런스의 능동적인 참여자입니다. 그렇게 되면 위에 있는 영적인 영역의 우리로부터 아래의 여러분에게 흘러갔다가 다시 되돌아오는 무한 8자의 형상의 흐름이 있게 됩니다.

이것은 2000년 전 예수께서 지구에 있으면서, 달란트의 증식에 대해 말했을 때 드러났던 영원한 법칙으로 설명되어 있습니다. 여러분이 우리로부터 받은 것에 대한 방송국이 되고, 자신의 차크라를 통해 그것을 집단의식으로 방출하도록 허용하면, 여러분이 집단의식 속으로 많이 방출할수록, 위에 있는 우리에게 더 많은 것이 되돌아오게 됩니다. 그렇게 함으로써, 여러분이 증식한 것을 우리가 증식할 수 있게 되어 무한 8자 흐름이 증가하게 됩니다.

따라서 어떤 상승 마스터 컨퍼런스이든 최고의 잠재력은, 컨퍼런스 동안 여러분 스스로가 상향나선으로 나아가도록 허용하는 것입니다. 여러분은 우리 상승 마스터들의 현존에 관심을 집중하기를 바랍니다. 물론 여러분은 집에 앉아서, 우리의 구술을 읽거나 들을 수도 있고, 우리에게 기원을 할 수도 있습니다. 하지만 컨퍼런스에 함께 참여하는 가치는 자신의 일상적인 활동과 생활을 제쳐둔다는 것입니다. 컨퍼런스에 참석하면서, 특히 여러분이 앞으로 며칠 동안 스마트폰 사용을 최소화한다면, 일상적인 환경이나 일상적인 인식 상태에서 할 수 있는 것보다 훨씬 더 많이 자신의 의식을 높일 기회가 있을 것입니다.

여기 있는 여러분 모두는 상향나선으로 나아갈 기회가 있습니다. 우리는 여러분이 상향나선으로 들어가도록 도울 준비가 되어 있습니다. 우리는 이미 상승해 있지만, 여러분이 기꺼이 원한다면 상향나선으로 나아가고, 우리의 진동에 가까워질 수 있도록 도울 준비가 되어 있습니다. 왜냐하면, 여러분은 많은 사람과 함께함으로써, 혼자서 할 수 있는 것보다 집단으로 훨씬 더 높이 상향나선으로 오를 수 있기 때문입니다. 이것은 어떤 상승 마스터 컨퍼런스에서나 가능한 일이지만, 독재와 같은 무거운 주제를 다룰 때는 특히 중요합니다. 독재에 대한 이야기로 시작했는데, 이제 상승 영역에 있는 우리가 독재를 어떻게 보고 있는지 말하겠습니다.

피통치자의 동의를 얻는 정부

미국 건국의 아버지들이, 우리의 안내에 따라, 현대 민주주의 방식, 매트릭스를 설정할 때 도입한 개념이 있습니다. 그것은 "피통치자의 동의"를 받은 정부라는 개념입니다. 건국의 아버지들과 전 세계의 근대 민주주의의 많은 사람은 이 개념이 민주주의에서 매우 중요하다고 생각합니다. 많은 사람은 민주주의와 더 독재적인 형태의 정부 간의 주된 차이점 중 하나는, 민주 정부는 피통치자의 동의를 얻는 것이라고 생각했습니다. 국민은 선거를 통해 선출된 정부에게 동의를 표했습니다.

물론, 이것은 타당합니다. 나는 어떤 식으로든 이것이 옳지 않은 평가라고 말하려는 것이 아닙니다. 상승 마스터 학생들로서 여러분이 이해해야 할 것은, 지구에서 여러분이 상상할 수 있는 어떤 정부라도, 심지어 최악의 독재자일지라도, 피통치자들의 동의를 받았다는 것입니다. 지구상에서 최악의 독재자라도, 그가 피통치자들의 동의를 받지 않았다면 통치할 수 없습니다. 문제는 독재자가 피통치자들의 동의를 받았는지 받지 못했는지가 아닙니다. 그는 동의를 받았습니다. 문제는 그 동의가 의식적인가 무의식적인가 하는 것입니다.

　이것은 또한 민주주의에서도 유효한 질문입니다. 여러분은 이렇게 말할지 모릅니다. "하지만, 민주주의에서는 사람들이 항상 정부에 의식적으로 동의합니다. 그들은 의식적으로 투표소에 가고, 박스에 투표용지를 넣음으로써 특정한 정당이나 특정한 후보에게 투표합니다." 물론, 이것은 사실입니다. 사람들은 이러한 행동을 하는 것을 의식합니다. 하지만 그들이 얼마나 의식적일까요? 그들의 의식 수준은 어느 정도일까요?

　물론, 초창기 미국처럼 초기 단계의 민주주의 국가에서는, 오늘날 현대의 많은 민주주의 국가보다 사람들이 높은 의식 수준에 있지 않았습니다. 그들이 정부에게 한 동의에 대해 얼마나 의식적이었을까요? 그들이 정부에 대해, 후보자들에 대해, 정당에 대해 무엇을 알았을까요? 그들이 공공(公共)의 과정에 대해 무엇을 알고 있었고, 또한 배후에서 일어나는 일에 대해 무엇을 알았을까요? 이것은 오늘날의 모든 현대 민주주의 국가에도 똑같이 적용될 수 있습니다. 국민이 얼마나 알고 있을까요? 그들의 의식 수준은 어느 정도일까요? 144단계의 의식 수준에서 어느 단계에 있을까요?

사람들이 하는 동의는 얼마나 의식적인가요?

그 나라 국민의 평균 의식 수준이 48단계를 겨우 넘긴 민주주의 국가들이 있습니다. 물론 국민이 더 높은 의식 수준으로 성장한 유서 깊은 민주주의 국가들만큼 높은 수준은 아닙니다. 그럼에도, 여러분은 현대의 어느 민주주의 국가에서든, 국민이 그들의 정당과 정당 후보들, 정치 과정, 관료주의와 부패에 대해, 그리고 대기업들이 어떤 연줄을 통해 정부에 다양한 종류의 압력을 가할 수 있는지에 대해 얼마나 알고 있는지 살펴볼 수 있습니다. 정치 권력의 중심에서 벌어지고 있는 일들에 대해 사람들이 얼마나 알고 있을까요?

당연히 그들의 인식이 낮을수록, 정부의 막후에서 일어나는 일들에 대해 잘 알지 못하며, 그 정부는 적게 동의를 받는 것입니다. 그것은 또한 사람들이 정치 과정에 얼마나 관여하고 있는지, 그들이 얼마나 자신을 알리려고 하는지에 대한 문제입니다. 민주주의가 오래된 많은 나라에서는, 사람들이 4년 정도마다 투표소에 가는 데 너무 익숙해져서 별 생각 없이 투표합니다. 그들은 자신이 무엇을 하고 있는지 어디로 가고 있는지 생각조차 하지 않습니다. 민주주의 국가의 어떤 사람들은 스스로 생각하는 것을 포기했습니다. "음, 우리가 성취할 수 있는 것은 이 정도일 뿐이고, 우리는 그저 이런 나라에 살고 있으며, 우리 정부는 이 정도야."

어떤 나라에서는 정부에 대한 불만이 커지면서, 그 나라가 민주주의 국가든 아니든, 사람들이 점점 더 능동적으로 되고, 점점 더 많은 것을 알게 되는 상황을 볼 수 있습니다. 여러분은 그들이 기존의 정치를 표방하지 않는 후보에게 투표하는 것을 분명히 볼 수 있습니다. 여러분은 이것을 최근 우크라이나에서 보았습니다. 우크라이나에서는 기존의 정치 시스템이나 정치 기관에 속하지 않는다고 보였던 사람을 대통령으로 선출했습니다. 따라서, 우크라이나 사람들은 자신들 모두가 진정으로 필요로 하는 변화를 그가 가져올 수 있다고 희망했습니다.

물론 여러분은 몇 년 전 이곳 한국에서, 부패가 드러난 대통령을 국민이 퇴진시키는 평화로운 시위를 벌였던 상황을 보았습니다. 그리고 이것이 한국에서 새로운 희망, 자유에 대한 새로운 의식을 가져다주는 것을 보았습니다. 여러분은 오래된 기존 엘리트들이 다시 자유를 제한하고 정치를 예전으로 돌리려고 얼마나 노력하는지도 보았습니다. 하지만 여러분은 더 큰 자유와 국민이 더 많이 정치 과정에 참여하게 하는 상향 추진력을 만들어낼 수 있도록 우리의 기원문과 디크리를 사용할 기회가 있습니다.

어떤 정부도 국민의 요구를 충족시킵니다

여기에서 여러분이 알아야 할 것은, 독재자는 피통치자의 동의를 얻기는 하지만, 대체로 무의식적인 동의를 얻는다는 것입니다. 이것을 더 잘 이해하기 위해, 정부의 목적이 무엇인지 물어볼 수 있습니다. 시간을 되돌려 과거로 가보면, 과거 사회에는 실제로 체계적인 정부가 없었다는 것을 알 수 있습니다. 이것은 부분적으로는, 당시의 열악한 의사소통 수단 때문이었습니다. 예를 들어, 1000년 전이나 더 이전에는 실제로 체계적인 정부가 없었습니다. 그러다가 예를 들어 왕과 같은 몇몇 정부의 형태가 나타나기 시작했지만, 많은 사람이 어떤 유형의 정부와도 관련이 없는 삶을 살았습니다.

정부의 발생으로 인해 점점 더 조직화되고 점점 더 효율적으로 되는 이런 성장을 볼 수 있는 이유가 무엇일까요? 정부의 목적은 무엇일까요? 물론, 그것은 국민의 특정한 요구를 충족시키는 것입니다. 사람들이 어떤 필요성을 가지고 있고, 개인적으로는 그것을 충족시킬 수 없지만, 함께 모이면 개인적으로는 할 수 없었던 무언가를 이룰 수 있다는 것을 알게 되었습니다. 사랑하는 이들이여, 정부의 목적은 국민의 필요성을 충족시키는 것입니다.

이것은 독재정권과 마찬가지로 민주적인 자유 정부에도 똑같이 해당됩니다. 독재자도 국민의 요구를 충족시켜야만 집권을 하고 정권을 잡을 수 있습니다. 지금 여러분은 이 말에 놀랄지도 모릅니다. 역사 속의 많은 독재자를 살펴보면서, 그들이 무력으로 정권을 잡았다고 말할 것입니다. 그들은 어떻게든 폭력이나 무력, 아니면 폭력적인 위협을 사용해서 강제로 정권과 권력을 잡았습니다. 여러분은 이런 일이 국민의 의식적인 동의에 의한 것이 아니고, 실제적으로는 국민이 의식적으로 반대했던 방식으로 일어난 예라고 말할 것입니다.

여기에서 여러분이 상승 마스터 학생으로서 인식해야 할 것은, 모든 사람은 의식적인 마음과 무의식적인 마음을 가지고 있다는 것입니다. 의식 수준의 144단계에서 낮은 단계로 내려갈수록, 사람들은 잠재의식 마음의 지배를 더 받게 됩니다. 의식 수준이 48단계 아래로 내려갈 때, 사람들은 그들의 잠재의식 마음에 의해 장악됩니다. 그들은 무엇을 하고 있는지, 어떻게 살아가고 있는지 그다지 의식하지 않습니다. 그들은 잠재의식 마음에 지배되고 있습니다. 이것은 그들이 비록 특정한 독재자가 정권을 잡는 데 의식적으로는 반대할지라도, 무의식적으로는 반대하지 않을 수도 있다는 의미입니다. 그렇지 않다면, 그 독재자는 권력을 잡거나 유지할 수 없을 것입니다.

오늘날 전 세계에서 볼 수 있는 독재정권들의 몇몇 예나 과거 정권, 그리고 여러분이 잘 모르는 먼 과거 정권의 예를 들 수도 있습니다. 여러분은 이 모든 예를 살펴보고 이렇게 질문할 수도 있습니다. "스탈린의 경우, 그는 권력을 유지하기 위해 2,100만 명의 시민을 죽였는데, 그가 러시아 국민의 동의를 받은 것인가요?" 사실은 그가 동의를 받았다는 것입니다. 반드시 의식적인 동의는 아니었다 해도, 분명히 잠재의식적인 동의가 있었습니다.

독재자들은 잠재의식적인 권력 기구를 가지고 있습니다

여기에서 알아야 할 점은, 타락한 존재들이 어리석지 않다는 것입니다. 타락한 존재들에 관한 한, 절대로 그들이 어리석다고 생각하지 말아야 합니다. 그들은 물질 옥타브에서 일들이 어떻게 작동하는지 매우 잘 알 뿐만 아니라 감정, 멘탈층에 대해서, 어느 정도는 정체성층에 대해서도 인식하고 있습니다. 하지만 상승 영역의 실재와 상승 영역에서 우리가 주는 가르침에 대한 이해의 관점에 대해서는 현명하지 못합니다. 그들은 물질계의 네 층에서 일들이 어떻게 작동되는지를 대부분의 사람보다 훨씬 더 잘 알고 있어서, 사람들을 어떻게 조종해야 하는지를 알고 있습니다. 그러므로 그들은 정체성, 멘탈, 감정층에서 그리고 물질층에서도 사람들을 조종하는 방법을 알고 있습니다.

어떤 독재자를 살펴본다면, 권력에 대한 그의 물리적인 요구와 권력을 유지하기 위해 그가 운용하는 기구들을 볼 수 있을 것입니다. 스탈린을 예로 들면, 비밀경찰과 암살단 그리고 그의 권력을 유지할 수 있게 해준 물리적 기구 등을 볼 수 있는데, 그것은 빙산의 일각에 불과합니다. 여러분은 알지 못하겠지만, 스탈린의 통치에는 또한 대단히 강력한 감정적 요소가 있었습니다. 그리고 강력한 정신적 요소가 있었고 심지어 정체성층에서도 어떤 요소가 있었습니다. 대체로, 독재자 자신은 의식 수준이 낮은 상태이므로, 정체성층에서 어떤 일이 일어나는지 실제로는 잘 인식하지 못합니다. 스탈린은 멘탈층에서도 무슨 일이 일어나고 있는지 잘 알지 못하는 독재자 중 하나였지만, 그는 감정층과 물질층에 대해서는 훨씬 잘 인식하고 있었습니다. 마오쩌둥 같은 독재자들은 스탈린보다 멘탈층에서 훨씬 더 강했다는 것을 볼 수 있습니다. 여기에서 내가 말하려는 것은, 독재자가 사람들의 의식에 조율하여 정체성, 멘탈 그리고 감정층에서 사람들이 무엇을 필요로 하는지 이해하고 있다는 것입니다. 그래서 그의 물리적 권력 기구는 그 요구를 충족하기 위해 매우 주도면밀하게 계획되어 있습니다. 어떤 경우에는, 자신의 권력 기구가 어떻게 고안되는지 독재자는 의식적으로 인식하지 못할 수도 있지만, 독재자의 마음을 장악하여 그를 꼭두각시로 이용하는 존재들, 즉 감정, 멘탈 그리고 정체성층의 타락한 존재들은 이것을 확실히 알고 있습니다.

스탈린의 경우를 볼 때, 그는 러시아 국민이 정체성층에서 무엇을 필요로 하는지 알았습니다. 여러분은 오늘날 러시아에서 이것을 볼 수 있습니다. 이것을 독재 형태의 정부를 가진 다른 나라에서도 볼 수 있습니다. 여러분은 북한을 국경 너머에 있는 나라로 볼 수 있습니다. 북한 사람들이 여타 세계와 분리되어 있으며, 같은 민족인 남한 사람들과도 분리되어 있다는 정체성을 가진 것을 볼 수 있습니다. 그들은 어떤 우월감을 느끼고 있습니다. 그런 우월감을 가지려는 욕구도 있습니다. 이제, 여러분은 또한 이 우월감이 어떤 불안감에 기초한 것이고, 은폐되어 있음을 알 수 있습니다. 이것이 바로 타락한 존재들이 능숙하게 조율하고 악용하는 것입니다.

다시 말하지만, 스탈린 치하에 있던 러시아 사람들과 오늘날 러시아 사람들은, 세계의 다른 나라 사람들과 자신들이 다르다는 정체감을 가지려는 욕구가 있습니다. 그들은 또한 매우 깊은 어떤 불안감을 느끼고 있습니다. 이 불안감은 어찌하든 자신들이 우월하다고 느끼고 싶은 우월감에 의해 은폐되어 있습니다. 블라디미르 푸틴은 이것을 어느 정도 이해하고 있습니다. 그러나 그는, 러시아 국민에게 공산주의나 소비에트 연방, 그리고 세계를 지배하는 힘에 대한 감각을 줄 필요성을 이해했던 레닌이나 스탈린만큼은 그것을 잘 이용하지 못하고 있으며, 심지어 그런 인식조차도 못하고 있습니다. 이것이 바로 어떤 사람들이, 우월한 존재라는 꿈을 유지하기 위해 기꺼이 독재자들에게 복종하고, 독재자를 위해 전쟁에 나가 자신과 자식들의 삶을 희생하게 만드는 것입니다.

사람들이 욕구를 초월하도록 돕는 독재자

대부분의 사람이 의식적으로 이것을 인식하지 못할지라도, 그들에게는 그런 욕구가 있고, 독재자는 그 욕구를 충족시켜 줍니다. 그것은 영원히 지속될 수 없는 욕구일지도 모릅니다. 그것은 사람들을 성장할 수 있게 하는 욕구일지도 모르지만, 1920년대와 1930년대로 거슬러 올라가 보면, 히틀러가 실제로 의식적인 수준에서도 독일 국민의 우월성에 대한 욕구를 상당히 인식하고 있었다는 것을 알 수 있습니다. 그 욕구는 히틀러가 무대에 등장하기 이전, 과거로 거슬러 올라가지만, 히틀러는 그런 욕구가 있다는 것을 이해했습니다. 그는 물론이고, 그의 배후에 있던 타락한 존재들도 그 욕구를 상당히 높은 정도로 이용했습니다. 여러분이 알다시피, 지금의 독일 국민은 전쟁 중에 그리고 전쟁 후에 일어났던 일들로 인해, 실제로 매우 높은 수준까지 이러한 우월성의 욕구를 초월했습니다.

독일은 우월성에 대한 강한 욕구를 지닌 국민의 한 사례입니다. 그런 욕구를 악용하였던 무자비한 독재자에 의해 통치되었지만, 국민이 그 교훈을 기꺼이 배우려 했고, 매우 높은 수준으로 극복했습니다. 물론 여러분의 요청은, 독재자에 의해 지배되는 모든 국가와 국민이 자신들의 정체성, 멘탈, 감정층에 있는 특정한 욕구들을 독재자가 충족시키고 있는지 점진적으로 인식하는 과정을 통과하게 할 것입니다. 여러분이 이에 대해 요청한다면, 이들이 교훈을 배우기 위해, 전쟁에 나가지 않고 전쟁에서 패배하지 않고도 이러한 변화의 과정을 통과할 수 있도록 합니다. 러시아 사람들의 예를 다시 들어보면, 오늘날까지 그들은 아직 이것을 극복하지 못했습니다. 젊은 세대 중 많은 사람이 이것을 극복했지만, 나이 든 세대 중 많은 사람은 그들이 특별하고 우월하다고 느끼고 싶은 욕구를 극복하지 못하고 있습니다. 그래서 그들은 아직 교훈을 얻지 못했습니다. 그 때문에 민주적 형태의 정부를 가질 기회가 있었음에도, 그것을 잡을 수 없었던 것입니다. 그들은 그 욕구를 극복하려 하지 않았고, 자신을 지구의 다른 사람들과 같은 존재로 보려고 하지 않았습니다. 그래서 국제사회의 일원으로 참여하려 하지 않았습니다. 대신 그들은 특별해져서 그 일원의 밖에 있기를 원했습니다.

소비에트 연방을 본다면, 다시 말해, 소비에트 연방이 얻었다는 명성은 무엇인가요? 다른 빈곤한 나라로 가서 그들을 끌어올리려고 했던 인도주의적 기관이었나요? 새로운 예술 형태를 탄생시킨 창의적이고 예술적인 문화였나요? 그들이 인류에게 유익한 새로운 발명품을 만들어냈나요? 소비에트 연방이 주장하는 유일한 명성은 노골적인 군사력이었습니다. 소비에트 연방이 내놓은 유일한 발명품은 칼라스니코프(Kalashnikov) 공격용 소총이었습니다. 우리는 이것이 상승 영역에서 온 높은 수준의 발명품이라고 여기지 않습니다. 사랑하는 이들이여, 러시아 사람들은 다른 나라들과 차별되고 특별해지려는 욕구가 너무 강해서, 다른 방법으로 그렇게 할 수가 없다면 무력을 통해서라도 기꺼이 그렇게 하려고 했던 것입니다. 이것은 여러분이 역사를 통해 다른 나라들에서도 보았던 것입니다. 여러분은 일본이 제2차 세계대전뿐만 아니라 한국과 다른 나라들을 점령하는 동안 어떻게 같은 일을 했는지 보았습니다. 그것은 역시 노골적인 무력이었습니다. 그들은 특정한 문화를 가졌다고 생각했지만, 대부분의 사람이 인식하듯이, 일본 사람들이 특별히 창의적이고 독창적이지는 않았습니다. 그들은 명령을 따르는 데는 매우 능했지만, 태생적으로 창의적이지 않았습니다.

독재자에게 복종하게 된 사람들

독재자에게 복종하는 사람들은 정말로 창의적이지 않고 독창적이지 않습니다. 그 사람들은 타인에게 하는 것이 곧 자신에게 하는 것임을 인식할 수 있는, 높은 수준의 근원적인 인간애(basic humanity)를 가지고 있지 않습니다. 그들은 인도주의적인 사람들이 아닙니다. 그들은 다른 사람들을 도우려 하지 않습니다. 그들은 주로 자기 자신에 관해서만 관심을 가집니다. 그들은 종종 어떤 불안감을 느끼고 높은 수준의 두려움을 가지고 있습니다. 그래서 노골적으로 물리적인 힘을 기꺼이 사용하려는 독재자에게 복종합니다.

예를 들어, 러시아 사람들에 대해 말할 때, 그들을 매우 거칠고 폭력적이며 학대하는 방식으로 매우 혹독하게 다루었던 여러 지도자가 있었다고 말합니다. 그러나, 바로 그 지도자들은 러시아인들이 존중하는 유일한 종류의 권력인 것입니다. 그리고 같은 현상을 중국 사람들에게서도 볼 수 있습니다. 그들 또한 어느 정도 노골적이고 물리적인 권력이 필요했습니다. 그럼으로써 그들은 어떤 안전감을 느꼈습니다.

여러분은 의식의 144단계에서 수준이 낮을수록, 두려움이 더 커지고, 더 많은 위협을 느끼며, 안전하지 못하다고 느끼기 때문에, 안전에 대한 욕구가 더 커진다는 사실을 이해할 것입니다. 철의 장막이 무엇이었나요? 물론 여러 가지로 말할 수 있지만, 그중 하나는 러시아 사람들이 철의 장막 뒤에 있으면서 안전감을 느꼈다는 것입니다. 그들은 쉽게 침략당하지 않을 수 있었지만, 물리적인 수단만이 아니라 변화를 촉진할 수 있는 새로운 아이디어의 유입까지도 차단되었습니다. 중국은 왜 거대한 장벽을 쌓았을까요? 자, 물리적인 이유는 북쪽 침략자들을 막기 위한 것이었지만 감정, 멘탈, 정체성층에서는 중국 사회가 변화를 일으킬 수 있는 아이디어들을 막기 위한 이유도 부분적으로 있었습니다. 그것이 바로 수천 년 동안 중국 사회가 외국인들의 입국을 허용하지 않았던 이유입니다. 그들이 서구와 거래를 시작했을 때조차, 서구 무역 상인들에게 이곳저곳에 있는 작은 거주지들만 일부 허용하고, 중국에 들어오는 것을 허락하지 않았던 이유입니다. 그것은 부분적으로는 중국인들이 변화를 꺼렸기 때문입니다. 그들은 변화에 위협을 느꼈습니다. 그래서 중국 주변에 장벽을 쌓아서 변화를 막아줄 정부를 필요로 했습니다. 물론, 여기에서 치러야 할 대가는, 더 이상 그 너머로 갈 수 없는 상태에 머물게 하는 정부의 지배를 받게 된다는 것입니다.

실제로 우리는 마오쩌둥이 중국에서 집권하기 전에, 중국 사람들이 소작농으로 극심한 빈곤 상태에 놓인 것에 대해 불만을 느끼게 된 것을 보았습니다. 그들은 변화를 원했습니다. 다른 한편으로, 마오쩌둥은 이러한 변화에 대한 욕구에 조율하여, 공산주의 이데올로기를 그러한 변화를 약속하는 데 이용했습니다. 하지만 다른 한편으로 그는 또한 (아니면 적어도 다른 영역에 있는 그의 배후 타락한 존재들은) 중국 사람들이 너무 많은 변화를 원하지는 않는다는 것에 조율했습니다. 따라서, 그는 문화혁명을 일으켰습니다. 그것은 근본적으로는 특정한 수준에 있는 중국인들을 통제하려는 시도였습니다. 다른 말로 하면, 그는 이전의 중국 정부를 전복하기 위해서는 중국 사람들의 욕구를 이용하려고 했지만, 변화에 대한 욕구가 커지는 것을 허용하지 않았습니다. 또한 중국 사람들 역시 그러한 준비가 되어 있지 않았습니다.

여러분도 알다시피, 현재의 중국은 여전히 독재 형태의 정부이지만, 이제는 너무 많이 개방되어 있어서, 변화에 대한 욕구를 되돌릴 수 없을 만큼 강합니다. 그런데도, 정부의 기존 형태와 변화에 대한 열망 사이에 긴장감이 있고, 그 모든 것이 국민과 변화를 향한 의지를 중심으로 돌아가고 있습니다.

독재정권의 역사적 기원

사랑하는 이들이여, 정말로 독재자에 대한 주제는 매우 중요합니다. 많은 사람이 독재를 허용해 왔던 사람들의 의식에 대해서 매우 다양하고 다르게 말하기 때문입니다. 불과 1000년 전으로 돌아보면, 한국과 같은 지역에서는 좀 더 그 이전으로 가보면, 어떤 형태의 정부도 없었던 사회들이 있었습니다. 그들은 단지 수렵과 채집의 문화였고, 농경 생활을 하는 사람들이었거나, 유목민이나 혹은 그와 비슷한 그런 사람들이었습니다.

강력한 정부 형태는 없었습니다. 세계적으로 살펴보면, 그러한 사람들이 실제로 다양한 형태의 정부를 수립하기 시작했던 다른 방법들이 있었음을 알 수 있습니다. 그들이 모두 독재자나 독재자처럼 행동하는 왕을 가졌던 것은 아닙니다. 많은 예는 아니지만, 민주적인 형태에 가까운, 좀 더 협력적인 형태의 정부를 세운 예들도 있습니다. 아메리카 원주민 중 일부는 어떤 면에서는 독재라고 표현될 수 없는 형태의 정부를 가지고 있었습니다.

여러분은 사람들이 정부가 필요하다고 느끼기 시작했을 때, 많은 경우, 그것이 왜 독재 정부였는지, 또는 독재 정부로 되어갔는지 살펴볼 필요가 있습니다. 왜 그런 일이 일어났을까요? 여러분은 그런 형태의 정부가 어느 수준에서는 국민의 요구를 충족시켜 주기 때문임을 이해할 필요가 있습니다. 그것은 이전 세대의 사람들이 훨씬 많은 두려움과 불안감을 느꼈기 때문에 그들에게는 안정감이 필요했다는 사실과 많이 연관되어 있습니다. 여러분도 알다시피, 처음에는 주로 안전을 보장해 주는 것이었습니다. 따라서 그들은 물리적 힘을 기꺼이 사용할 강력한 정부가 필요하다고 느꼈습니다. 유럽의 예를 보면, 동방과 훈족의 침략 위협이 있었을 때, 무자비한 적으로부터 자신을 보호해야 한다는 절대적인 필요성이 있었습니다. 따라서 방어하는 사람들은 적을 무찌르기 위해 그들만큼 무자비해져야 했습니다. 이에 따라 여러분은 사람들을 억압하고, 자신의 사회를 침범하려는 적을 격퇴하기 위해 사람들에게 군 복무를 강요하는 지도자들이 출현하는 상황을 겪게 되었습니다.

이것은 물론 타락한 존재들이 만들어낸 상황입니다. 사회가 더욱 조직화되는 것을 보자마자, 타락한 존재들은 칭기즈칸이나 다른 인물들처럼 강력한 개인들을 이용하여, 더 큰 군대를 모으고, 다른 나라를 공격했습니다. 그런 다음, 타락한 존재들은 공격받은 나라에서 이를 이용하여 더욱 중앙집권적인 형태의 정부와 더욱더 강력한 군대를 만들었습니다. 그리하여, 타락한 존재들은 정부가 될 수 있었고, 지구상에서 거의 모든 사회의 지도자가 될 수 있었습니다. 이것은 침략 지역의 국민은 얼마든지 죽일 수 있다는 군대의 침략이라는 물리적 위협을 통해, 타락한 존재들이 전적으로 만들어낸 상황입니다.

타락한 존재들은 거친 물리적인 위협과 권력을 남용하고, 첫 번째 광선을 총체적으로 왜곡하여, 외부의 강한 적으로부터 국민을 방어할 수 있는 강력한 정부에 대한 필요성을 만들어냈습니다. 이것이 수 세기 동안 지구상의 거의 모든 나라에서, 피라미드 꼭대기에 한 사람이 있는 독재 형태의 정부를 만들기 위해 타락한 존재들이 이용해 온 방법입니다. 그에게는 어느 정도의 보좌관들, 심복들, 권력 기구가 있었지만, 매우 소수 그룹의 사람들이 제한 없는 권력을 국민에게 행사했습니다. 그것이 대부분의 국가에서 있었던 방식입니다.

전쟁의 목적은 엘리트를 유지하기 위한 것입니다

그 당시 전쟁의 주된 목적은 무엇이었을까요? 그것은 기본적으로는 타락한 존재들인 소수 엘리트가 국민에 대해 제한 없는 힘을 가지고 있는 상황을 유지하는 것이었습니다. 세계적으로 보면, 육화한 극소수의 타락한 존재들이 지구 사람들을 통제하는 지도자들이었습니다. 물론 감정, 멘탈, 정체성층에 있는 타락한 존재들도 육화한 타락한 존재들을 통해 통제권을 가졌습니다. 이것이 독재체제를 진화시킨 일차적인 원인입니다.

오늘날도 타락한 존재들은 독재 형태의 정부를 유지하고 있습니다. 그 이유는 부분적으로는 그들이 침략과 전쟁의 위협 같은 여러 가지 위협을 만들어내기 때문입니다. 이것은 타락한 존재들이 사람들과 상황을 조종할 수 있게 하고, 항상 그들에게 가장 큰 위협이 되는 창조성, 자유를 향한 갈망, 사람들이 자신의 삶을 살고자 하는 욕구를 방해할 수 있습니다.

사랑하는 이들이여, 이 구술을 하기 전, 여러분이 확언을 하고 있을 때, 이 메신저는 남한 사람들과 조율하고 있었습니다. 자신이 한국(남한)에서 편안함과 환영을 받는다고 느끼는 이유는, 한국 사람들이 자신들의 삶을 평화롭게 영위하고자 하는 평화로운 사람들이기 때문임을 깨달았습니다. 한국인들은 군대를 확대하면서 다른 나라를 침략할 의도가 전혀 없습니다. 전 세계의 많은 사람, 특히 민주적인 형태의 정부를 가진 사람들의 마음은 이와 같습니다.

사랑하는 이들이여, 여러분도 알다시피 세계 곳곳에는 의식 수준과 인간성의 수준이 특정한 수준까지 올라간 많은 사람이 있습니다. 그들은 군대를 확대하고 다른 나라의 영토를 무력으로 차지하는 것은 생각조차 하지 않습니다. 그들은 정말이지 이것에 대해 더 이상 생각하지도 않습니다. 예전에는 그랬을지 모르지만, 그들은 이것에서 벗어났습니다. 이 사람들의 집단의식 속에도 더 이상 이것이 존재하지 않습니다.

여기 한국에서도 볼 수 있듯이 이들은 만족하고 있으며, 국가를 발전시키는 것이 영토를 확장하는 문제가 아니라는 것을 인식하고 있습니다. 그것은 물리적 자원에 관한 문제도 아닙니다. 그것은 가진 것을 더 나은 방향으로 사용하는 창조성의 문제입니다. 이것이 현대 민주주의 국가를 이끌어 가는 추진력이며, 이런 국가들을 더 높은 의식 수준으로 올라서게 했습니다. 여러분은 이런 나라가 타국을 침략하는 것을 상상조차 할 수 없을 것입니다.

따라서, 여기 남한이나 전 세계 다른 지역의 이런 나라에 사는 사람들은 다음과 같은 의식을 가지고 있습니다. "우리는 공격적이지 않다. 도대체 왜 우리에게 군대가 필요한가? 우리는 결코 공격적으로 사용하지 않을 것이기 때문에, 우리 자신을 위해서 군대가 필요하지 않다." 그렇다면 여러분에게 왜 군대가 필요할까요? 그것은 단지 여러분을 침략할지 모르는 공격적인 독재국가들이 세상에 있기 때문입니다. 여기 한국이나 다른 나라에서 온 여러분이 자신을 살펴보면, 침략하려는 세력에 맞서 자신을 방어해야 하는 상황이 있어서는 안 된다는 매우 깊은 감각, 매우 깊은 열망이 있음을 알 것입니다. 이런 일들이 지구에 있어서는 안 된다는 감각이 있습니다. 이것에서 알 수 있는 것은 여러분의 의식 수준이 집단적으로나 개인적으로 성장했다는 것입니다. 그 의식 수준은 타인에게 공격적이지는 않습니다. 하지만 여전히 공격적인 자들이 자신에게 어떤 행동을 취할지도 모른다는 두려움을 가지고 있는 상태입니다.

독재자들은 민주국가들에 위협이 됩니다

여기서 알 수 있는 것처럼, 독재국가들과 민주국가들 사이에는 어떤 관계가 있습니다. 실제로 독재국가들은, 민주국가의 국민이 그들 자신을 보호해야 할 필요성을 정당화하려는 위협으로 작용하고 있습니다. 사람들은 물리적인 보호 수단을 가질 필요가 있습니다. 사람들은 물리적인 군대가 필요하다고 느낍니다.

여러분이 요청할 수 있고 또한 여러분이 내면에서 할 수 있는 작업은, 물리적인 적에 맞설 물리적 보호가 필요하다는 감각을 극복하는 것입니다. 나는 많은 국가에서 많은 사람이 이렇게 말한다는 것을 아주 잘 알고 있습니다. "하지만 보세요. 바로 국경 너머에 우리를 침략할 준비를 하는 물리적인 적이 있어요. 우리에게 군대가 없었다면, 그들은 분명히 우리를 침략했을 것입니다." 예, 사랑하는 이들이여, 그렇습니다. 하지만 왜 그럴까요?

우리가 상승 마스터 학생들인 여러분에게 수년 동안, 여러 가지 다른 방식으로 말해 온 것이 무엇이었습니까? 우리는 지구의 삶에 대한 한 가지 근본적인 진리를 말했으며, 그것은 의식이 물리적 구현보다 앞선다는 것입니다. 물리적인 군대, 물리적인 적들은 그런 의식 수준에 상응하는 뭔가가 여러분의 의식 속에 없다면 존재할 수가 없습니다. 다른 말로 하면, 민주주의 국가에서 여러분은 공격적이지 않은 의식 수준까지는 올라갔지만, 자신이 모든 공격성을 초월할 때, 누구도 여러분에게 공격적인 행동을 취할 수 없다는 것을 온전히 깨닫고 인정하여 받아들일 수준까지는 올라가지 못했습니다.

이제 여러분은 말할지도 모릅니다. "하지만, 이것은 타락한 존재들이 지구의 삶을 조종하여, 독재 정부가 만들어지도록 위협했다는, 방금 당신이 한 말과 모순되지 않나요?" 예, 그들이 그렇게 했습니다. 사랑하는 이들이여, 하지만 여러분은 타락한 존재들이 민주주의의 출현을 원했다고 생각합니까? 그들이 민주주의가 만들어지도록 사람들을 조종했다고 생각합니까? 아닙니다. 사랑하는 이들이여. 타락한 존재들은 지구상의 모든 나라가 독재 형태의 정부를 영구적으로 유지하기를 훨씬 선호했을 것입니다. 그렇다면 민주주의가 출현한 이유가 무엇일까요? 사람들의 의식 수준이 높아졌기 때문입니다. 그것은 비록 그들에게 군대가 있어서 민주주의 국가들을 짓밟으려 했더라도, 그들이 할 수 없었다는 의미입니다.

소비에트 연방이 왜 서구 세계를 이길 수 없었다고 생각하나요? 왜 북한과 그들을 돕는 중국이 한국을 파멸시킬 수 없었다고 생각하나요? 바로 의식 수준 때문입니다. 이곳 한국과 다른 곳에서도 엄청난 싸움이 있었음을 알고 있습니다. 물리적인 전쟁이 있었습니다. 그런데도 여러분이 여기에서 인식해야 할 것은 이 모든 것이 타락한 존재들에게 달려있었다면, 소비에트 연방이나 중국이 세계를 점령하고 완전히 공산주의가 되었을 것이라는 점입니다. 그것이 그들의 목표였고 그들의 계획이었습니다. 그러나 그들은 그렇게 할 수 없었습니다. 왜냐하면, 전 세계의 많은 사람이 그런 일이 가능하지 않은 수준으로 의식 수준을 높였기 때문입니다.

독재정권을 제거하는 방법

지구에 남아 있는 독재정권을 우리가 어떻게 끝낼 수 있을까요? 독재정권 하에 있는 사람들의 의식이 높아져야 할 뿐만 아니라, 민주주의 국가의 사람들이 독재를 더 이상 위협으로 보지 않을 만큼 의식이 높아져야만 독재정권을 끝낼 수 있습니다. 여러분의 의식 수준이 공격성을 넘어설 때, 그들은 이러한 침략적인 세력에 의해 국가가 파괴되지 않는다는 것을 확신하고 받아들이게 됩니다. 이것이 왜 그럴까요? 여러분이 공격적이지 않을 때, 여러분은 상승 호스트, 즉, 상승 마스터들의 보호를 받기 때문입니다. 여러분은 자유의지 법칙의 한 측면으로써, 절대적인 영적인 법칙의 보호까지도 받습니다.

예수께서 왜 다른 쪽 뺨도 내밀라고 말씀하셨을까요? 여러분이 공격하는 사람에게 다른 쪽 뺨을 돌려댈 때, 중립적인 마음의 상태로 그렇게 할 때, 공격하는 사람의 공격성이 우주 거울에 의해 그들에게 되돌아가기 때문입니다. 그리고 사람들이 이것을 신뢰하고 인정하고 받아들이기 시작하면, 독재정권이 힘을 잃기 시작하는 것을 보게 됩니다. 독재국가의 사람들이 그들의 의식을 높이면, 독재자들이 한 명씩 사라지기 시작할 것입니다. 냉전 시대에, 공산주의 세력이 한 나라에 이어 또 다른 나라를 점령한다는 도미노 효과라는 개념이 있었습니다. 하지만 나는 더 높은 도미노 효과가 있다고 확신할 수 있습니다. 빛과 자유의 힘이 한 나라에 이어 다른 나라를 장악할 것입니다. 이것이 민주주의의 출현 이후 여러분이 보아온 것입니다.

한 국가가 민주주의 국가인지 독재체제인지 판단하는 다양한 방법이 있습니다. 일부 추정에 의하면 세계 200여 국가 중 50여 국가가 독재국가라고 합니다. 1/4이 독재체제라는 의미입니다. 하지만 사랑하는 이들이여, 300년 전으로 거슬러 올라가면 100%가 모두 독재였습니다. 그렇다면, 민주적인 국가가 75%로 증가했다는 것은 주목할만한 증가가 아닌가요? 여기에 분명한 상향 추세가 있다는 것이 보이지 않나요? 공룡이 그랬던 것처럼 독재정권은 지금 소멸하고 있습니다. 여러분의 상상처럼 공룡이 어느 날 갑자기 모두 자취를 감추었던 것이 아닙니다. 독재정권의 소멸 역시 의식의 성장 때문에 일어나는 일입니다. 자유의지에 의해 사람들이 의식을 높이는 데 어느 정도의 시간을 필요하므로, 시간이 걸립니다.

어떻게 의식의 성장을 이룰 수 있을까요? 그것은 강요될 수 없습니다. 오직 자유의지를 통해서만 가능합니다. 여러분이 의식을 높일 때, 여러분은 집단의식을 끌어올리고 있지만, 다른 사람들이 의식을 높이도록 강요하는 것은 아닙니다. 그것은 이전에는 보지 못했던 것을 좀 더 명확하게 볼 수 있도록, 여러분이 그들에게 기회를 주는 것입니다.

사랑하는 이들이여, 여러분이 밧줄이라고 생각하고 잡고 있던 것이, 뱀이라는 것을 갑자기 알게 되면, 그 자리에서 논쟁할 필요가 없다는 이야기가 있습니다. "이것을 계속 붙잡고 있어야 할까? 놓아야 할까?"

여러분은 본능적으로 즉시 뱀을 놓아버릴 것입니다. 독재정권에 있는 사람들도 이렇게 됩니다. 그들이 어떤 유형의 정부를 가졌는지 정확하게 보게 될 때, 자유가 무엇인지 진정으로 알게 될 때, 그들은 뱀을 놓아버리고 자유를 끌어안을 것입니다. 여러분은 이렇게 말할지도 모릅니다. "하지만, 왜 중국 사람들이나 북한 사람들, 러시아 사람들은 독재를 놓아버리지 않나요?" 그들이 그것을 보지 못했기 때문입니다. 그들 대부분은 그것을 진정으로 보지 못했습니다. 어떻게 그럴 수 있는지 자문할 수 있겠지만, 단순히 그들은 집단의식에 눈이 멀었고, 어떤 거짓말에 눈이 멀었고, 어떤 욕망에 눈이 먼 것입니다. 앞서 말한 것처럼 많은 경우에서처럼, 그들은 우월감에 대한 욕망, 특별해지고 싶은 욕망 때문에 눈이 먼 것입니다. 그들이 특별해지고 싶은 이 욕망을 놓아버리면, 자신이 보잘것없는 사람이 되고, 아무도 자신을 존중하지 않으리라고 생각합니다.

사람들이 더 많은 것을 가질 수 없다고 생각하게 만들기

러시아의 정말 많은 사람이 소비에트 연방이 해체된 후에 자존감을 잃었다고 느꼈습니다. 그것은 그들이 아직 자신의 인간성에 조율하지 않고서, 그것을 표현하기 시작했기 때문입니다. 그들이 그렇게 할 때, 그들은 새로운 형태의 자존감을 발견할 것입니다. 인간성이 높아지면, 자신의 힘이나 군대의 규모, 신체적 특성 등 사람들이 자신의 지위를 측정하는 데 사용하는 어떤 것에 대해서가 아니라, 자신을 있는 그대로 존중하게 됩니다.

사랑하는 이들이여, 여러분도 알다시피, 그들은 아직 그것을 보지 못합니다. 그들은 자유와 민주주의가 제공하는 것이 무엇인지 아직 보지 못하고 있습니다. 그것을 명확하게 파악하지 못하고 있습니다. 하지만, 민주주의 국가에 있는 여러분의 의식이 높아지면, 상승 마스터 학생들인 여러분의 요청에 따라, 언젠가 그들이 그것을 보게 될 지점에 이르게 될 것이고, 과거를 놓아버릴 것입니다. 여러분과 민주주의 국가에 있는 사람들도 더 나은 것을 보았을 때, 과거를 놓아버리게 됩니다. 그것이 인간의 본성, 그 이상을 원하는 기본적인 인간의 본성입니다. 여러분은 외적인 조건들 때문에 더 많이 가질 수 없다고 받아들이는 지점에 이를 수 있습니다. 이것이 타락한 존재들과 모든 독재정권이 사람들을 억압하는 데 사용해 온 것입니다.

독재 치하에 있는 사람들은 특정한 외부 조건 때문에 그들이 변화될 수 없다고 생각합니다. 그래서 그들은 더 이상의 자유를 누릴 수 없으며 그냥 이대로 살 수밖에 없다고 받아들입니다. 이들은 안전을 얻기 위해, 자유를 어느 정도 포기해야 한다고 받아들였습니다. 그들에게는 여전히 안전이 매우 중요하기에, 기꺼이 자유를 포기합니다. 그래서 그들은 덫에 갇히게 됩니다. 그들의 의식이 올라가고, 더 큰 자유를 가지면서도 여전히 안전함을 발견할 수 있다는 것을 알게 되면(그들이 새로운 수준의 안전을 발견할 것이기 때문에), 그들은 자유를 원하고 풍요를 원하며 물질적인 풍족을 원할 것입니다.

물론 북한 사람들도 더 큰 자유를 원합니다. 여기 남한에 있는 여러분이 가지고 있는 자유를 그들도 원합니다. 선동(propaganda)으로 인해 눈이 멀어서, 그들 대부분은 여러분이 어떤 자유를 누리고 있는지 알지 못하지만, 그들이 알았더라면 똑같이 원했을 것입니다. 그들도 물론 여기 여러분이 가지고 있는 물질적 풍요를 원합니다. 그들도 물론 여기 여러분이 가진 것처럼 공격으로부터의 자유를 원합니다.

공격성이 세상에서 가장 교묘한 감옥이라는 사실을 깨닫지 못하나요? 다른 사람에게 강요해야 한다고 느끼는 이런 공격적인 마음 상태에 있게 되면, 자신이 세계를 정복해야 하는 위대한 소비에트 제국이라든지 위대한 로마 제국에 속하게 되는 것입니다. 또한 바로 그런

점에서, 위대한 미국 제국은 마치 그것이 가능하다는 듯이, 세계에 자유와 민주주의를 힘으로 이루어야 한다고 생각할 수 있습니다. 이런 공격적인 사고방식을 가지면 타락한 존재들이 만들어낸 가장 제한적이고 교묘한 감옥에서 살게 됩니다.

사람들이 그런 사고방식을 극복하여 놓아버리고, 단지 평화롭고 평범하고 행복한 삶을 살 수 있음을 알게 될 때, 그들은 그것을 원할 것입니다. 그것을 알게 될 때, 그리고 그것을 가질 수 있다고 받아들이게 될 때, 그들은 정말 원하게 될 것입니다.

사랑하는 이들이여, 상승 마스터로서 나는 시간과 공간에 제약을 받지 않기 때문에 무한히 말할 수 있습니다. 하지만 나는 여러분이 시간적, 공간적 제한을 받는다는 것을 알고 있습니다. 따라서 이 컨퍼런스에서 말하고 싶은 것이 있는 다른 상승 마스터들을 위해 할 말을 아껴 두겠습니다. 대천사 수준에서 온 이 메시지를 지구의 집단의식으로 기꺼이 방송하려는 여러분의 의지에 진심으로 감사합니다. 이것으로 이 구술을 마칩니다. 첫 번째 광선의 사랑으로 여러분을 봉인합니다.

2
독재정권을 만드는 원인

　나는 상승 마스터 수리야(Surya)입니다. 앞서 미카엘 대천사가 언급했던 말을 이어가고 싶습니다. 미카엘 대천사는 모든 독재자가 어느 정도 의식 수준에서는, 피지배자들의 동의를 얻고 있다고 말했습니다. 세상 대부분의 사람이 독재자라는 주제를 어떻게 보고 있는지를 생각해 보면, 그들은 독재가 무엇인지, 독재정권이 왜 생겼는지, 어떤 사람들이 독재자가 되려고 하는지를 이해하기 어려워한다는 것을 알 수 있습니다. 세상의 많은 사람에게는 어떤 부인(denial)의 요소가 있습니다.

　예를 들어, 여러분이 중국에 가면 사람들이 마오쩌둥에 대해 자주 언급은 하지만, 심지어 요즘도 그에 대한 비판적인 이야기는 전혀 허용되지 않는다는 것을 알 수 있습니다. 사람들은 국가의 우상이 된 대상을 감히 비판할 엄두를 내지 못합니다. 마찬가지로, 러시아에서는 사람들이 스탈린 시대에 있었던 일에 대해 잘 알고 있지만, 스탈린을 비판하기를 꺼린다는 것을 알 수 있습니다. 불과 몇 년 전에, 러시아 역사상 가장 중요한 인물이 누구인지에 대한 여론조사가 있었습니다. 오랫동안 스탈린이 1위였습니다. 결국, 최근에 한 시인에게 추월당했지만, 오랫동안 스탈린은 실제적인 우승자였습니다.

사람들은 독재자의 잔혹함을 부인합니다

여러분은 사람들이 독재자의 잔혹함에 대해 부인하려는 경향이 있음을 알게 될 것입니다. 사람들이 근본적으로 부인하는 것은, 독재자가 국민에게는 전혀 관심이 없다는 사실입니다. 마오쩌둥이나 스탈린 같은 사람에 대해 공개적으로 알려진 사실들을 정직하고 중립적인 관점에서 살펴보면, 그들은 자신이 이끌던 국민에게 전혀 신경 쓰지 않았다는 것을 알 수 있습니다. 그들은 명분을 위해서는 국민을 얼마든지 희생시키려 했고, 그것이 바로 그들이 권력을 유지할 수 있었던 근본적인 이유였습니다. 마오쩌둥은 그가 추구하던 이상(理想)이 있었지만, 스탈린은 자신의 권력을 유지하는 것 외에 그 어떤 이상도 추구하지 않았습니다.

독재 형태의 정부를 가졌었거나 최근까지 독재체제였던 어떤 나라들에서는, 여전히 부인의 요소가 있음을 볼 수 있습니다. 물론, 히틀러와는 차이점을 느낄 것입니다. 히틀러는 대체로 보편적인 악으로 인식되었습니다. 그를 숭배하는 네오나치즘이 있기는 하지만, 독일과 그 밖의 다른 나라에서는, 대부분의 사람이 히틀러의 악을 인정했습니다. 물론 사람들이 히틀러를 볼 때, 그의 악을 이해할 수 없습니다. 지식인들이 히틀러를 분석하면서, 어떻게 해서 그러한 악을 저지를 수 있었는지를 설명하려는 것을 보면 우스꽝스러울 정도입니다. 그들은 합리적이고 물질주의적인 설명을 내놓으려 합니다. 히틀러의 가족력이 어떻고 양육 과정이 어떻고, 그의 심리, 유전자 등등이 어떻다는 식으로 분석합니다.

독재자들은 평범한 인간이 아닙니다

내가 말하려는 요점은, 세상의 사람들은 독재자들이 존재하는 이유를 이해하지 못한다는 것입니다. 사람들은 왜 소수의 사람이 대중에게 무제한의 권력을 휘두르는 위치에 기꺼이 발을 들여놓으려는지 이해할 수 없습니다. 일단 그들이 권력을 차지하게 되면, 그들은 권력을 유지하는 데 필요하다고 생각되는 온갖 일들을 자행합니다. 사람들은, 이성과 합리성에서 벗어나 권력을 유지해 왔던 독재자들의 존재 이유를 설명하거나 이해할 수 없습니다. 그들은, 히틀러의 경우에서 보았듯이, 자신의 권력을 놓아버리지 않을 것입니다. 이성적인 사람이라면 누구나 전쟁이 끝났다는 것을 알 수 있었지만, 히틀러는 그의 상상 속에서만 존재하는 군대 주변을 배회하며, 계속 환상의 세계에 살고 있었습니다. 그는 언젠가 개발될지도 모를 슈퍼 무기에 대해 생각했습니다. 그러나, 그 무기는 결코 실현되지 않았습니다. 이와 비슷한 다른 독재자들이 많습니다.

다시 말하지만, 전통적인 과학은 이것을 설명할 수 없습니다. 무슨 이유로 어떤 독재자들은 현실과 동떨어져 있고, 자기 국민과도 괴리될 정도로까지 광적으로 되는 것일까요? 그들은 실제 상황이 돌아가는 것을 살펴보려고 하지도 않으면서, 어떤 목표를 맹목적으로 추구합니다. 물론 우리는 이 메신저를 통해서, 또한 이전의 상승 마스터 시혜를 통해서 이에 대한 지식을 매우 주의 깊게 전달했습니다. 여러분은 좀 더 깊은 차원에서 이러한 것들을 이해할 수 있습니다. 이것은 '예수와 함께했던 나의 생애들(My lives)' 책에서 우리가 압축하여 전달하려고 했던 것입니다. 사람들은 이 책을 통해서 독재자를 이해하는 결정적 측면에 대한 지식을, 읽기 쉽게 요약된 형태로 얻을 수 있습니다. 독재자라는 지위를 얻으려고 하는 소수의 사람이 존재하는 이유는, 지구에 정상적인 인간이라고 할 수 없는 소수의 인간이 육화해 있기 때문입니다. 그들은 일반적이지 않습니다. 이것은 일반적으로 사람들이 인식하려고 하지 않는 사실입니다.

그러므로 우리는 세상이 이 사실을 왜 인식하려 하지 않는지 그 이유를 논리적으로 자문해 봐야 합니다. 다시 말하지만, 이에 대한 유일한 논리적 대답은 이 세상의 주된 사고체계들이 어떤 세력들에 의해 영향을 받았거나, 어떤 경우에는 직접 만들어졌고, 그 세력들은 사람들이 지구의 기본 역학, 즉 지구에서의 삶이 어떻게 작동되고 있는지에 대해 이해하기를 원하지 않는다는 것입니다. 일반적으로 그 세력들은 지구라는 행성이, 매우 다양한 생명흐름이 육화한, 광범위한 의식의 영역을 가진 곳이라는 사실을 사람들이 알기를 원하지 않습니다. 물론 자신들의 존재가 알려지기를 바라지 않는 타락한 존재들이 그 배경에 있습니다. 그들은 인도주의적 관념이 없고, 인간에 대해 어떤 관심도 없는 특정한 그룹의 사람들이 육화해 있다는 사실을, 사람들이 알기를 원하지 않습니다. 이 사람들은 자신을 인간으로 보지 않습니다. 그들은 대중을 인간으로 보기는 하지만, 자신을 그 대중보다 우월한 존재나, 특별한 계층으로 봅니다.

이제 세상은 실제로 이것을 인식할 준비가 되어 있습니다. 그것은 황제의 새 옷에 대한 동화와 비슷합니다. 황제의 측근들은 자신의 지위를 유지하는 데만 관심이 있어, 한 걸음 물러서서 황제를 살펴보고 그가 벌거벗었음을 보려고 하지 않습니다. 그들은 이것을 분명히 드러내 놓고 말하려 하지 않습니다. 이제 세상과 사람들은 인간에 대해 어떠한 사랑도 어떠한 관심도, 어떠한 존중심도 없는 특정한 그룹의 사람들이 있다는 사실을 인식할 준비가 되어 있습니다. 그들은 어떠한 명분으로든 수많은 사람을 서슴없이 희생시키거나 죽이려고 합니다. 이것은 생명에 대한 완전한 경시입니다.

더 이상 독재자들을 원하지 않는다고 결정하기

이것은 세상이 인식할 준비가 되어 있는 것입니다. 이것을 인식하기 위해서 상승 마스터 가르침을 인정할 필요는 없습니다. 창조적으로 생각하는 사람들, 역사를 있는 그대로 살펴볼 수 있는 사람들, 일반 심리학에서 알려진 인간 심리를 살펴볼 수 있는 사람들이라면, 이것을 알아볼 수 있습니다. 그들은 역사적 사실들을 종합해 보며, 독재자의 자리에 있으면서 생명에 대한 어떠한 존중의 마음도 전혀 없는 특정한 그룹의 사람들이 있었다는 결론에 이를 수 있습니다. 우리는 이 사실을 공개적으로 인식하고 인정해야 합니다. 그리고 이렇게 결정해야 합니다. "우리는 더 이상 이러한 사람들이 우리를 이끌어 주기를 원하지 않는다. 우리는 이러한 사람들에게 정부 내의 어떠한 직위도, 지구에서 인류에게 권력을 행사할 수 있는 어떠한 지위도 주기를 원하지 않는다."

집단의식이 점차 성장하여, 이것을 인식할 준비가 된 수준에 도달했습니다. 상승 마스터 학생들로서 여러분이 할 일은, 이 인식을 위한 선구자가 될 수 있는 사람들이 자유로워져서, 깨어나 영감을 받고, 상승 마스터와 조율될 수 있도록 요청하는 것입니다. 그들이 의식적으로는 상승 마스터들을 인식할 수 없다고 해도, 우리에게 조율할 수 있습니다. 그리고 갑자기 초점을 바꿔 의식을 전환하고 이렇게 깨닫게 됩니다. "오, 그런데 독재자는 벌거벗었구나!" 그들은 이들 존재가 누구인지 적나라한 진실을 알게 됩니다.

그들이 타락한 존재들이라는 개념은 알지 못할 수도 있지만, 그 존재들이 생명을 존중하는 마음이 없다는 사실을 알게 됩니다. 특히 현대 민주주의 국가들에서는 대부분의 사람이 생명을 존중하기 때문에,

이것이 드러날 필요가 있습니다. 미카엘 대천사께서 말했듯이, 그 사람들은 타인에게 공격적인 행동을 저지르는 것을 꿈도 꾸지 못할 정도의 의식 수준으로 올라섰습니다. 그들은 군대를 조직하여 다른 나라를 정복하는 일을 절대 꿈꾸지 않을 것입니다. 따라서 그들은 군대를 조직하고 영토를 정복하는 자들은 결코 자신과 같은 사람들이 아니었다는 사실을 알 준비가 되었습니다. 생명에 대한 존중이 없었던 사람들은 오직 소수 그룹일 뿐이었습니다.

모든 독재자는 자기도취자(narcissist)입니다

일단 이 사실을 알게 되면, 이것은 자기도취적 인격장애나 자기도취자, 소시오패스, 사이코패스 등을 언급하는 심리학의 발달에 기초해서 인식될 수 있습니다. 역사상 모든 독재자는 근본적으로 그러한 종류의 정신병과 이상 심리를 가지고 있었습니다. 그들은 최근 심리학이 분류한 이른바 자기도취자, 소시오패스, 사이코패스들이었습니다. 이것을 아는 것은 결코 어렵지 않습니다. 단지 타락한 존재들이 만든 무지의 구름이 아직도 남아 있어서, 사람들이 한 걸음 물러나 그것이 무엇인지 보려고 하지 않았던 것뿐입니다. 여러분이 요청해서 우리의 도움을 받으면, 사람들은 "그것을 볼 수 있는" 지점에 도달하게 됩니다. 갑자기 대중의식에 전환이 일어나서 이것에 대한 인식이 생기고 더 나은 형태의 리더십에 대한 거센 요구가 일어날 것입니다.

하지만, 이것의 오메가 측면은 사람들이 애초에 독재자가 왜 생겨났는지, 왜 아직도 세상에 있는지를 이해하게 된다는 것입니다. 미카엘 대천사께서 말했듯이, "독재자는 국민의 동의를 얻고 있습니다. 왜냐하면, 독재자는 어느 정도 (보통은 무의식적인 측면에서) 국민의 욕구를 충족시켜 주고 있기 때문입니다." 물론 대천사 미카엘께서 언급했듯이, 우월성이나 안전에 대한 욕구도 있습니다. 하지만 내가 여기에서 환기하고 싶은 것은 약간 다른 욕구입니다.

독재자는 사람들의 개인적인 책임을 덜어줍니다

이제, 어떤 나라의 역학을 살펴보겠습니다. 그 나라가 북한일 수도 있고, 마오쩌둥 치하의 공산주의 중국이나 오늘날의 중국일 수도 있습니다. 스탈린 치하의 러시아이거나, 공산주의 체제의 러시아일 수도 있습니다. 아니면 나치 시대의 독일일 수도 있습니다. 사랑하는 이들이여, 무엇이 보이나요? 어떤 역학이 보이나요? 기본적으로는, 매우 강력한 지도자가 있습니다. 그는 자신이 강압적으로 절대적인 권력을 독차지하고 있다고 가정하고 있습니다. 국민은, 적어도 그들 대다수는 그 지도자가 비범한 힘을 가졌다고 마음속으로 받아들이게 되었습니다. 사람들이 생명을 전혀 존중하지 않는 특별한 그룹의 사람이 있다고 생각하게 된 이유는 무엇일까요?

자, 그것은 독재 치하의 사람들이 자신들의 독재자가 특별한 그룹에 속하거나, 적어도 한 개인으로서 그가 나머지 사람들보다 더 뛰어나다고 생각하기 때문입니다. 그는 다른 사람과 다릅니다. 그는 사람들을 이끌 능력이 있고, 사람들을 이끌 이 특별한 힘을 가졌다는 것입니다. 여러분은 이미 독재자가 나머지 사람들보다 특별한 범주에 속한다는 개념을 가지고 있습니다. 그 특별하다고 하는 개념을, 공감도 없고 생명에 대한 존중도 없는 자기애적 인격장애와 연결하는 것은 그리 어렵지 않습니다. 이제 사람들은 알게 됩니다. "그래, 맞아, 독재자는 정말 특별한 범주에 속하는 사람이었어. 그 이유는, 독재자가 초인적인 힘을 가졌기 때문이 아니라, 인간 수준에도 이르지 못하는 생명을 경시하는 태도를 가졌기 때문이야."

한 나라가 독재자를 받아들이고 그를 초인적인 우상으로 끌어올리고 나면, 어떤 역학이 발생할까요? 사람들 안에서 발생하는 심리적

역학은, 어떤 독재자가 자신들에게 권력을 행사할 힘을 가졌고 이제 자신들은 거기에 저항할 수 없다는 것을 사람들이 받아들이게 된다는 것입니다. 저항해봤자 헛수고이고, 자신들에게는 일어설 힘이 없다고 생각할 수도 있습니다. 또는 독재자가 그들을 놀라운 신세계로 데리고 가겠다고 한 약속을 믿거나, 심지어는 그에게 저항하고 싶지 않아서 그럴 수도 있습니다. 그들은 독재자의 약속을 믿거나 그의 힘에 스스로 굴복하여, 아무런 조치도 취할 수 없다고 생각합니다. 사람들이 그 지점에 도달하면 어떤 심리 상태가 될까요? 이때 일어나는 일은, 그들이 개인으로서 자신들이 더 이상 아무런 책임이 없다고 느낀다는 것입니다. 그들은 자기 삶이나 국가에 대해 개인적인 책임이 없다고 생각합니다. 아주 지성적인 사람조차도, 독재자를 아무런 분별없이 따르는 추종자가 되어버립니다.

나치 독일에서 히틀러를 추종했던 사람 중 다수는 실제로 매우 지적이고 교육을 잘 받은 사람들이었다는 사실을 알 것입니다. 모두가 다 그런 것은 아니지만, 확실히 일부는 그렇습니다. 일단 그들이 개인적인 책임감을 버리고 나면, 아무리 교육을 잘 받았고 지적이라고 해도, 그들은 비판적인 눈으로 독재자를 살펴봐야 하는 책임을 포기하게 됩니다. 그들은 독재자와 그의 행동에 대한 비판적인 평가를 모두 유보합니다. 이것은 기본적으로 "나에게는 개인적인 책임이 없다."라고 말한다는 의미입니다.

여기서 볼 수 있는 것은, 독재자가 있거나 독재자가 있었던 모든 나라에서, 자신들은 책임이 없다고 느끼고 싶어 하는 사람들의 욕구를 독재자가 상당 부분 충족해 주었다는 점입니다. 그들은 책임질 필요가 없고, 일상적인 삶에만 관심을 가지면 됩니다. 그들은 국가나 이런저런 복잡하고 큰 문제에 대해서는 생각할 필요가 없습니다. 공산주의 이념이나 나치즘 또는 자신들이 가진 어떤 것이든 비판적으로 볼 필요가 없습니다.

한 국가를 독재국가로 만드는 것

여기에서 깨달아야 할 것은, 개인적인 책임에서 벗어나고 싶고 이를 포기하고 싶은 일부 사람이 있다는 것입니다. 한 나라에서 대다수의 국민이 잠재의식에 이런 욕구가 있다면, 그 나라는 쉽게 독재체제로 갈 수 있습니다. 이것이 역사적으로 매우 광범위하게 일어났던 일입니다.

지난 수천 년의 역사를 살펴보면, 그리고 더 멀리 되돌아갈수록, 점점 더 많은 사람이 개인적인 책임을 포기하려는 욕구를 가졌음을 알 수 있습니다. 과거에 민주주의 사회를 거의 볼 수 없었던 이유가 바로 그 때문입니다. 사람들은 준비되어 있지 않았습니다. 여러분이 지금까지 보아온 것은, 이러한 현상들이 매우 천천히 그리고 점진적으로 변화해 왔다는 것입니다. 우리 상승 마스터들은 이러한 방정식을 바꾸기 위해 정말 적극적으로 일해 왔다고 확신할 수 있습니다. 우리는 그것이 매우, 매우 느리게 진행된다는 것을 압니다.

우리는 매우 인내심을 가져야 했고, 많은 차질을 겪었습니다. 때로는 한 걸음 앞으로 나간 후, 두 걸음 뒤로 물러났습니다. 때로는 한 걸음 뒤로 물러나고 한 걸음 나아갔고, 그리고 가끔은 결정적으로 앞으로 나아가기도 했습니다. 이것이 우리가 현대 민주주의가 출현하기 시작하는 지점까지, 매우 느리고 매우 점진적으로 사회를 이끌어 온 방식입니다. 물론, 여러분도 알고 있듯이 고대 그리스에는 민주주의 형태의 사회가 있었습니다. 하지만 투표권을 가진 인구는 소수에 불과했기 때문에, 오늘날 생각하는 현대 민주주의와는 달랐습니다. 여자와 노예, 그리고 시민이 아닌 사람들은 투표권이 없었습니다. 이것은 여자와 남자가 동등하게 창조되었고, 모든 남성과 여성이 양도할 수 없는 권리를 창조주에게서 부여받았다고 하는, 우리가 현대 민주주의라고 부르는 것이 아닙니다.

다시 말하지만, 타락한 존재들은 집단의식을 읽는 데 능숙하고, 집단의식이 어느 수준에 있는지를 잘 압니다. 물론 그들이 가진 변수 중의 하나는 얼마나 많은 사람이 기꺼이 책임지려 하고, 얼마나 많은 사람이 개인적인 책임을 포기하려고 하는지 그 비율입니다. 사람들 대다수가 책임을 포기하기를 바랄 때, 바로 그때 그들이 개입해서 독재 형태의 정부를 만들려고 시도합니다. 물론 이것은 한 국가가 일단 민주주의 형태의 정부를 설립하고 나면, 타락한 존재들이 침투해서 다시 민주주의를 퇴보시키려는 시도를 그만둔다는 의미가 아닙니다. 그들은 민주적 권리와 자유를 훼손하고, 점점 더 많은 권력을 틀어쥔 정부를 추구하면서, 그것을 위해 어떠한 집단과도 협력할 것입니다.

이것이 미국에서 전개된 현상입니다. 미국의 탄생 시점까지 거슬러 가보면, 강력한 연방정부를 원했던 연방주의자들과 느슨한 형태의 연방정부를 원했던 반연방주의자들 사이의 논쟁이 있었습니다. 여러분도 알다시피 현재 미국은, 건국의 아버지들이 원래 마음속에 그렸던 것보다 더 강한 연방정부를 가지고 있습니다. 미카엘 대천사께서 말했듯이, 그것은 타락한 존재들이 공산주의라는 위협을 만들어냈기 때문에 일어난 일입니다. 그들은 독재 형태의 정부에 의해 통치되는 러시아를 만들었습니다. 그 후 그 권력을 소비에트 공화국 전역으로 확장하여 소비에트 연방을 만들었고, 이것이 서방의 자유와 민주주의에 직접적이고 물리적인 위협이 되었습니다. 이것이 바로 공산주의 위협에 대항하기 위해 미국의 연방정부를 강화하는 것을 정당화하는 주요한 요인 중 하나였습니다. 이로 인해 건국의 아버지들이 미국에서 필요하다고 생각한 자유와 권리를 상당히 훼손해야만 했습니다.

민주 정부는 까다로운 정부 형태입니다

여기에서 인식해야 할 것은, 민주주의 국가에서도 여전히 일부 사람이 개인적인 책임을 포기하려고 한다는 점입니다. 타락한 존재들은 이 점을 이용합니다. 사람들은 뉴스를 읽으며 나라 안에서 일어나는 일을 잘 알고 있다고 생각하고, 4년마다 투표소에 가서 정부에 대해 투표를 하면서 민주 시민으로서의 책임을 다했다고 느낍니다. 그들은 더 이상 활동할 필요가 없다고 생각합니다. 그들은 그냥 앉아서 정부에 대해, 정부가 해야 할 일을 왜 하지 않는지에 대해, 투덜대고 불평할 수 있습니다. 하지만 그들은 정부가 할 일을 왜 하지 않는지를 알아내려는 책임을 다하려고 하지는 않습니다. 그들은 겉모습 뒤에서 실제로 무슨 일이 일어나고 있는지 자세히 살펴볼 필요가 없습니다. 그들은 자신들의 민주주의를 좀 더 전제주의적 형태인 정부로 바꾸려는 세력들을 보려고 하지 않습니다.

이것이 상승 마스터 학생들이 알아야 할 내용입니다. 여러분은 먼저 민주주의 국가의 비판적인 사람들이, 민주주의는 매우 많은 관심이 요구되는 까다로운 형태의 정부라는 인식의 변화를 가져오도록 요청해야 합니다. 민주주의 국가를 세웠다고 해서, 편안하게 앉아 긴장을 풀 수 있는 것이 아닙니다. 오히려, 민주주의는 끊임없는 각성과 끊임없는 경계, 계속 스스로 살필 것을 요구합니다. 우리가 말한 대로, 국가에서 무슨 일이 일어나는지 정부가 하는 일을 지켜보고, 정부가 헌법상 해야 하는 일과 실제로 한 일 사이의 차이를 지켜봐야 합니다.

그 격차가 너무 커지면, 여러분은 행동해야 합니다. 행동을 취한다는 것은 어떤 모임에 가서 맥주를 마시며, 투덜대고 불평을 하는 것이 아닙니다. 맥주 캔에 말을 쏟아 내며, 민주 시민으로서의 책임을 완수할 방법은 없습니다. 그렇게 될 수가 없습니다. 사랑하는 이들이여, 이것은 여러분이 요청해야 하는 사항입니다. 바로 이것 때문에 지난 몇 년 동안, 우리가 더 많은 사람이 참여하는 직접민주주의에 관해 이야기해 온 것입니다. 대의민주주의 대신, 이제 직접 참여하여 주요 안건에 대해 투표를 할 수 있는 사람들이 있습니다.

자, 이것이 내가 언급하고 싶은 주제입니다. 여러분은 직접민주주의라는 이 개념에 대한 엄청난 반대를 목격할 것입니다. 그 반대의 일부는 적어도 현대 민주주의와 현대 민주주의 국가에서 나올 것입니다. 이러한 반대가 있는 이유를 설명하겠습니다. 그것은 타락한 존재들이 사람들에게 오랫동안 주입해 왔던, 특별한 그룹에 속하는 사람들이 있다는 생각으로 돌아갑니다. 그들은 보통 의 사람들을 능가하는 능력을 지닌 특별한 엘리트들입니다. 앞서 말했듯이, 여러분은 바로 이 생각이 독재정권의 토대임을 알 것입니다. 만약 무제한의 권력을 가진 한 사람에게 특별한 능력이 없다면, 어떻게 그가 그 권력을 현명하게 행사할 수 있겠습니까?

초인적인 지도자의 신화

바로 이것 때문에, 여러분은 신화를 구축합니다. 예를 들면, 히틀러는 국가를 위해 무엇이 옳은가를 정확히 아는 절대적인 능력을 갖췄다고 합니다. 잠깐은 그런 것처럼 보였습니다. 히틀러는 2차 대전시 공격 장소와 언제 그들이 성공할지를 알려줄 수 있는 묘한 능력이 있는 것처럼 보였습니다. 한동안 그는 실패할 수 없는 것처럼 보였습니다. 따라서 독일 군대가 총통을 따르는 한 실패할 수 없는 것처럼 보였습니다. 하지만 흐름이 바뀌었고, 갑자기 초기 단계의 승리가 지나고 더 참담한 실패가 뒤따르게 되었습니다.

타락한 존재들은 지구에 육화한 순간부터, 일반 대중보다 특별한 능력을 갖춘 사람들이 존재한다는 생각을 퍼트렸습니다. 내가 말했듯이, 타락한 존재들과 싸우거나, 적어도 우리가 여러분이 해주기를 진정으로 원하는 것처럼 그들을 드러내는 방법은, 그들이 아이디어들을 어떻게 사용하는지를 알아내어, 그 아이디어들을 그들에게 향하게 하는 것입니다. 그들은 일부 사람이 특별한 능력을 갖췄다는 생각을 투사했습니다. 이 생각을 뒤집어 보면, 여러분은 그들이 어떤 능력을 갖췄는지에 관계없이, 그들이 생명을 존중하지 않고, 자신들이 이끄는 사람들을 존중하지 않는다는 것을 알 수 있습니다. 그러므로 그들은 더 이상 우리가 원하는 유형의 지도자가 아니며, 자유 민주주의 국가에서는 특히 그렇습니다.

자, 무슨 일이 일어났습니까? 항상 두 개의 극성이 존재하는 이원성과 이원적 사고방식에 대해 우리가 여러 번 이야기한 것이 무엇입니까? 타락한 존재들은 특별한 능력을 갖춘 소수의 사람이 있다는 생각을 투사하지만, 이것의 오메가 측면은 무엇인가요? 당연히, 일반 대중은 특별한 능력을 갖추고 있지 않다는 것입니다. 그들이 뭐라고 했습니까? 통치할 능력을 갖춘 소수의 사람이 있고, 대부분의 사람은 그들 자신을 통치할 능력이 없다는 것입니다. 이것이 두 갈래 전략입니다. 그들은 일반 대중이 자신을 통치할 수 없고, 자신을 통치하려고 하면 재앙으로 이어질 것이라고 투사합니다. 그러나 자신들에게는 사람들을 통치할 능력이 있고, 재앙도 생기지 않을 것이며, 그들의 지배가 사람들을 약속의 땅, 영광스러운 미래, 제3 제국이나 공산주의 유토피아로 이끌 것이라고 투사합니다.

사랑하는 이들이여, 상승 마스터 학생들로서 여러분은 집단의식이 전환될 준비가 되어 있음을 볼 수 없나요? 여러분은 역사를 돌아보고 이 주장을 살펴보고는, 이렇게 말하는 의식을 간단히 전환할 수 있습니다. "소수 엘리트는 통치할 능력이 있지만, 대중은 통치할 능력이 없다. 대중이 자신을 통치한다면 재앙으로 이어질 것이다." 여러분은 이것을 객관적으로 살펴보고 이렇게 말할 수 있습니다. "그런데 엘리트들의 통치가 우리를 어디로 이끌고 왔는가? 그들의 통치 역시 우리를 거듭되는 재앙으로 이끌지 않았는가? 사람들이 그들 자신을 통치한다면 재앙을 초래한다는 말이 정말 진실일까? 설령 재앙으로 이어진다고 해도, 엘리트가 우리를 이끌었던 것보다는 소규모의 재앙이 되지 않을까?" 사랑하는 이들이여, 그렇게 생각하는 바로 그 부분이, 여러분의 요청을 통해 의미 있는 변화를 만들어낼 수 있는 지점입니다. 여러분이 집단의식을 전환하면, 사람들은 갑자기 이것을 볼 수 있게 됩니다. "우리는 소수 엘리트가 우리를 통치하도록 허용해 왔고, 그것이 거듭된 재앙을 초래했다. 이대로 계속할 수는 없다. 우리는 다른 형태의 정부를 원한다."

사람들이 자신을 통치할 수 있을까요?

사랑하는 이들이여, 역사를 돌아보면, 사람들이 자신을 통치할 수 없었던 때가 있었습니다. 사람들은 자신을 통치할 능력이 없었습니다. 왜 자신을 통치할 능력이 없었을까요? 그것은 타락한 존재들의 지도 체제가 수천 년, 수 세기 이상 지속했었고, 사람들이 자연적인 상태보다 훨씬 낮은 의식 수준에 머물게 되었기 때문입니다. 여러분이 이렇게 말할지도 모르겠습니다. "그토록 많은 사람이 무슨 이유로 스스로에 대해 책임지지 않고, 국가를 위해 결정을 내리려고 하지 않았을까요?" 자, 그것은 타락한 존재들이 사람들을 조종해서 재앙을 초래하는 어떤 선택을 하게 했기 때문입니다. 그러고 나서 타락한 존재들은 사람들이 그 재앙에 대한 책임을 느끼게 했습니다.

예를 들면, 2차 대전 이후 독일 국민은 히틀러가 일으킨 재앙에 대해 어느 정도의 책임을 인정했는데, 결국 그들이 히틀러를 총통의 자리에 앉힌 것이기 때문이었습니다. 이 일에 대해 책임지려는 어떤 의지도 있었지만, 사실 그것은 히틀러가 너무 참담하게 실패해서 이 사실을 부정할 수가 없었기 때문이었습니다. 좋은 일처럼 보이도록 역사를 다시 쓸 방법이 없었던 것입니다.

수백만 명의 자국민을 굶겨 죽인 농업혁명과 마오쩌둥의 문화혁명을 중국인들은 어떻게 다루었습니까? 그들은 그것이 진보를 향한 단계처럼 보이도록 역사를 다시 썼습니다. 러시아는 공산주의와 스탈린 통치를 어떻게 다룰까요? 심지어 오늘날까지도 그들은 역사를 이렇게 다시 쓰고 있습니다. "오, 결국 그렇게 나쁘지는 않았어, 어쩌면 필요했을 수도 있어. 러시아 사람들에게는 어쩌면 그들을 통치하기 위해 쇠몽둥이가 필요했을지도 몰라," 이렇게 보이게 말입니다. 예, 어쩌면 러시아인들에게 쇠몽둥이가 필요했을지도 모르지만, 그것은 타락한 존재들이 아주 오랫동안 러시아인들을 낮은 의식 수준으로 끌어내렸기 때문입니다.

타락한 존재들이 히틀러와 독일 국민에게 무엇을 했는지 볼 수 있나요? 그들은 독일인들이 히틀러가 만든 재앙에 대해 부분적으로 책임을 지도록 만들었습니다. 이것에 대해 일부 사람들이 이렇게 느끼게 했습니다. "오, 우리는 결정할 수가 없어. 우리는 결정하지 않을 거야." 이런 현상이 지금은 알려지지 않는 아주 오랜 과거에도 되풀이되었습니다. 수많은 사람이 타락한 존재들에게 조종당해 그들의 지도 체제를 지지했습니다. 그리고 재앙이 초래되었을 때, 타락한 존재들은 방향을 돌려 사람들에게 그 재앙에 대한 책임을 느끼게 했습니다. 사람들이 이 재앙을 촉발한 것에 대한 책임을 느꼈을 때, 그들은 이렇게 말하며 반응했습니다. "오, 우리는 결정하고 싶지 않아."

무엇이 사람들로 하여금 재앙에 대한 책임을 느끼게 할까요? 그것은 사람들이 가진 어느 정도의 인간애입니다. 사람들은 어느 정도 생명에 대한 연민과 생명에 대한 존중의 마음을 가지고 있습니다. 그래서 뭔가가 잘못되어 가고 수백만 명이 죽어갈 때, 사람들은 그런 일이 일어나서는 안 된다고 느낍니다.

반면, 타락한 존재들은 책임을 질까요? 아닙니다. 사태가 잘못되어 갈 때, 그들은 결코 책임지지 않습니다. '예수와 함께했던 나의 생애들' 책에서 묘사했듯이, 때에 따라서 재앙과 대파국이 일어나면 그들은 기뻐합니다. 혼란이 크면 클수록, 사람들의 에너지를 훔치거나 사람들이 죄의식을 느끼도록 조종하기 쉽기 때문입니다. 다시 말하지만, 이 것은 보통 사람들이 파악할 수 없는 것이 아닙니다. 사람들은 이것을 일반적이고 보편적인 사고로 이해할 수 있습니다. 그들은 스스로 결정하고 싶어 하지 않고, 누군가가 대신해 결정을 내려주기를 바라는 상황에 들어가도록 자신이 조종당한 것을 볼 수 있습니다. 또한 자신을 위해 다른 사람이 결정을 내리는 것을 허용할 때마다, 그것이 거듭해서 재앙을 초래하는 것을 알 수 있게 됩니다.

따라서 그들은 새로운 접근법이 필요함을 알 수 있습니다. 이미 더 오래된 민주국가에서는 새로운 접근법을 준비하고 있습니다. 그들은 또한 대의민주주의가 그럴듯하게 들릴지는 몰라도, 실제로는 엘리트가 지배할 수 있는 특별한 능력을 지닌 반면, 일반 대중은 자신을 통치할 능력이 없다는 오래된 생각에 기초하고 있음을 알게 됩니다. 그렇지 않다면 왜 대표를 선출하겠습니까? 그렇습니다. 1700년대의 통신은 너무 열악해서, 특정한 안건에 관해 공개토론을 할 수가 없었습니다. 그 문제를 가져와서 사람들이 투표하도록 할 수도 없었습니다. 그래서 대표를 선출할 필요가 있었고, 그 대표들은 워싱턴 DC로 가서 의회 건물에서 특정한 이슈에 대해 투표를 해야 했습니다.

오늘날에는 인터넷을 비롯한 통신 수단들이 있어서, 이러한 것은 더 이상 필요하지 않습니다. 여러분은 엘리트주의적인 하향식(top-down) 형태의 정부나 의사결정 형태가 필요 없습니다. 토론하는 방식이 완벽하게 가능합니다. 현대에는 토론이 더욱 개방적일 수 있습니다. 엘리트들에 의해 자주 조작되는 주류 미디어 대신, 인터넷에서의 토론은 비록 권력 엘리트에 의해 조작이 시도되고 있기는 하지만, 어느 정도 자유롭기 때문입니다. 여러분은 여전히 더 많은 자유를 가지고 있고, 자신이 하려고만 한다면 스스로 학습할 수 있으며, 그러한 지식에 기초해서 투표할 수도 있습니다.

직접민주주의는 재앙으로 이어지지 않을 것입니다

확신하는데, 그것은 현재보다 더 좋은 결과를 낼 것입니다. 과거에 보았던 재앙으로는 이어지지 않을 것입니다. 왜 그럴까요? 그 이유는 집단의식이 높아졌기 때문입니다. 집단의식이 우주적인 의미에서 자연스러운 수준을 넘어섰다는 의미는 아닙니다. 타락한 존재들이 인류를 조종하여 집단의식을 낮은 수준으로 떨어뜨린 뒤 오랜 시간이 지난 후에, 적어도 현대 민주사회에 있는 대부분의 사람은 근원적인 인간애와 생명에 대한 존중감을 가질 수 있는 지점까지 집단의식을 점차 끌어올렸습니다. 따라서 그들은 생명에 대한 존중심이 전혀 없는 상태에서 결정을 내리지 않을 것입니다.

사랑하는 이들이여, 지난 세기에 일어난 최악의 재앙들을 살펴보세요. 이러한 예는, 히틀러, 스탈린, 소비에트 연방, 마오쩌둥, 폴 포트(캄보디아 독재자, 1926-98), 북한, 황제 치하의 일본 등 많이 있습니다. 이러한 재앙을 만든 의사결정의 토대가 무엇인지 살펴보세요. 그것은 인간 생명에 대한 존중의 완전한 결여입니다. 히틀러가 인간의 생명을 존중했다면, 그가 했던 결정의 일부는 내리지 않았을 것입니다. 스탈린이나 마오쩌둥이 인간의 생명을 존중했다면, 어떻게 그렇게 많은 자국민을 죽일 수 있었겠습니까? 그것은 정말 불가능합니다.

따라서 보통 사람들은 민주적인 방식이었다면, 그런 결정을 절대 내리지 않으리라는 것을 알 수 있습니다. 그런 일은 정말이지 일어나지 않았을 것입니다. 따라서 사람들은, 실제로는 모든 사람이 투표하는 방식이 더 낫다는 것을 바로 알 수 있습니다. 이제, 나는 누군가는 반대하리라는 것을 압니다. 그들은 이렇게 말할 것입니다. "하지만 철학자 플라톤이 정부에 대해 뭐라고 말했나요? 그는 현명한 철인왕을 요청하지 않았나요?" 이것이 이상적인 정부 형태라고 생각한 상승 마스터 학생들은 없었을까요? 아더왕이나 원탁의 기사에 대해 이전의 시혜에서 주어진 개념처럼, 상승 마스터들에게 기름 부음을 받고 상승 마스터와 계속 연결되었던 왕이 있습니다. 이것이 이상적인 형태의 정부인가요? 사랑하는 이들이여, 이 시대에는 그렇지 않습니다.

상승 마스터들의 목표가 무엇인가요? 지난 몇 년 동안 우리가 여러 번 말했듯이, 우리에게는 특별한 외적인 목표가 없습니다. 전반적인 목표는 모든 사람의 의식 수준을 높이는 것입니다. 우리는 엘리트주의자가 아닙니다. 이전의 시혜를 근거로 여러분이 그렇게 결론냈을지도 모릅니다. 하지만, 우리는 엘리트주의자가 아닙니다.

예수를 보세요. 그가 엘리트주의자였나요? 붓다를 보세요. 붓다를 엘리트주의자로 이해할 수 있을까요? 그 둘 모두는 사람들에게 가르침을 주려고 했습니다. 예수가 유대교 엘리트의 일원이 되는 길에서 어떻게 벗어났는지 보세요. 그가 어떻게 유대교에서 소외된 사람들에게 갔는지 보세요. 선한 사마리아인의 우화를 보세요. 사마리아인은 당시에 유대인에게 멸시당한 사람들이었습니다. 고통받는 사람과 마주쳤을 때, 유대 성직자는 외면했지만, 사마리아인은 곤경에 처한 자를 위해 기꺼이 뭔가를 했습니다. 예수는 몇 번이고 되풀이해 모든 사람에게 접근하려고 노력했습니다. 예수는 실제로 사람들이 근원적인 인간애에 연결되도록 도왔습니다. 그 근원적인 인간애는 여러분에게 타인에 대한 존중심을 가져다줍니다. 왜냐하면, 여러분은 자신을 존중하기 때문입니다.

상승 마스터 학생들의 몰락(downfall)

지난 역사와 현재를 돌아보면, 우리 상승 마스터들에게는 모든 사람을 끌어올려야 하는 과제가 주어졌습니다. 우리는 때때로 일반 대중보다 더 높은 의식을 가진 그룹의 사람들과 일을 합니다. 우리가 자신의 의식을 끌어올리려는 소수 그룹의 사람들과 일할 수 있다면, 집단의식을 끌어올릴 수 있다는 것을 알기 때문입니다. 우리가 상위 10%와 하위 10%, 중간의 80%에 관해 이야기하는 이유가 바로 이것입니다.

그럼에도 불구하고, 나는 신의 별(God Star) 시리우스의 의식 수준에서 말하겠습니다. 지난 세기에 상승 마스터 학생들이 저지른 가장 큰 잘못은, 그들이 우월하다고 느끼는 상태에 들어갔던 것입니다. 그들은 상승 마스터들의 제자이기 때문에, 자신들은 상승 마스터들에게서 오는 수준 높은 가르침을 알아볼 수 있으므로, 이원적인 척도에서 다른 사람들보다 더 우월하다고 느꼈습니다.

이것은 상승 마스터 학생들의 몰락이었습니다. 이것은 그들이 끼칠 수 있는 영향력을 발휘하지 못하게 했습니다. 우리는 여러분이 타락한 존재들의 덫을 피할 수 있도록 매우 신중하게 가르침과 도구들을 주었습니다. 사랑하는 이들이여, 왜냐하면, 여러분이 출생 트라우마를 해결하면 외면의 자아를 제거할 수 있고, 다른 사람들보다 더 나아지려는 욕망은 사라지고 자유롭게 진정한 자신이 될 수 있기 때문입니다. 여러분은 자신의 내면에 근원적인 인간애가 있고, 모든 사람의 내면에 똑같이 내재된 근원적인 인간애가 있다는 사실을 자유롭게 인식하게 됩니다. 어떻게 여러분이 다른 사람보다 더 낮거나 더 중요하고, 다른 사람보다 더 높을 수 있겠습니까? 여러분의 의식 수준이 더 높을 수는 있지만, 144단계를 향해 더 높이 올라갈수록, 모든 생명과 함께 하나됨을 느끼고, 하나됨을 느낄수록 여러분이 특별하다는 느낌을 받지 않습니다. 다른 사람보다 더 낫다는 느낌을 덜 받게 됩니다. 다른 사람보다 낫다는 느낌과 다른 사람과 하나라는 느낌은 양립할 수 없습니다. 남들보다 자신이 훨씬 뛰어나다고 느끼는 존재는 타락한 존재들입니다. 나는 여러분이 그들처럼 되고 싶어 하지 않는다고 믿습니다. 사랑하는 이들이여, 144단계를 향해 나아가면서, 다른 사람들보다 우월감을 느끼거나 우월해지려는 욕망을 가지는 것은 불가능합니다. 그것은 절대로 가능하지 않습니다.

여러분이 여기서 알아야 할 것은, 우리는 모든 생명과 모든 사람을 양육하고 싶어 한다는 것입니다. 이것이 현명한 철인왕이 대중을 지배하는 정부 형태를 우리가 바라지 않는 이유입니다. 이제는 더 이상 이러한 형태의 정부가 필요하지 않습니다. 말하자면, 우리는 상승 마스터들의 요청대로 행동하게 하고 어떤 이상적인 사회를 구현하려는 왕을 가지려는 것이 아닙니다. 우리는 모든 사람의 의식을 높이고자 합니다. 현대 민주주의 국가에서, 사람들이 주요 안건에 대해 투표하고, 가능한 최선의 결과를 얻기 위해 스스로 면밀히 살펴보는 직접민주주의 형태보다, 사람들의 의식 수준을 높일 수 있는 더 좋은 방법은 현재 수준에서 없을 것입니다.

이상적인 사회에 대한 비현실적인 꿈

우리는 성 저메인과 연결된 몇몇 사람을 선택적으로 육성하여, 그가 원하는 것은 무엇이든 해서, 사람들이 이를 받아들이게 하겠다는 식의 황금시대 비전을 가지고 있지 않습니다. 성 저메인 역시 그렇습니다. 황금시대에 대한 성 저메인의 비전은 사람들이 결정을 내리고, 그 결과를 보는 것입니다. 설령 그것이 바람직하지 않은 결과로 이어진다고 해도, 여전히 소수 엘리트가 대신해 결정을 내린 것보다는 더 많은 것을 배울 수 있습니다. 그것은 물리적인 세상에서 어떤 결과를 성취하는 문제가 아니라, 집단의식을 높이는 문제입니다.

사랑하는 이들이여, 이것이 왜 그럴까요? 일부 미래학자, 영성인들, 일부 상승 마스터 학생들은 황금빛 미래에 대한 비전과 아이디어를 가지고 있을 수도 있기 때문입니다. 우리가 성 저메인의 황금시대에 대한 개념을 주기 시작한 이후로, 많은 상승 마스터 학생들이 성 저메인이 언급한 이상적인 사회를 보는 것에 대한 비전을 가지게 되었습니다. 여러분이 때때로 진리를 잠시 힐끗 볼 수는 있지만, 현재의 집단의식으로는 언어를 통해 황금시대가 어떻게 될지 가르쳐 주는 것이 가능하지 않습니다. 집단의식이 너무 낮아서 성 저메인이 마음속에 그리는 변화를 받아들이기가 어렵습니다. 다시 말하지만, 우리가 여러 번 이야기한 것처럼, 사람들이 점진적으로 받아들일 수 있도록 차근차근 나아갈 필요가 있습니다.

이제, 우리가 미래에 대한 가르침을 줄 수도 있겠지만, 그것은 현재의 집단의식 수준에 기초한 것입니다. 종종 일어나는 일은 상승 마스터 학생들이나, 미래학자, 다른 영적인 사람들이 의식의 어떤 요소, 집단의식을 취하게 된다는 것입니다. 그들은 미래가 어떻게 되었으면 좋겠고, 황금시대가 어떻게 되어야 하는지에 대한 비전을 투사하는 데 그 가르침들을 사용할 것입니다. 그러나 사랑하는 이들이여, 황금시대가 어떠할지 상상하는 데 쓰는 정신적 에너지의 양만큼을 성 저메인과 조율하는 데 사용한다면 완전히 다른 관점을 얻게 될 것입니다.

깨달음에 대한 꿈

이 메신저는 이 호텔에서 객실마다 비치된 불교 관련 소책자를 읽었습니다. 그것은 깨달음에 관한 붓다의 말을 발췌한 것이었습니다. 그가 읽은 내용은 지난 몇 년 동안 그가 겪었고 느꼈던 것들이어서,

그에게 상당히 의미가 있었습니다. 붓다가 했던 말은, 사람들이 무지에 빠져 있다는 것이었습니다. 그래서 "무지에서 벗어나는 방법"이 있다는 개념을 제시할 필요가 있었습니다. 붓다는 이에 대해 이름을 지어야 했고, 그것을 "깨달음(enlightenment)"이라고 이름 붙였습니다. 그는 사람들이 현재 무지 속에 있다는 것을 깨닫기를 바랐으며, 무지에서 벗어나기 위해서 노력해야 할 무언가가 있고, 그것이 깨달음이라는 것을 알기를 바랐습니다.

하지만 이 인용에서 붓다가 말하고 있는 것은, 깨달음이란 오직 사람들이 무지에 빠져 있기 때문에 필요하다는 것입니다. 그래서 무지한 마음에는 "깨달음"이 또 다른 개념이 되고 맙니다. 실제로 무지한 마음이 무지에서 벗어나 깨달음을 얻게 되면, 그 마음은 사라져버립니다. 요즘 우리가 사용하는 용어로, 의식하는 자아(Conscious You)가 무지의 상태에서 깨달음의 상태로 전환될 때, 외면의 자아는 모두 죽습니다. 역사적으로, 심지어 오늘날에도, 사람들은 여전히 무지에 빠져 있고, 그 상태에서 깨달음이라는 개념에 대해 듣고 있습니다. 이제 그들은 자신들의 무지를 받아들이고, 그들의 무지를 이용해 깨달음이 어떤 것인지를 투사합니다. 그 무지한 자아는 깨달음이 어떤 것인지 상상하지만, 그 자아 자체가 무지하므로 깨달음이 어떤 것인지 헤아릴 수 없습니다.

이러한 모든 가르침을 가진 여러분에게 내가 말하려는 것은 이것입니다. "다음 단계를 밟으세요. 원초적 자아와 다른 많은 자아를 가지고 있는 한, 여러분은 실제로 성 저메인의 황금시대가 어떠할지 상상조차 할 수 없음을 깨달으세요." 여러분이 상상하는 것은 이들 자아의 필터를 통해서, "그래, 황금시대는 지금보다 훨씬 좋을 거야"라고 생각하는 것입니다. 여러분은 외면의 자아의 욕망을 받아들여, 황금시대에는 이러한 욕구들을 충족할 수 있으리라고 투사합니다. 이것이 바로 수많은 사람이, 자신들이 지금은 낮은 의식의 상태에 있지만, 영적인 여정을 따르면 더 높은 의식 상태에 도달할 수 있을 것이라는 생각으로, 여러 시대를 거치며 해왔던 일입니다. 그런 더 높은 의식 상태를 깨달음이라고 부르든, 상승 혹은 그 밖의 무엇이라고 부르든 말입니다. 그들은 외면의 자아가 가진 현재의 욕구를 이용해, 자신이 깨달음에 도달하면 어떻게 되리라는 것을 투사합니다.

예를 들면, 많은 학생이 특별한 힘을 가져서, 사람들이 영적인 여정의 실재에 깨어나게 할 수 있기를 꿈꿉니다. 그들은 이렇게 생각합니다. "내가 깨달음을 얻으면 이러한 힘을 가질 것이다. 나는 그 힘을 지금 내가 원하는 방식으로 사용하겠다." 그들은 자신들이 힘을 행사하고 싶어 하는 방식이 외면의 자아의 욕구에 바탕을 두고 있다는 사실을 깨닫지 못합니다. 그 외면의 자아는 결코 그 힘을 얻지 못할 것입니다. 따라서 이것은 완전히 공허한 꿈입니다.

상승 마스터들의 딜레마

메신저가 여기서 깨달은 것이 상승 마스터들의 딜레마입니다. 사람들은 무지에 빠져 있습니다. 여러분은 그들에게 무지에서 벗어나는 길을 보여주어야 합니다. 여러분은 무지의 상태가 있고, 무지에서 벗어난 상태가 있음을 규정해야 합니다. 여러분이 이렇게 하자마자, 사람들은 자신들의 무지를 이용해서 깨달음의 상태를 또 다른 개념으로 바꿉니다. 사람들이 무지한 이유는 무엇일까요? 이 역시 붓다가 설명했습니다. 사람들은 정신적 이미지를 만들었고, 이 정신적 개념을 실재라고 믿고 있기 때문입니다. 이것이 무지입니다! 무지는 아무것도 모르는 것이 아닙니다. 자신이 알고 있는 것이 실재라고 믿는 것이 무지입니다. 바로 그것이 무지입니다.

사람들은 '깨달음(enlightenment)'이라는 말을 취하고, 무지를 이용해서 그것이 어떠할 것이라고 투사합니다. 그렇게 함으로써 깨달음을 다른 개념으로 바꿉니다. 이제 그들은 깨달음과 관계없는 그 개념을 추구합니다. 그것에 도달하기 위해 더 열심히 채찍질할수록, 그들은 깨달음을 자신으로부터 더 많이 밀쳐냅니다. 마치 당근이 달린 막대기를 눈앞에 매단 당나귀가 당근에 도달할 수 있다고 생각하면서 수레를 끌고 있는 것과 같습니다. 인류가 마치 타락한 존재들의 수레를 끄는 것처럼, 타락한 존재들은 수레 위에 내내 앉아 웃고 있습니다.

이것이 우리가 상승 마스터 학생들인 여러분이 깨닫고, 그 너머로 나아가도록 요청하는 것입니다. 성 저메인께서 지난 몇 년 동안 황금 시대에 대해서 했던 말을 잘 읽고 잘 들어보세요. 그것에 확실히 정박하세요. 여러분이 투사하는 어떤 욕구를 가진 특정한 외면의 자아가 있는지 볼 수 있도록 노력하세요. 그리고 기꺼이 그 자아를 죽도록 놔두세요. 이것은 힘으로 놀라운 사회를 만드는 그런 문제가 아닙니다. 이것은 집단의식을 끌어올리는 문제이고, 선택을 함으로써 사람들이 놀라운 사회를 창조하는 것입니다. 의식적으로 선택함으로써, 자신들의 근원적인 인간애와 영성에 연결하여, 더 높은 사회를 선택함으로써 창조하는 것입니다. 타락한 존재들이나 플라톤의 자애로운 철인왕에 의해 사람들에게 강요되는 방식이 아닙니다. 사람들은 완벽하게 결정할 수 있으며, 그 결과를 보고 그 결과에서 배울 수 있습니다. 타락한 존재들은 그들이 지구에 있는 한 이것을 부정할 것입니다. 여러분은 나에게 이 구술에서 말한 자들과 앞으로 우리 마스터들이 드러낼 오용된 관념들을 확산시키고 있는 모든 존재와 타락한 존재들을 이 행성에서 제거해 달라고 요청할 권리와 능력이 있습니다.

사랑하는 이들이여, 이제 여러분에게 주고자 했던 담화의 마지막에 이르렀습니다. 다시 말하지만, 이 긴 구술을 위해 기꺼이 방송국이 되어준 여러분에게 감사드립니다. 여러분은 길게 느꼈을지 모르겠지만,

내 입장에서는 아직 시작도 못했습니다. 다른 마스터들께서 이제 이어받을 것입니다. 우리는 이 컨퍼런스를 위해 우리가 성취하고자 했던 것을 성취할 것입니다. 우리 모두는 이 컨퍼런스 내내 여러분과 함께하기를 기대하고 있습니다.

3
신성한 사랑을 왜곡해온 독재자들

　나는 상승 마스터 사나트 쿠마라입니다. 사랑의 불꽃 안에서 여러 분에게 인사합니다. 이것은 우리가 금성에서 가져온 사랑의 화염이자, 세 번째 광선이 지닌 사랑의 화염입니다. 나는 독재자들이 사랑을 어떻게 왜곡하는지 말하고 싶습니다. 사랑의 화염은 왜곡될 수 없으므로 그들은 사랑의 화염을 왜곡한 것이 아니라, 사랑을 왜곡했습니다. 그들은 어떻게 사랑을 왜곡했을까요? 자, 많은 사람이 사랑을 감정이라고 말합니다. 그러나 사랑을 감정이라고 말하게 된 것은 타락한 존재들이 만들어 낸 사랑의 개념 때문입니다. 사랑은 영적인 화염이므로, 타락한 존재들은 사랑을 하나의 감정으로 축소시켜 버렸습니다. 사실 영적인 화염은 지구에서 인간들이 감정이라고 부르는 것과는 아무런 관련도 없습니다. 사랑과 지혜와 순수 등은 신성한 속성입니다. 신성한 속성은 인간적인 감정이 아닙니다.

사랑이 왜곡되어 온 방식

그러나 지구에서 일어나는 상황은 이렇습니다. 인간들은 모든 것에 이름을 주고 이름표를 달려는 욕구를 가지고 있습니다. 여러분이 말로 표현된 이름표를 만들면, 타락한 존재들은 이것을 가져다가 이원적이며 상대적인 인간 수준의 개념으로 만들어버립니다. 이런 식으로 그들은 신성한 속성을 인간적인 감정으로 축소합니다. 여러분은 사랑이라는 이름을 붙인 감정을 가지고 있습니다. 또한, 사랑이라 부를 수 있는 신성한 속성도 가지고 있습니다. 그러나 사랑은 말로 표현될 수 있는 그 어떤 이름도 초월하는 것입니다. 타락한 존재들이 한 일이 바로 이 단어를 가져가서 왜곡한 것입니다. 그들은 신성한 속성을 볼 수는 없지만 아마 사랑은 신성한 속성이자 인간적인 감정일 것이라고 묘사합니다.

많은 사람이 그 둘을 같은 것으로 생각합니다. 사람들은 인간의 사랑과 신성한 사랑이 같다고 생각하지만, 당연히 그 둘은 같지 않습니다. 이것은, 단순히 사랑을 측정하는 척도를 만들어서, 낮은 수준에서는 인간의 사랑이지만 점차 높이 올라가면 신성한 사랑에 도달한다고 말할 수 있는 것이 아닙니다. 이것은 잘못된 이미지입니다. 인간의 사랑과 신성한 사랑은 근본적으로 다릅니다. 인간의 사랑은 신성한 사랑에 이를 수 없습니다. 인간의 사랑을 계발하고 완전하게 한다고 해서, 신성한 사랑에 도달할 수는 없습니다.

이것이 바로, 여러 시대를 통해 수많은 크리스천과 영적이고 종교적인 사람들이 행한 실수입니다. 그들은 자신들이 인간적인 방식으로 충분히 사랑한다면, 결국 신성한 방식으로 사랑하게 될 것이라고 생각합니다. 그러나 그렇게 될 수가 없습니다. 여러분이 인간적인 사랑을 초월하지 못하고, 인간적인 사랑만 하려는 그 자아를 초월하지 않는다면, 여러분은 신성한 사랑을 위한 열린 문이 될 수 없습니다. 여러분은 그 자아를 있는 그대로 보고, 그것이 여러분 존재 안의 분리된 자아임을 알고, 그것을 죽게 해야 합니다. 그래야만, 여러분은 신성한 사랑을 위한 열린 문이 될 수 있습니다.

사람들은 독재자를 사랑하고 희생양을 증오합니다

여러분도 알다시피, 많은 독재체제에서 독재자를 사랑해야 한다는 전반적인 의식이 생겨났습니다. 국경 너머 북한에서도 이런 현상을 볼 수 있습니다. 나치 독일에서도 보았습니다. 심지어 오늘날 중국에서도 마오쩌둥 주석을 미화하고 사랑합니다. 러시아에서는 스탈린을 미화하고 사랑합니다. 폴 포트(캄보디아 독재자, 1926-98)나. 다른 독재자들에게도 마찬가지입니다. 중세 유럽을 돌아봐도 사람들이 왕을 사랑해야 하고 이런저런 것들을 해야 한다고 여기고 있었음을 알 수 있습니다. 잔혹한 독재자가 국민을 억압하는데도, 국민 중 상당수가 그 독재자를 사랑하는 것은 어떻게 된 상황일까요?

자, 이것이야말로 타락한 존재들이 신성한 사랑을 인간의 사랑으로 왜곡시킴으로써 성취할 수 있었던 일입니다. 그들은 이런 인간적인 감정을 가져다가, 사람들을 아주 이상한 마음 상태로 몰아넣었습니다. 그 결과 사람들은 상반되는 인간적인 감정을 동시에 지니게 되었습니다. 이것이 바로 우리가 설명했던, 양극화된 이원성 의식입니다. 여기에는 항상 양극화가 일어나고 상반되는 두 극성이 생깁니다. 인간적인 사랑이 있는 곳에 항상 증오도 같이 있게 됩니다. 물론 신성한 증오란 존재하지 않습니다. 타락한 존재들이 지닌 증오는 실제로 인간의 증오를 훨씬 넘어서는데, 그들이 너무나 오랜 세월 동안 증오를 품어 왔기 때문입니다. 그들은 아주 긴 세월을 통해 증오를 발전시켜 왔으며, 이제 그 증오는 지구의 인간들이 가질 수 있는 정도를 훨씬 넘어선 속성과 규모를 띠게 되었습니다.

그들은 지구 사람들을, 인간적인 사랑과 인간적인 증오를 동시에 지니는 양극화된 상태에 빠뜨렸습니다. 독재체제에서는 항상 이런 식으로 양극화 현상이 나타납니다. 그들은 독재자를 사랑하도록 대중을 조종합니다. 그러나 이런 일은 대중에게 인간적인 증오를 보낼 희생양이 있어야만 가능합니다. 그들은 히틀러를 사랑했으며. 유대인을 증오했습니다. 여러분은 이런 일이 되풀이되는 것을 보았습니다. 반드시 어떤 속죄양이 있어야 합니다. 인간적인 사랑에 불가피하게 따라오는 증오를 속죄양에게 투사하면서도 그런 행위를 정당하다고 느낄 수 있게 해 주는 누군가가 필요합니다. 그들은 증오 없이는 사랑을 품을 수가 없습니다. 사람들이 독재체제에서 나타나는 매우 불균형한 상태로 들어가면, 강렬한 인간적인 사랑과 증오를 동시에 느끼는 것을 피할 수 없습니다.

그러나 이제는 여러분도 알다시피, 현대의 많은 민주국가에서 사람들은 이런 불균형 상태보다 더 높은 의식 상태로 올라섰습니다. 따라서 그렇게 강렬한 감정은 없습니다. 그들에게는 모든 독재체제에서 보이는 지도자에 대한 사랑의 욕구도, 심지어는 애국심도 없습니다. 그 결과, 강한 증오심도 없습니다. 따라서 그들은 자기 나라나 다른 나라의 어느 집단을 향해 증오심을 보낼 필요가 없습니다. 인간적인 감정을 초월하지는 못했지만, 사람들은 좀 더 균형을 이루게 되었습니다. 그래서 그들은 독재체제에서와 같이 그렇게 극단적인 방식으로 감정을 표현하지 않습니다.

매우 불균형한 형태의 정부

이러한 역학을 이해하면, 독재체제가 대단히 불균형한 형태의 정부임을 알게 됩니다. 독재자에게 복종할 때 사람들은 매우 불균형한 마음 상태에 빠집니다. 물론 독재자 자신은 독재자가 되기 위해 극단적으로 불균형한 마음으로 들어갔습니다. 그는 권력을 장악하는 데 필요한 무슨 일이든 다하고, 그 권력을 유지하기 위해서 무슨 일이든 저지를 것입니다. 이것이 바로 모든 독재자가 극단으로 치닫는 이유입니다.

그들은 사실상 권력을 유지하기 위해 필요 이상의 행동을 합니다. 그들은 너무 불균형한 나머지 편집증(paranoia) 상태에 빠지게 되어 어디에서나 위험과 반대세력을 보게 되었습니다. 심지어 그들은 자국민조차 적으로 봅니다. 그들이 권력을 장악하도록 도와준 바로 그 사람들도 위협으로 봅니다. 그러므로, 그들은 정부 안에서 영향력을 가진 사람을 모두 위협으로 간주합니다. 바로 이런 이유로 그들은 마오쩌둥이나 스탈린이나 히틀러처럼, 종종 반대세력을 숙청합니다.

여기에서 깨달아야 할 사실은, 사랑이 정체된 감정이 아니라는 것입니다. 우리는 사랑이 흐름이라고 이야기했습니다. 사실 모든 신성한 속성들은 흐름입니다. 그러나 사랑에는 특별한 역동성이 있으며, 신성한 속성이 왜곡된 인간적인 사랑일지라도 어떤 강렬함을 갖고 있습니다. 이것은 사람들이 한 상태에 머무는 것이 매우 어렵다는 의미입니다. 사람들이 인간적인 관점에서 뭔가를 사랑하고 있다고 말할 때, 그들의 사랑은 소유하려는 사랑입니다. 인간의 사랑은 소유하려고 합니다. 이것은 어떤 의미에서 사람들은 언제나 사랑의 궁극적인 상태를 소유하려고 애쓴다는 뜻입니다. 사랑의 관계를 살펴보면, 많은 사람이 완벽한 파트너를 찾으려고 노력합니다. 그들은 완벽하다고 여겨지는 파트너를 찾습니다. 그들은 사랑하는 관계가 됩니다. 그러다 결국 그 사람이 완벽한 파트너가 아니라는 사실을 알게 되면, 다시 다른 파트너를 찾아 헤맵니다. 아니면 상대방을 변화시키려고 애쓰거나 완벽한 파트너로 개조하려 합니다. 이렇듯 인간적인 사랑조차도 가만히 멈춰 있기가 힘듭니다.

이런 양상은 사람들이 독재자와 자신의 국가를 사랑하도록, 타락한 존재들의 조종을 받고 있을 때도 나타납니다. 예를 들면, 나치 독일에서 사람들은 히틀러를 사랑하고 그들의 나라를 사랑했습니다. 그러나 그들의 나라를 사랑하는 것만으로는 충분치 않았고, 그들은 자기 나라에서 애국심과 우월감을 느끼며 가만히 있는 것에 만족하지 못했습니다. 그들은 삶에 대한 자신들의 관점을 다른 나라로 전파해야 했습니다. 그들은 자국 영토 안에만 머물지 못했습니다. 알다시피, 소비에트 연방도 국경 너머로 확장하려는 욕망이 있었습니다. 이러한 욕망은 사람들을 불균형하게 만들고 더욱더 야심적인 조치를 취하게 했습니다. 앞서 말했듯이, 히틀러는 그러한 불균형 상태로 들어갔으며 급기야는 전 세계를 정복하려 했습니다. 따라서 애초부터 그의 패배는 정해져 있었습니다. 세상은 한 사람의 권력으로 정복하기에는 너무 크기 때문입니다.

여러분이 그런 불균형 상태에 빠질 때 정말 어떤 일이 일어날까요? 여러분이 사랑하게 되고 사랑의 상태로 빠져들면, 특별한 역학을 갖게 됩니다. 즉 사랑에서 나온 것이라면, 자신들이 하는 행동이 완전하게 정당화될 수 있다고 느끼게 됩니다. 달리 말해서, 타락한 존재들이 투사하는 특정한 의식 상태, 특정한 환상이 존재하는데, 사랑은 인간이 가지는 궁극적인 감정이란 환상입니다. 즉, 사랑은 궁극적인 감정이고, 사랑보다 더 고귀한 행위는 없다는 것입니다. 따라서 사람들은, 사랑에서 나온 행동은 타인들에게도 이로운 일이므로 그것을 타인들에게 강요해도 괜찮다고 느낍니다. 만일 여러분이 정말로 나라를 사랑한다면, 나라 안팎의 어떤 집단이 나라를 위협할 때 그 집단의 사람들을 죽이고 제거해 버린다고 해도, 여러분이 나라를 너무 사랑해서 그랬다는 사실 때문에 그 행동이 정당화된다는 것입니다. 이것이 바로 사랑이 왜곡되는 방식입니다.

'사랑하는 사람이 된다'라는 의미를 왜곡하기

이제 여러분은 인간관계에서도 이런 왜곡을 볼 수 있습니다. 두 사람이 서로를 소유하고 통제하려는 매우 소유 지향적인 사랑으로 서로를 변화시키려 애쓰고, 자신의 기대대로 살지 않는다는 이유로 서로를 비난합니다. 이것은 분명히 독재체제가 사랑을 왜곡하는 하나의 방식입니다. 그러나 이 배후에는 훨씬 더 깊은 왜곡이 있습니다. 이것은, 타락한 존재들이 아주 신중하게 왜곡된 사랑을 만들어왔다는 사실에서 유래합니다. 어떻게 그들이 이런 일을 해 올 수 있었을까요? 글쎄요. 어떤 의미에서는 우리 상승 마스터들이 그들에게 사랑을 왜곡할 기회를 주었기 때문입니다. 이것은 지구 같은 행성에서 우리가 일할 때 직면하는 딜레마 중의 하나입니다.

최근 몇 년 동안 사람들이 분리를 극복하도록 돕기 위해 우리가 말해 온 것이 무엇인가요? 그것은, 우리가 근원적인 인간애라고 불러왔던 것입니다. 우리는 지난 시대에 불교나 그리스도교나 다른 종교에서 사랑에 관해 이야기했습니다. 다른 사람을 사랑하라고 가르쳤지요. 진정으로 다른 사람들을 사랑한다면, 여러분은 그들을 보살핍니다. 그들을 존중합니다. 그러므로 그들을 해치지 않습니다. 여러분은 진정으로 사랑하는 사람들을 해치지 않습니다. 우리는, 인류에게 진정한 결속을 가져다주는 근원적인 인간애에 사람들이 연결되도록 돕기 위해 정말 애썼습니다. 사람들이 서로 연결되어 있다고 느낀다면, 다른 사람들을 해칠 수 없기 때문입니다. 여러분은 다른 사람들과 분리되어 있다고 여길 때만 그들을 해칠 수 있습니다. 전에도 말했듯이, 근원적인 인간애에 관해 이야기하는 것은 사랑에 관해 이야기하는 또 다른 방법입니다.

우리가 사람들을 돕기 위한 개념을 줄 때마다, 타락한 존재들은 그 개념을 왜곡해서 사람들을 속박하는 데 사용할 수 있습니다. 반면에 우리는 사람들을 자유롭게 해주기 위해 개념을 줍니다. 우리는 사람들을 자유롭게 해방하기 위해, 서로 사랑하라는 개념을 주었습니다. 그러나 타락한 존재들은 이 개념을 왜곡시켰고, 이로 인해 여러분은 정말 무언가를 사랑한다면, 실제로 사랑이라고 할 수 없는 행동을 해도 정당화된다고 생각하게 되었습니다. 여러분은 다른 사람을 죽이는 일은 사랑이 아님을 알고 있습니다. 이런 앎을 덮어 버리기 위해 타락한 존재들은 무슨 일을 해야 했을까요? 그들은 여러분이 사랑을 왜곡하도록 만들어야 했습니다. 여러분이 나라를 사랑하고 독재자를 사랑한다면, 사랑이 아니고 사랑의 기준에 어긋난다고 알고 있는 행동을 타인에게 해도 괜찮다고 생각하도록 만들어야 했습니다.

타락한 존재들을 사랑하게 만들기

여기에서 타락한 존재들의 진짜 목적은, 사람들이 타락한 존재들을 사랑하도록 만드는 것입니다. 알다시피 이렇게 되면 다음과 같은 일이 일어납니다. 여러분이 누군가 또는 뭔가를 사랑하겠다고 결정하면, 정상적인 신중함이나 제한, 제약들을 옆으로 제쳐 놓습니다. 그러고는 그 사람이나 대의명분에 무조건적으로 여러분 자신을 열어주고, 주의력과 에너지를 줍니다. 당연히 타락한 존재들은 여러분의 에너지를 훔치고 싶어 합니다. 여러분이 그들을 사랑할 때나 그들이 만든 기관이나 사상을 사랑할 때, 여러분은 자발적으로 그들에게 에너지를 주고 있는 것입니다.

과거의 집회를 담은 영화를 보면, 히틀러가 연단에서 연설을 하고 있고 군중들이 "히틀러 만세"라고 외치는 장면을 볼 수 있습니다. 그 군중들의 얼굴은, 그들이 완전히 최면에 빠져 있다는 것을 보여줍니다. 그들은 완전히 히틀러와 그의 사상에 대한 사랑에 빠져 있었습니다. 따라서 그들은 히틀러와 그를 조종하고 있는 정체성, 멘탈, 감정층의 타락한 존재들에게 아무런 제한 없이 자신들의 에너지를 주었습니다. 당연히 이것은, 타락한 존재들이 너무나 좋아하는 일입니다.

이와 함께 다른 제도, 다른 독재의 예를 살펴보겠습니다. 지금까지 우리는 한 나라 정부의 수장, 한 나라의 지도자였던 사람을 예로 들며 이야기했습니다. 당시에 대중들은 그에게 충성심을 바치도록 조종당했습니다. 왜냐하면, 사람들이 누군가를 사랑하면 그에게 충성심을 느끼게 되니까요. 사람들이 독재자를 사랑하면, 그에게 충성하게 됩니다. 그러고는 거기에 더 이상 의문을 품지 않습니다. 그들의 정상적인 분별심이나 식별력은 정지되어 버립니다. 그래서 그 독재자를 사랑해야 하고 충성해야 한다고 느끼게 됩니다. 이것은 독재자가 시키는 대로 행해야 한다는 의미입니다. 그래서 사람들은 자신의 가슴으로 이렇게 분별하지 않게 됩니다. "이 독재자가 내게 명하는 일이 옳은 것일까? 혹시 그것이 사랑에 반하는 것이 아닐까? 그가 말하는 것이 사랑에 부합하는 것일까? 아니면 사랑에 반하는 것일까?" 인간적인 사랑이라 할지라도, 무엇이 사랑하는 행위이고 무엇이 사랑하는 행위가 아닌지, 분별하는 기준을 가질 수 있습니다. 여러분도 알다시피, 타인을 죽이는 것은 당연히 사랑하는 행위가 아닙니다.

가톨릭교회는 독재체제입니다

이제 매우 유사한 역학을 가진 다른 형태의 독재체제를 살펴보겠습니다. 우리는 나치 독일과 소련과 마오쩌둥 치하의 중국에서 일어났던 역사적인 예를 들었습니다. 마오쩌둥 치하의 중국에는 거의 10억의 대중이 있었습니다. 그러나 마오가 집권하던 중국이 지구에서 가장 큰 독재체제였나요? 아닙니다. 사랑하는 이들이여. 마오 치하의 중국보다 훨씬 더 오래되고, 훨씬 더 오래 지속되고, 훨씬 더 많은 10억3천만 대중을 거느린 독재체제가 현대에 존재합니다. 보통 여러분이 가톨릭교회라고 부르고 있는 것이 바로 그 독재체제입니다.

교황이야말로 본질적으로 독재자가 아니었던가요? 자, 여러분은 이제 가톨릭교회가 어떤 식으로 예수님의 가르침을 취했는지 볼 수 있습니다. 예수님의 가르침은 신성한 사랑의 속성을 표현한 것이었습니다. 그러나 타락한 존재들은 예수님의 가르침을 기반으로 그릇된 종교를 만들었고, 신성한 사랑을 인간적인 속성을 가진 사랑으로 변질시켰습니다. 그 결과, 가톨릭 신자들은 교회를 사랑해야만 한다고 여기는 문화가 형성되었습니다. 그들은 예수가 표현한 신성한 사랑을 인간이 만든 지상의 한 기관에 결속시켰습니다. 그런 후 타락한 존재들은, 가톨릭교회라는 기관과 교황과 지역 가톨릭 사제들에게 인간적인 사랑을 느끼도록 대중을 조종해왔습니다.

가톨릭교회의 전(全) 역사를 통해 대중들은, 내가 설명한 이 역학 안으로 들어갔습니다. 그들은 교회를 사랑해야 한다고 느꼈으며. 따라서 교회에 충성을 바쳐 왔습니다. 그들은 교회가 시키는 대로 다 했습니다. 그들은 자신의 일상적인 분별력과 인간적인 사랑에 기반을 둔 분별력까지 다 유보했습니다. 그리하여 그들은 정상적일 때라면 하지 않았을 행위를 했습니다. 그들은 정상적이라면 허용하지 않았을 행위를 교회가 저지르도록 허용했습니다. 역사를 거슬러 올라가, 십자군 전쟁과 종교재판을 돌아보세요. 그런 것들이 사랑에서 나온 행동인가요? 인간적인 사랑을, 타인에 대한 살상과 고문을 사랑의 행위로 해석할 방법은 정말 어디에도 없습니다. 그런 것들을 결코 인간적인 사랑의 표현으로 볼 수 없습니다.

어떻게 가톨릭은, 교회가 그리스도의 가르침에 기초하고 그리스도의 사랑에 헌신하는 기관이라는 것을 사람들이 받아들이도록 만들었을까요? 어떻게 그러면서 동시에 고문이나 마녀 화형이나 무슬림 남자와 여자, 아이들을 살해하는 것 같은 반-사랑의 행위에 사람들이 반대하지 않도록 만들었을까요? 자, 그것은 사람들이 교회에 충성해야 한다고 느꼈고 스스로의 판단을 유보했기 때문입니다.

국가 지도자였던 독재자들에 대해서 우리가 어떻게 말했나요? 때때로 사람들이 깨어나기 위해서는 매우 가혹한 방식으로 패배해야 했습니다. 독일 국민은 히틀러가 패배했기 때문에 깨어나게 되었습니다. 그러나 이런 일은 가톨릭교회에서는 일어날 것 같지 않습니다. 가톨릭교회는 더 이상 십자군 전쟁 당시처럼 전쟁을 일으키는 기관이 아니기 때문입니다. 가톨릭교회의 독재가 전복되기 위해서는 어떤 일이 일어나야 할까요? 그러려면 사람들이 인간적인 사랑이라도 사용하여 평가해 보는 상태로 돌아가야 합니다. 교회가 한 일들이, 인간적인 기준에서 보더라도 사랑의 행위라 할 수 있을까요?

교회를 사랑하는 것과 아동 학대

이제, 내가 설명했던 역학을 적용해 보세요. 여러분은 가톨릭교회라는 지구상의 기관을 사랑해야 한다고 느끼도록 조종되어 왔습니다. 여러분은 무엇이 사랑하는 것이고, 무엇이 사랑하는 것이 아닌지, 정상적이고 비판적인 판단을 유보하고 있습니다. 여러분은 자기 교구의 사제를 사랑해야 한다고 생각합니다. 여러분이 교회를 사랑하고, 예수님을 사랑하고, 구역의 사제를 사랑하는 어린 소년이라고 합시다. 그 어린 소년은 교회에서 봉사하는 것을 너무나 좋아합니다. 그런데 어느 날 사제가 다가와서 부적절한 방식으로 여러분을 만지면서 성추행을 하려고 합니다. 그러면 여러분은 어떻게 대처할까요? 글쎄요. 정상적인 판단을 유보했다면 그에게 복종할 것입니다. 하지만 그것이 잘못된 일이고, 자신이 폭행당했다는 느낌을 피할 수는 없습니다. 이것이 깊은 트라우마를 만드는 것입니다. 이런 식으로 침해를 당한 아이들의 심리에는 너무나 깊은 상처가 생깁니다. 그들은 외부 기관에 대한 충성심과 무엇이 사랑이고 무엇이 사랑이 아닌지를 아는 내면의 앎 때문에 상반된 방향으로 찢기게 됩니다.

설령 인간적인 사랑에서 했다고 해도, 한 사제가 어린 소년을 성폭행하면서 그것이 사랑에서 나온 행동이라고 말하는 어떤 철학도 여러분은 내세울 수 없습니다. 어떤 식으로도 말이 안 됩니다. 사람들은 왜 이것을 보지 못할까요? 외부 기관에 대한 충성심이, 가슴에서 알고 있는 것을 덮어버리기 때문입니다. 이것이 그들이 이렇게 외치지 못하는 이유입니다. "교황은 벌거벗었다. 사제도 벌거벗었다! 그들의 정체가 드러났다. 우리는 그들의 실상을 다 보고 있다. 그들은 최고의 위선자들이고, 역사를 통해 보아온 최악의 독재자만큼이나 나쁘다!"

사랑하는 이들이여, 우리는 시간이 지나면서 집단의식 안에 긴장이 어떻게 형성되는지 이야기했습니다. 어린 시절에 이런 실험을 해봤겠지만, 만약 해보지 않았다면, 지금이라도 컵을 하나 가져오세요. 주전자로 그 컵에 물을 따릅니다. 조심스럽게 물을 따르다 보면, 컵 위로 물이 약간 솟는 지점에 이를 수 있습니다. 컵 안에는, 그 컵이 담을 수 있는 양보다 더 많은 물이 담겨 있지만, 물의 표면장력 때문에 넘치지 않습니다. 물이 컵의 용량을 넘어도 표면장력이 그 물을 유지하고 있습니다. 이제 물을 조금만 더 따르세요. 그러면, 갑자기 긴장이 무너집니다. 이제, 물이 흘러넘칩니다. 이런 현상은 집단의식 안에서도 일어날 수 있으며, 또 항상 일어나고 있습니다.

가톨릭교회는 그리스도를 대변할 수 없습니다

지금도 집단의식 안에 그런 긴장이 존재합니다. 가톨릭뿐만 아니라 일반 대중 안에서도 그렇습니다. 많은 나라의 가톨릭교회에서 소아성애 사건이 노출되었고, 긴장이 증가되어 왔습니다. 여러분이 이에 대한 폭로와 그리스도의 심판을 요청한다면, 집단의식의 전환이 일어날 수 있고, 갑자기 그 긴장이 방출되면서 사람들이 보게 됩니다.

그렇다면 사람들이 무엇을 보게 될까요? 적어도 그들은 사제들의 이러한 행위가, 심지어는 인간적인 사랑의 기준에도 맞지 않음을 볼 수 있을 것입니다. 또한, 교회가 그렇게 빈번하게 부인하며 감추려고 노력했음에도 불구하고, 교회에서 행해진 일들이 인간적인 기준에도 맞지 않음을 볼 수 있을 것입니다. 그들은 사람의 생명보다 기관의 이미지를 더 높이 두고 있습니다. 이것은 사랑이 아닙니다. 이것은 보살핌이 아닙니다. 이웃을 자기 자신처럼 사랑하는 행동도 아닙니다. 그 이후에는 점점 더 많은 사람이 아동을 성폭행하는 사제들과 이를 은폐하려는 교회의 행동을 인식하게 되고, 이런 행동이 예수에 의해 정당화된다는 해석은 어떤 식으로도 불가능해질 것입니다.

다시 말해, 여러분은 오랜 세월 동안 여러 아이를 성폭행해 온 한 사제를 볼 수 있게 됩니다. 그것을 은폐해 온 교회도 볼 수 있게 됩니다. 그러면 여러분은 이렇게 자문할 수 있습니다. "어떻게 이런 일이 일어날 수 있었을까?" 심지어 이렇게 물어볼 수도 있습니다. "어떻게 가톨릭교회에는 이렇게 많은 소아성애자 사제들이 있는 것일까?" 물론 사회의 다른 분야에도 소아성애자들이 있습니다. 그러나 다른 조직보다 가톨릭교회에 소아성애자들이 더욱 집중되어 있다는 사실을 인정해야 합니다. 그러면 "왜 이런 일이 일어나는 것일까" 하고 자문해봐야 합니다. 가톨릭교회 안에 신임 사제들을 이러한 성적 학대로 끌어들이는 사고방식을 가진 기관들이 있으므로 이런 일이 일어날 수 있습니다. 사제들은 학대를 당했고, 그런 까닭에 그들 또한 학대자가 되었습니다. 그리고 이런 현상이 학대를 조장하고, 확산시켰습니다.

이런 성적 학대가 일어나고 있으며, 교회가 사제가 아니라 소아성애자들을 양성해 왔음을 인식할 때, 여러분은 이런 일이 예수에 의해 정당화되거나 승인된다고는 결코 믿을 수 없게 됩니다. 만일 한 기관이 수백 년 동안 아동들을 체계적으로 성폭행하고, 예수가 절대 허용할 수 없는 일을 해왔다면, 도대체 우리가 어떻게 이 기관이 그리스도를 대표한다는 믿음을 유지할 수 있겠습니까? 따라서 여러분이 요청해서 일어날 수 있는 전환은, 최면상태에 빠져 있던 사람들을 깨워서, 가톨릭교회가 그리스도를 대표할 수 없다는 사실을 깨닫게 하는 일입니다

그러면, 사람들은 한 단계 더 나아가 이렇게 깨달을 수 있습니다. "우리는 무엇에 충성을 했을까? 우리는 세속적이고 따라서 오류를 저지를 수 있는 한 기관에 충성하고 있는 것인가? 아니면 그리스도에게 충성하고 있는 것인가? 우리는 오늘날 상승 마스터로서 존재하는 예수께 충성하고 있는 것인가? 아니면 인간이 만든 한 기관에 충성하고 있는 것인가?" 일단 그러한 깨달음이 퍼져나가기 시작하면, 여러분은 엄청난 전환이 일어나는 것을 보게 될 것입니다.

앞서 말했듯이, 우리는 지금 가톨릭교회가 스스로 변화할 수 있다고 전망하지 않습니다. 그처럼 가톨릭의 현 상황은 뿌리가 깊습니다. 가톨릭교회, 가톨릭 조직 안에 있는 사람들의 마음은 타락한 존재들에게 완전히 장악되어 있어서, 그들은 계속 부인(denial) 상태에 빠져 있을 것입니다. 히틀러와 그의 장교들이 전쟁이 끝날 때까지 부인 상태에 빠져 있었던 것처럼 말입니다.

우리는 사람이 만든 기관을 보존하는 일에는 관심이 없습니다. 우리는 사람들에게 관심이 있습니다. 사제들의 학대뿐만 아니라 가톨릭에 의해 심리적인 상처를 받은 사람들, 최면상태에 빠진 사람들, 그런 '신의 땅이 아닌 곳'(no gods land)에 갇혀서 타락한 존재들이 던지는 거짓말과 환영의 망에 걸려 있는 사람들을 우려합니다. 우리는 가톨릭교회 전체를 둘러싼 이 환영의 그물을 소멸해 달라고 요청을 해 줄 사람들을 찾고 있습니다. 내가 말했듯이, 가톨릭교회는 오늘날 지구에

남아 있는 가장 거대하고 원초적이고, 어떤 의미에서는 가장 강력한 독재체제이기 때문입니다.

종교적인 독재체제들

자, 여러분은 이제 내가 가톨릭교회도 폭로했으니 충분히 급진적이었다고 생각할 수도 있습니다. 그러나 나는 한 걸음 더 나아가, 지구의 다른 독재체제에 관해 이야기하고 싶습니다. 물론 종교적인 독재체제는, 어떤 의미에서 가장 은밀한 독재라고 할 수 있습니다. 타락한 존재들은 성령을 대표하고 신을 대표하고 혹은 신성한 존재를 대표한다고 주장하는 기관을 실제로 만들었습니다. 그 기관은 타락한 존재들에게 장악되어 있으므로, 사람들이 그 기관이나 기관이 대표한다고 여기는 신성한 존재를 사랑할 때, 실제로 그들은 타락한 존재들에게 사랑을 주고 있는 것입니다.

물론, 타락한 존재들이 종교적인 독재를 어떻게 이용하는지를 보여주는 다른 예가 있습니다. 오늘날의 이슬람을 보세요. 이슬람 역시 종교적인 독재체제로 변질되어, 수백만의 무슬림을 이와 똑같은 상태에 가두고 있습니다. 그들은 알라를 사랑해야 하고, 모하메드를 사랑해야 하며, 코란을 사랑해야 한다고 느낍니다. 그들은 이슬람이라는 기관을 사랑해야 합니다. 그들은 충성해야 합니다. 여러분이 누군가를 사랑하면 충성하게 되기 때문입니다. 따라서 그들은 판단을 유보합니다. 그들은 이슬람이 무엇을 대표하게 되었는지, 샤리아법(이슬람 율법)이 그들이 세운 다른 많은 기관과 함께 무엇을 조장하고 있는지 보려고 하지 않습니다. 이것이 인간적인 사랑의 기준에도 맞지 않는다는 사실을 보려고 하지 않습니다. 이것은 코란에 나온 원래의 계시에도 부합하지 않습니다. 그들은 원래의 계시에서 벗어났습니다.

당연히 여러분은 이것이 드러나도록 요청을 할 수 있습니다. 지난 수십 년 동안 가톨릭교회의 소아성애에 대한 폭로가 있었고, 이것이 긴장을 고조시켜 왔습니다. 2001년의 9-11 테러 이후 무슬림 광신주의와 급진주의의 극단적인 행태가 점점 더 많이 드러나면서, 이슬람에도 역시 긴장이 증가해 왔습니다. 지금 무슬림 집단의식 안에는 긴장이 생겼고, 그들은 여기에 뭔가 옳지 않은 것이 있음을 깨닫고 있습니다. 그러나 그들은 충성심 때문에 판단과 분별과 식별력을 유보해 왔습니다. 그들은 보려고 하지 않으며, 볼 수도 없습니다. 다시 말하지만, 여러분은 그 긴장이 방출되고 사람들이 옳지 않은 뭔가를 보게 되도록, 전환을 위한 요청을 할 수 있습니다.

기업은 독재체제입니다

자, 이제 종교적인 기관에서 떠나 사회의 다른 기관에 관한 이야기를 해보겠습니다. 여러분도 알다시피, 군대라는 기관에서도 높은 정도의 충성을 요구하지만, 군대는 사랑을 표방하고 있지는 않습니다. 지구에서 볼 수 있는 또 다른 형태의 조직이 있습니다. 그들은 직접 사랑을 표방하고 있지는 않지만, 사회와 개인에게 유익하다고 주장합니다. 여러분이 기업이라고 부르는 것이 바로 그런 조직입니다

많은 기업이 본질적으로 한 개인이 맨 꼭대기에 있는 피라미드식 구조를 가진 독재체제입니다. 여러분은 여전히 한 개인에 의해 기업이 시작되고, 소유되고, 통제되는 예들을 봅니다. 한 명의 대표(CEO)와 이사회를 가진 다른 회사들을 보세요. 그 대표는 본질적으로 독재자입니다. 한 국가의 독재자가 그에게 조언하고 그의 명령을 수행하는 위원회를 가질 수 있는 것처럼, 이사회는 그 대표를 지원하거나 안내할 것입니다. 그렇다고 해도, 많은 기업에서 꼭대기에 있는 사람은 본질적으로 독재자이며, 그의 말이 곧 법입니다. 그가 무슨 말을 하든, 조직은 관철할 것입니다.

이러한 서구의 많은 회사가 다국적 대기업으로 변모했습니다. 그들은 사회에 혜택을 주고 있다고 주장합니다. 자신들이 좋은 일을 하고 있다고 주장합니다. 기업은 일자리를 제공합니다. 그들은 경제적 성장을 가져온다고 말합니다. 예를 들어, 심지어 그들은, 철의 장막이 붕괴한 후에 이들 기업이 소비에트 연방 공화국이나 동유럽 다른 나라들에 들어가서 투자를 하고 일자리를 창출하여 경제가 성장하도록 도왔다고 주장합니다. 물론 그들이 지금까지 한 일은, 이들 국가에 있어야 할 돈과 이윤을 빼내 온 것입니다. 이것이 진짜 문제입니다. "그들은 이들 나라의 경제가 성장하도록 도와준 것인가요?" 글쎄요. 일정 기간은 그랬습니다. 그러나 그것은 단지 자신들의 이익을 위해서였습니다. 그들은 그 나라에 투자한 것보다 더 많은 것을 빼내 갈 수 있었습니다.

이것이 바로 사랑의 왜곡입니다. 사랑은 무엇에 바탕을 두고 있습니까? 사랑은 주는 것에 바탕을 두고 있습니다. 사랑의 핵심은 주는 것입니다. 주는 것보다 더 많이 가져온다면, 여러분은 사랑을 표현하고 있는 것이 아닙니다. 아주 간단합니다. 사랑의 진정한 의미, 그 신성한 의미는, 예수가 표현했듯이, 무상으로 받은 것을 무상으로 주고, 받은 재능을 증식하는 것입니다. 여러분은 위로부터(영적인 영역으로부터) 신성한 사랑을 받습니다. 그리고 그 사랑을 다른 사람들에게 줍니다. 그러고 나면 위로부터 더 많은 사랑을 받게 됩니다. 진정한 사랑 안에 있을 때, 여러분은 받기 위해서 주지 않습니다. 사랑의 대상에게 의무를 지우고 되돌려 달라고 말하는, 그런 소유 지향적인 사랑을 하지 않습니다. 여러분이 사랑의 흐름 안에 있으면, 여러분은 수평적으로 베풀어 줍니다. 여러분이 수평적으로 더 많이 베풀수록, 위로부터 더 많이 받게 됩니다. 왜냐하면 재능이 증식되었기 때문입니다. 사랑을 증식한 결과로 여러분은 더 많이 받게 됩니다 그런데 이것은 이들 대기업에서는 볼 수 없는 일입니다. 그들이 추구하는 것은 오로지 이익입니다. 그들은 대중에게서 이익을 취하여 소수 엘리트의 손에 부를 집중시킵니다. 그 결과 소수의 엘리트는 더욱더 부유해집니다. 일정한 성장 기간이 지나면, 실제로 사람들의 형편은 정체되거나 심지어 더 나빠집니다. 이것 역시 반–사랑의 표현입니다. 그러면 다시 집단의식 안에 긴장이 형성되어, 얼마 지나지 않아 사람들이 이것을 볼 수 있게 되며, 이런 다국적 기업들이 무제한 성장하도록 허용해서는 안 된다는 사실을 깨닫게 됩니다. 왜냐하면, 이전에 말했듯이, 자본주의의 궁극적인 결과는 한 기업이 생산 수단을 소유하게 되고, 이로써 나라를 소유하게 되는 것이기 때문입니다. 그러면 여러분은 공산주의 국가가 가진 것과 아주 유사한 중앙집권화된 경제를 가지게 됩니다.

자본주의와 공산주의는, 타락한 존재들이 동일한 목적을 성취하기 위해 고안해 낸 두 가지 방법일 뿐입니다. 그리고 그 목적이란, 그 안에서 그들이 무제한의 권력을 가지는 완전히 중앙집권화된 사회를 만드는 것입니다. 당연히 이것은 결코 이뤄질 수 없는데, 이는 공산주의의 몰락이 보여주듯이 열역학 제2 법칙 때문입니다. 그럼에도 불구하고 아직도 많은 사람이 이것이 이루어질 수 있다고 믿고 있습니다. 혹은 사람들이 자본주의의 결과를 깨닫지 못하고 있으며, 여전히 자본주의가 자유로운 사회, 자유로운 경제이며 혜택을 준다고 생각합니다. 자본주의가 전혀 혜택을 주는 체제가 아님을 사람들이 인식할 수 있도록, 여러분이 요청을 해야 합니다.

이야기가 길어졌습니다. 내가 여러분의 인내심을 시험했군요. 나의 가슴에서 나오는 화염을 지구에 정박하면서, 이 담화를 마치려 합니다. 이 화염은 어느 특정한 장소가 아니라, 이 구술에 기반한 기원문으로 요청을 하면서 이 화염을 활용하는 모든 사람에게 정박될 것입니다. 내가 여러분에게 제시해 준 문제들의 해결을 위해 요청을 한다면, 여러분은 개인적인 혜택과 더불어 그 요청이 증폭되고 재강화되는 혜택을 받을 것입니다.

타오르는 루비 광선의 권능으로 나, 사나트 쿠마라는 이 화염을 정체성층에, 멘탈층에, 감정층에, 그리고 지구 행성의 물리층에 정박합니다. 이제 이 화염은 이 루비 광선의 방출을 봉인하고, 여기에 있는 여러분들을 봉인합니다. 그리고 이 순간 이후로 이 구술을 읽거나 듣는 모든 사람을 봉인할 것입니다. 자, 이제 이것이 이루어졌습니다.

4
다양성이야말로 번영의 열쇠

나는 상승 마스터, 엘로힘 아스트레아(Astrea)입니다. 이번 컨퍼런스에서 나의 과제는, 역사 속에서 볼 수 있는 독재정권의 특징에 대해 가르침을 주는 것입니다.

독재자는 항상 힘으로 권력을 얻습니다. 독재자가 전임자로부터 권력을 물려받았다 해도, 원래 권력은 힘으로 얻고 힘으로 유지됩니다. 여러분은 어린 시절 학교에서 물리학 수업 시간에 모든 작용에는 반대 방향의 동등한 반작용이 있다는 것을 배웠을 것입니다. 아니면 적어도 뉴턴의 과학이 그렇게 말하고 있습니다. 여러분이 힘으로 권력을 잡으면, 단지 이렇게 하는 것만으로도, 우주에 반작용을 창조하게 됩니다.

여러분은 우주 거울에 힘을 투사하고 있습니다. 여러분이 우주 거울에 하는 말은 투사하는 힘의 반대를 원한다는 것입니다. 힘을 사용하고 있다는 단지 그 사실만으로도, 여러분의 사고방식이 반대 힘과 함께 작동되고 있음을 증명합니다. 저항과 반대가 없다고 생각한다면, 왜 힘으로 권력을 잡아야 할까요? 따라서 여러분이 무의식적으로 우주 거울에 보내고 있는 메시지는, 끊임없이 저항해야 하고 자신을 방어할 필요가 있는, 자신과 반대되는 힘이 존재하는 상황에 놓이기를 원한다는 것입니다.

이것이 모든 독재자와 독재자 뒤에 있는 타락한 존재들의 사고방식입니다. 이 때문에 독재정권과 독재자들은 항상 희생양이 필요하며, 항상 위협이 되는 적이 필요합니다. 여러분은 모든 독재정권에서 위협, 적, 희생양이라는 개념이 어떤 양상으로 존재하는지를 알 수 있습니다. 이것들이 다른 나라, 다른 집단의 사람들일 때도 있지만, 종종 자기 나라의 일부 사람이 되기도 합니다.

인류를 정화하려는 독재자의 시도

다른 말로 하면, 독재자는 자신이 나라 안팎에서 위협을 받고 있다고 느낍니다. 이것이 독재자가 자신을 반대하거나 위협할지도 모르는 모든 사람으로부터 국가를 정화하기 위한 체제를 구축하는 이유입니다. 많은 경우에, 독재자는 자신을 반대할 수 있는 모든 사람으로부터 세상을 정화하기 위한 체제를 구축합니다.

내가 네 번째 순수 광선의 엘로힘이라는 것을 고려할 때, 이것이 어떻게 네 번째 광선, 또는 순수함의 신성한 속성의 왜곡인지, 아니면 적어도 신의 화염의 왜곡인 인간적인 파생물인지 알 수 있습니다. 원하지 않는 모든 것을 제거하여 우수한 아리안(Aryan) 민족을 만들고, 인류를 정화하려고 했던 히틀러의 시도 또한 이러한 왜곡의 극단적인 결과입니다. 역사를 연구해 보면, 히틀러가 말살하려 했던 것은 유대인만이 아니었음을 알 수 있습니다. 그는 정신병이나 원하지 않는 유전적 특성을 가진 사람들을 모두 안락사시키는 내부 정화 프로그램도 운영했습니다. 이는 명백하게 네 번째 광선의 극단적인 왜곡으로, 말하자면, 인종의 정화를 위해 무력을 사용하는 극단적인 시도였습니다.

국경 너머 북한을 보세요. 현재 독재자의 통치 기간뿐만 아니라, 북한의 기원까지 거슬러 올라가보면, 그들은 정치적 관점에서 대중을 정화할 필요를 보았습니다. 독재자는 그 체제 안에서 진정한 신도가 아니라면, 청소할 필요가 있었습니다. 이러한 일들이 마오쩌둥과 스탈린의 경우에도 어떻게 일어났었는지 볼 수 있습니다. 이는 스탈린 이후의 소련에서도, 어느 정도는 체제에 반대하는 사람들을 투옥하거나 심지어 처형하고 고문했습니다.

사랑하는 이들이여, 이들 불균형한 정권들은 무슨 이유로 정권을 원하지 않는 사람들을 제거하는 과정을 만들면서까지 사람들을 정화할 필요가 있다고 믿는 것일까요? 자, 그것은 그들이 위협받고 있다고 느끼기 때문입니다. 여기에서 더 깊은 실재는 추락한 존재들이 추락한 이후, 차이점에 대해서 점점 더 심한 편협함을 구축해 왔다는 것입니다.

타락한 존재들과 차이(differences)에 대한 편협함

여러분은 추락한 존재들이 추락하고, 그 추락 이후에 새로운 구체에서 육화하는 기간을 여러 번 겪으면서, 그들이 점점 더 좁은 마음과 좁은 비전을 가지게 되었음을 이해해야 합니다. 타락한 존재들은 자신들이 구축한 세계관을 뒤엎는 것은, 그것이 무엇이든 점점 더 위협으로 느끼게 되었습니다. 이것이 타락한 존재들을, 세상이 어떻게 작동해야 하는지에 대한 자신들의 비전을 따르거나 받아들이지 않으려는 모든 사람을 파괴하려는 극단적인 편협함으로 이끌었습니다

타락한 존재들이 특정한 이데올로기가 만들어지는 데 어떻게 영감을 주었는지를 알 수 있는 극명한 예를 공산주의에서 볼 수 있습니다.

그리고 다른 타락한 존재들이 이 이데올로기를 이용해서 실제로 공산주의 정권을 만들었습니다. 육화 중인 타락한 존재들은 위협받고 있다고 느꼈기 때문에, 그 이데올로기를 받아들이지 않는 사람은 누구라도 제거하려 했습니다. 다른 사고 체계를 가지고 있었던 다른 독재정권에서도 마찬가지였고, 그들이 기반으로 삼았던 다른 이데올로기에서도 마찬가지였습니다. 그들은 독재정권이 기반을 두는 세계관을 받아들이려고 하지 않았던 모든 사람을 제거하려 했습니다.

여러분이 깨달아야 하는 것은, 인류 정화의 필요성에 근거한 어떤 이데올로기와 사고 체계도 다양성을 제한하는 것이기 때문에, 자연의 법칙뿐만 아니라 영적인 법칙에도 어긋난다는 것입니다. 우리가 여러 번 말했듯이, 지구의 삶을 지배하는 주요한 영적인 원리는 자유의지의 법칙입니다. 자유의지의 법칙이 장려하는 것은 무엇일까요? 그것은 개별적인 실험을 장려합니다. 개별적인 실험은 무엇으로 이어질까요? 다양성입니다.

이제, 여러분은 이 사실로부터 세계의 많은 종교가 이러한 영적인 법칙에서 벗어나 있음을 알 수 있습니다. 여러분은 그리스도교가 사람들을 정화할 필요가 있다고 느꼈던 기간에 어떻게 했었는지 알 수 있습니다. 그들은 이슬람을 파괴하고 이슬람교도들을 죽이고자 십자군을 만들었습니다. 그들은 공식적인 교리를 받아들이지 않는 사람들을 제거하기 위한 내부의 "정화 과정"으로 순결파 신자(Cathars) 대학살, 종교재판, 마녀사냥을 했습니다. 이것은 오늘날 이슬람에도 똑같은 일들이 일어나고 있으며, 이러한 일들이 지금도 진행되고 있는 것을 볼 수 있습니다. 어떤 의미에서, ISIS와 같은 극단적인 이슬람 운동은 신앙을 정화하고, 그들의 불균형한 광신적 비전을 받아들이지 않는 이슬람교도들을 죽여야 한다는 이러한 필요성에 사로잡혀 있습니다.

다양성과 유전학 법칙

자, 물리학에 대해 알고 있는 것을 본다면, 생물학이 유전학을 발전시켰다는 것을 알 수 있습니다. 예를 들어, 여러분이 알고 있듯이, 하나의 개체군(群)이 격리되면 그것은 점차 매우 제한된 유전자 풀(pool)이 되면서, 다양한 선천적 결함을 유발하게 됩니다. 역사적으로도, 그린란드에 바이킹들이 정착했던 바이킹 시대 이후에 이런 사례를 볼 수 있습니다. 그들은 그곳에서 2~3백 년 동안 살았습니다. 그에 따라 그들의 유전자 풀은 매우 좁아지게 되었으며, 선천적 결함 현상은 시간이 갈수록 더욱 악화되었습니다. 이와 같은 다른 사례들을 동물과 인간 모두에게서 볼 수 있습니다.

이에 근거하면 여러분은, 종족을 정화하려는 시도가 이른바 자연의 법칙에 어긋난다는 것을 알 수 있습니다. 히틀러가 아리안 혈통이 아닌 사람들과 아리안의 특성이 없는 사람들 모두를 말살하여 인류 전체를 정화하는 목표를 달성했다고 상상해 보세요. (그가 순수 아리아인이 아니었다는 사실에 비춰 보면, 어쩌면 그는 그 과정을 통해 자신을 제거하고 있었던 것입니다), 무슨 일이 일어났을까요? 몇 세대만에 유전자 풀이 좁아지면서 아리안 인종도 악화되기 시작했을 것입니다.

다양성을 말살함으로써 인류를 정화하고 획일화하려는 전반적인 꿈은, 자연의 법칙과 영적인 법칙 모두에 반(反)하는 것입니다. 타락한 존재들에 대해 알고 있다면 이것을 쉽게 이해할 수 있고, 일반 사람들도 이것이 현실적인 시나리오가 아니라는 것을 실제로 인식할 수 있습니다. 그러므로 우리는 지구에서 일어나는 모든 일은 인류가 어떤 교훈을 배울 기회임을 깨달아야 합니다. 여러분은 집단의식에 전환이 일어나도록 요청할 수 있습니다. 다시 말하자면, 이것은 사람들이 준비된 것 중의 하나입니다. 사람들이 독재정권의 상황을 살펴보기 시작하면 변화가 올 수 있습니다. 사람들은 기꺼이 역사를 보면서, 깊게 생각하게 될 것입니다. "우리가 이러한 일들에서 무엇을 배울 수 있을까?" 이것은 과학자, 역사가, 심지어 이것을 볼 수 있는 작가들에게서 시작될 수 있습니다. "우리가 배울 수 있는 교훈은 무엇인가? 우리는 왜 독재체제를 가지게 되었으며, 이 사실이 우리에 대해 무엇을 보여주는 것일까?"

편협함은 생존 전략이 아닙니다

다른 상승 마스터들이 이에 대해 말했듯이, 책임지려 하지 않았던 이러한 사람들로부터 배울 수 있는 교훈이 많이 있습니다. 내가 이 담화에서 관심을 두는 것은, 생존을 위한 유일한 방법이 다양성을 통해서라는 것입니다. 다양성을 파괴하는 것은 자신의 생존을 장기적으로, 심지어는 단기적으로도 위협한다는 사실을 배우는 것입니다. 편협함은 생존 전략이 아닙니다. 정화와 획일화는 생존을 위한 전략이 아닙니다. 다양성을 파괴하면서 여러분은 생존할 수 없습니다.

그러면 여러분은 무엇을 할 수 있을까요? 많은 현대 민주주의 국가가 이미 시작한 다양성을 포용하는 것을 할 수 있습니다. 물론 이것은 네 번째 광선이 인류에게 제시하는 주요한 도전이며 입문입니다. 이것은 또한 이러한 것들을 다루는 영적인 사람들을 위한 입문이기도 합니다. 물론 여기에서 어떤 균형을 찾을 필요가 있습니다. 우리가 말했듯이, 여러분이 실제 지구의 역사를 살펴보면, 지구가 이전에 매우 정교한 문명의 상태에 있었다는 것을 알 수 있습니다. 그 문명은 사람들이 조화와 평화를 이루고자 하는 바람에 기초했습니다. 이러한 바람은 모든 면에서 반드시 똑같지는 않아도, 삶에 대해서 같은 관점을 받아들임으로써 이루어집니다. 다른 말로 하면, 그 문명은 다양성을 포용하기보다는 획일적으로 만드는 데 기반을 두었습니다. 우리가 설명했듯이, 이러한 획일성은 행성이 자기 파괴적인 하향나선으로 들어가는 지점에 이르게 했습니다. 그래서 이 상황을 피하기 위한 시도로, 우리는 타락한 존재들이 지구에 육화할 수 있도록 허용했습니다. 타락한 존재들은 아주 많은 혼란을 만들었고, 그 문명은 획일화된 세계관을 유지하기가 불가능해졌습니다. 이것은 타락한 존재들이 인위적으로 형성된 획일성과 함께하면서, 다양성을 창조하기 위해 어떻게 활용될 수 있는가에 대한 하나의 사례입니다.

이제, 여러분은 타락한 존재들이 양날의 검이라는 것을 인식할 수 있습니다. 그들이 혼란을 만들고, 육화가 허용된 행성의 기존 체제를 뒤집어엎으면서, 그 행성이 다양성을 창조하는 상태가 된다는 것은 사실입니다. 우리가 설명했듯이, 타락한 존재 중 일부는 그저 혼란을 만들기 위해서 이렇게 합니다. 권력자가 되려는 의도를 가지고 이렇게 하는 다른 타락한 존재들도 있습니다. 이를 위해, 그들은 다양성을 억압하기 시작합니다. 타락한 존재들의 육화가 지구에 처음으로 허용되었을 때, 그들은 다양성을 만들었지만, 적어도 어떤 특정한 존재들은 다양성을 파괴하는 다른 길로 가려 했던 시점이 왔습니다. 그들이 바로 이러한 독재를 만들어온 존재들입니다. 그들이 개인의 독재뿐만 아니라 공산주의의 독재, 가톨릭교회의 독재, 그리고 역사나 역사 이전에 알려진, 다른 유사한 독재들을 만들어온 존재들입니다.

여러분이 직면하는 매우 미묘한 도전은, 극단으로 치우치지 않으면서 다양성을 포용하는 것입니다. 이러한 도전을 해결하는 유일한 방법은, 우리가 여러분에게 준 이원성에 대한 가르침과 이원성에는 항상 양극단이 어떻게 존재하는지를 인식하는 것입니다. 우리는 또한 그 해법은 양극단 사이에서 타협하는 것이 아니라고 말했습니다. 붓다가 설파했던 중도(middle way)는 여러분이 두 극단의 중간 지점으로 가야 한다는 의미가 아닙니다. 그것은 두 극단을 초월해야 한다는 의미입니다. 여러분은 두 극단, 두 극성이 만드는 의식을 초월해야 합니다.

다양성은 어떤 것이든 용인한다는 의미가 아닙니다

다양성을 수용한다는 의미가 무엇이든 용인해야 한다는 것으로 생각할 수도 있습니다. 현대 민주주의 국가들에도, 민주적인 이상(ideals)을 지키고 자유로운 사회가 되기 위해서는, 사람들이 원하는 대부분이 허용되어야 한다고 생각하는 일부 국가가 있습니다. 하지만 이것은 시간이 지남에 따라 사회 자체를 유지할 수 없는 많은 혼돈과 혼란을 만들어서 사회의 몰락으로 이어질 수 있습니다.

예를 들자면, 현재 그리고 지난 몇 세기 동안 이탈리아에서, 마피아가 경제를 장악해서 운영하도록 허용했을 때, 경제가 점점 하향으로 치달으며 높은 수준의 성장을 유지할 수 없음을 보았을 것입니다. 본질적으로, 마피아가 창조한 것은 공산주의 국가의 경제처럼 중앙집권적으로 통제되는 경제였습니다. 민주주의 국가에서는 민주주의의 기반을 실제로 악화시키는 사람들에게 자유로운 통치를 허용하는 것이 가능하지도 않고 현실적이지도 않습니다. 여기서 여러분은, 이것이 이러한 도전의 다른 양상을 제시하는 것을 볼 수 있습니다. 누군가는 이렇게 말할 것입니다. "당신은 독재정권이 극도로 편협한 형태를 가지고 있으므로, 그들은 반대파나 다양한 견해를 가진 사람은 누구라도 강압적으로 파괴하려고 한다고 말합니다. 그런데 이제, 당신은 독재정권과 반대되는 자유 민주주의 국가들 역시, 완전한 포용이 그들을 파괴할 것이기에, 완전히 포용할 수는 없다고 말합니다."

물론 이것에 대한 해결책은 여러분이 이원성을 초월할 때, 두 반대되는 극성을 가지지 않는 의식 상태로 올라가서, 더 명료하게 분별하며 두 극단을 볼 수 있다는 사실을 깨닫는 것입니다. 역사에서 볼 수 있듯이, 지난 2세기 동안, 어쩌면 일부 국가에서는 좀 더 멀리까지, 이제 막 민주주의를 이룬 일부 나라는 이원적인 한 극단을 분명히 보았고 그것을 불균형으로 보는 상황에 있습니다. 그들은 독재국가들에서 이러한 것을 보았습니다. 많은 현대 민주주의 국가는 이전 시대의 왕이나 황제가 통치했던 자신의 나라에서 이러한 상황을 보았습니다.

그 나라들은 독재정권이 하나의 불균형한 극단이라는 것을 알게 되었습니다. 그래서 그들은 이제, 자유를 제한하는 대신에 반대쪽 극단으로 갈 필요가 있었고, 무엇이든 허용한다는 의미에서 자유를 용인해야 한다고 생각했습니다. 그들이 볼 준비가 된 것은 (그리고 여러분이 요청할 때, 그들이 볼 수 있게 될 것은), 이것이 단지 한 극단에서 다른 극단으로 가는 것이며, 여전히 힘 기반의 사고방식에 머물러 있다는 사실입니다. 힘을 사용하든 금지하든, 여러분은 여전히 힘의 관점에서 생각하고 있습니다. 여러분이 이원성을 초월할 때, 여러분은 새로운 비전, 새로운 사고방식을 얻을 수 있습니다. 그래서 균형이란 반드시 양극단의 중간 지점에서 찾을 수 있는 것이 아니고, 극단으로 끌어당겨지지 않는 상태를 발견하는 것이 가능함을 깨닫게 됩니다. 여러분은 그것이 균형 잡힌 상태라고 말할지도 모르지만, 양극단 사이에 있다는 점에서 그것은 균형 잡힌 상태가 아닙니다. 여러분은 극단으로 끌어당겨지는 것을 초월해야 합니다.

민주주의는 독재의 반대가 아닙니다

여러분이 여기에서 깨달아야 하는 것은, 이원성에 대한 대안이 있다는 것을 알 준비가 된 사람들이나, 곧 준비가 될 사람들로 인해서 지금의 집단의식에 긴장이 생겼다는 것입니다. 이것은 좀 더 진보한 사람들, 좀 더 많이 깨어난 사람들, 어쩌면 역사학, 심리학, 정치학과 관련하여 교육받은 사람들과 이 상태를 타개할 수 있고 볼 수 있는 사람들로부터 시작될 것입니다. 그들은 현대 민주주의 국가들이 자신을 독재체제의 반대 극성으로 보는 것을 멈춰야 한다는 것을 알 수 있습니다. 그들은 자신들의 역사에도 불구하고, 자신들은 독재정권의 반대편에 있지 않음을 보아야 합니다.

특히 직접민주주의가 되는 다음 단계로 나아갈 민주주의는, 독재정권을 만든 사고방식을 초월해 왔습니다. 이것이 이제 얼마 전부터 민주주의 국가, 민주사회를 가졌던 인류 문명이 나아갈 논리적인 다음 단계입니다. 이렇게 되기 위해서는 물론 중대한 변화가 요구됩니다. 소수의 사람이 이에 대해 아는 것만으로는 변화가 올 수 없습니다. 이것은 장기적으로 교육 시스템에서 필요한 전환이며, 상대적으로 어린 나이에 이원성과 비이원성, 양극성 같은 기본적인 주제들이 역사 속에서 어떻게 펼쳐졌는지 교육할 필요가 있습니다. 이것은 사람들이 충분히 이해할 수 있는 것이며, 특히 육화했거나 이제 육화하고 있는 젊은 세대들에게는 더욱 그렇습니다. 그들은 이에 대해 전적으로 이해할 수 있습니다. 하지만, 이를 위해서는 현대 민주주의 국가들이 자신들을 독재체제의 반대라고 볼 필요가 없고, 따라서 독재체제로부터 위협받는다고 볼 필요가 없다는 것을 인식하는 과정이 요구될 것입니다.

미국의 도전(challenge)

이 구술 이전에 여러분이 했던 기원에서, 여러분은 통일된 한국뿐만 아니라, 남한에서도 이러한 변화가 어떻게 요청되고 있는지 알 수 있었습니다. 여러분은 다른 나라로부터 위협받고 있다는 생각을 멈추고, 통일 한국을 방어하기 위해 군대를 가질 필요도 없습니다. 또한 남한이 한반도에서 군대를 철수할 것을 미국에 요구하는 변화가 만들어지도록 하는 요청도 했습니다. 이것은 우리가 한국이 초강대국들에

도전하여 말할 수 있는 확실한 잠재력이 있음을 알기 때문입니다. "당신네 군대를 철수하고 뒤로 물러나세요. 그리고 약소국을 초강대국들 사이의 경쟁 도구로 이용하는 것을 중단하세요."

내가 말하고 있는 이러한 변화가 미국에서 먼저 일어날 것이라고 예견하지는 않습니다. 이러한 변화는 한국에서 일어날 수도 있고, 많은 현대 민주주의의 다른 국가에서도 일어날 수도 있지만, 규모가 큰 국가보다는 규모가 작은 국가에서 먼저 일어날 가능성이 더 큽니다. 이러한 일이 일어나기 시작하면, 현재의 세계 질서가, 소위 자신을 초강대국이라고 여기며 자신들이 세계를 통치할 권리가 있다고 생각하고 있는 소수의 국가가, 도전받게 될 것이 분명합니다. 특히, 자신들이 민주주의 국가라고 주장하는 나라들은 자신들의 민주적 이상(理想)에 부합하게 나라를 운영해야 하는 도전을 받게 될 것입니다.

앞서 말했듯이, 미국은 헌법과 미국 건국의 아버지들이 마음에 그렸던 것에서 벗어난 방식으로 군대를 보유하고 있습니다. 미국을 공격적이고 제국주의적인 권력으로 보는 나라들이 있다는 것은, 전적으로 부당한 것이 아닙니다. 그리고 미국이 이러한 이원적인 양극성 너머로 성장하기 위한 변화를 만들기 위해서 도전받아야 한다는 것이 분명합니다. 미국이 이 군대를 유지하는 것을 미국 국민에게 어떻게 정당화할 수 있을까요? 자, 그들은 미국의 바깥 어딘가에 어떤 위협이 있다고 투사해야 합니다. 그것이 러시아든 중국이든 또는 '악의 축'이든, 그들에게는 위협이 필요합니다. 이것은 다른 나라 사람들도 이제 간파할 수 있는 것이며, 그들은 미국에 도전하면서 이렇게 말할 수 있습니다. "미국은 진정으로 자신이 주장하는 것처럼 민주적이고 자유롭고 평화로운 국가입니까? 왜 당신들의 행동은 당신들의 이념과 일치하지 않습니까?"

중간 과정에 있는 나라들

이것은 모든 것이 똑같아야 하고 차이와 다양성은 위협이라고 생각하는 순수에 대한 왜곡을 극복하는 과정에서 매우 중요한 단계입니다. 사랑하는 이들이여, 여러분이 이원적인 의식 상태에 있을 때는, 항상 반대 극성들이 있으므로, 그것 중 하나는 위협으로 보일 것입니다. 여러분이 이원적인 의식 상태에 있으면 두 극성을 보게 되고, 어떤 것은 옳고 어떤 것은 틀리고, 어떤 것은 좋고 어떤 것은 악하다는 가치 판단을 하게 됩니다. 당연히, 여러분은 좋은 것으로 생각하는 쪽에 자신을 놓습니다. 그래서 여러분은 반대쪽에 있는 사람에게 악이라는 꼬리표를 붙입니다. 이것은 독재체제가 쓸모가 없어져 영향력을 잃고 사라지는 시대를 맞이하기 위해서 전 세계가 초월해야 하는 의식 상태입니다.

사랑하는 이들이여, 여러분도 알다시피, 전 세계의 많은 국가가 이러한 과정에서 중간 정도에 있습니다. 예를 들어 현재 중국 주석이 최근 몇 년 동안에 체제를 어떻게 변화시켰는지 보세요. 그는 마오쩌둥 이후 어느 중국 지도자가 가졌던 것보다 더 큰 권력을 소유할 수 있는 정도까지 체제를 변화시켰습니다. 어떤 의미에서, 중국은 최근 수십 년간 보다 더 독재적인 형태의 정부로 나아갔다고 말할 수 있습니다. 그동안 중국이 자유로운 정부 형태를 취했다고 말하는 것은 아니지만, 예를 들면 마오쩌둥 치하보다는 덜 독재적이었습니다. 한편, 중국은 세계와 무역하기를 원하고 있고, 무엇보다도 민주주의 국가인 더 부유한 나라와 무역을 해야 한다는 것을 깨닫고 있습니다. 따라서 그들은 마오쩌둥의 독재 정부 상태로 되돌아갈 수는 없습니다. 독재로의 회귀는 현실적인 시나리오가 아니라는 것을 심지어 중국 주석조차 인정하고 있습니다. 이는 중국이 가고자 하는 길이 아닙니다.

중국 지도부에서도 나라 안에 점점 더 많은 자유를 제공할 필요가 있다고 인식하고 있습니다. 중국 지도부에는 중앙집권화를 유지하려는 세력과 더 많은 자유를 주는 것이 필요하다고 인식하고 있는 두 반대 세력이 있습니다. 여러분은 중국이 전환점을 만들어 국민을 위해 점점 더 큰 자유를 향하여 나아갈 수 있도록 요청할 수 있습니다. 사랑하는 이들이여, 나는 자연사와 인류 역사를 보면, 다양성이 생존의 길이라는 것을 알게 될 것이라고 말했습니다. 국가들도 마찬가지입니다. 자유와 다양성을 허용하지 않으면, 중국은 존속하지 못할 것입니다.

자유는 번영의 열쇠입니다

지난 200년간의 역사에서 여러분이 배울 수 있었던 교훈은 무엇입니까? 세계에서 가장 풍요로운 나라는 어디일까요? 민주주의 국가들입니다. 그들은 시민에게 훨씬 더 많은 자유를 주었습니다. 왜 소비에트 연방이 무너졌을까요? 주된 이유는 경제를 지탱할 수 없었기 때문입니다. 왜 그랬을까요? 제한이 너무 많았기 때문입니다. 푸틴 치하의 러시아는 경제가 더 자유롭지 못한 상태로 되돌아갔으며, 이는 수십 년 동안 분명히 여파가 있을 것입니다.

역사가 주는 교훈은 분명합니다. 자유를 주면 국가는 번영합니다. 그러므로 집단의식에 이러한 변화를 요청하면, 심지어 현재 독재체제인 많은 나라에서도 더 많은 풍요, 더 많은 번영을 얻는 유일한 방법은 더 많은 자유를 주는 것임을 깨닫게 됩니다. 물론, 좀 더 깨어있는 독재자들은 사람들이 더 나은 경제 여건을 원하고, 자신들이 이것을 억제할 수 있는 상황이 아니라는 것을 알 수 있습니다.

이러한 사례를 카자흐스탄에서 볼 수 있습니다. 이 나라는 소련 붕괴 이후 줄곧 독재 치하에 있었습니다. 카자흐스탄 컨퍼런스 때 몇몇 구술에서 실제로 예측했듯이, 여러분은 이 독재자가 최근에 사임하는 것을 보았습니다. 이것은 그가 평균적인 독재자보다 더 높은 인식이 있었기 때문입니다. 그는 국민이 더 나은 경제 상황을 원하고 필요로 한다는 것을 알 수 있었습니다. 그는 자신의 집권 시기에 이것을 이루려고 했으나, 몇 년이 지난 후, 원하는 결과를 얻지 못했음을 기꺼이 인정했습니다. 그리고 그는 번영을 제공할 수 있는 유일한 방법은 자유를 주는 것이고, 그렇게 하려면 정부와 정부 형태에 근본적인 변화가 있어야 한다는 것을 깨달았습니다.

물론 이러한 일은, 비슷한 상황에 처해 있는 다른 많은 국가에서도 일어날 수 있습니다. 심지어 중동 지역에도 이러한 인식의 전환이 일어나려고 하는 나라들이 있습니다. 다시 퇴보하기는 했지만, 몇 년 전 이집트에서 일어난 일을 여러분도 보았습니다. 하지만 여전히 일부 중동 국가에는 엄청난 압력이 존재합니다. 왜냐하면, 청년 실업률이 25% 또는 그 이상이고, 많은 젊은이가 일자리를 구할 수 없기 때문입니다. 그런데 젊은 사람들이 더 많이 깨어있으며 다른 나라 사람들이 어떻게 해서 더 풍요롭게 되었는지를 알고 있습니다. 그들은 자신의 나라도 그렇게 되기를 원합니다. 그런데 그들 나라의 방식과 제도로는 그렇게 될 수 없습니다. 그러므로 그러한 나라들의 집단의식에는 엄청난 압력이 존재합니다.

이란도 같은 역학이 작용하고 있는 나라입니다. 사람들은 경제적 풍요를 원합니다. 그들은 제한된 체제로는 풍요를 가질 수 없음을 알고 있고, 그리고 이것이 긴장을 만듭니다. 많은 나라에서 폭력 없이도 이러한 전환이 가능합니다. 왜냐하면, 지도자들이 역사를 살펴보고, 다른 나라에서 무슨 일이 일어났는지를 충분히 알게 된 후에, 이렇게 말할 수 있기 때문입니다. "우리도 뭔가를 하지 않으면 폭력이 일어날 수 있고, 시리아의 아사드 대통령이 해야 했던 선택에 직면할 것이다. 우리 권력을 유지하기 위해서는, 우리나라를 폭격하고 석기시대로 돌아가야 할 것이다. 그런데 이것이 정말로 우리가 원하는 것인가?"

자발적으로 권력을 포기하는 독재자들

이러한 압력들은 독재 정부 안에 있던 사람들이 자발적으로 권력을 내려놓게 하는 실질적인 효과를 가져올 수 있습니다. 유럽의 일부 민주주의 국가들을 살펴보면, 얼마 전까지도 독재 형태의 정부를 가지고 있었다는 것을 알 수 있습니다. 그들 나라에는 모든 권력을 가진 왕이 있었는데, 이 왕 중의 일부는 시대가 변했다는 것을 깨달을 수 있었습니다. 왜 이것을 깨닫게 되었을까요? 부분적으로는 왕이 변화에 저항하여 폭력혁명이 일어났던 프랑스의 예를 보았기 때문입니다. 유럽의 일부 지도자와 왕이 이렇게 생각하게 되었습니다. "음, 우리가 단두대에 서고 싶지 않다면, 좀 더 양보를 해서 더 자유로운 형태의 정부를 만드는 것이 낫겠다."

또한 소비에트 연방이 도래할 때도, 서구에서는 자기 나라에 공산 혁명이 일어나기를 바라지 않는다면, 노동자들에게 더 나은 근무 조건과 더 많은 부를 주는 것이 좋겠다고 말하는 사람들이 있었습니다. 여러분은 전쟁이나 혁명, 유혈사태 없이도 독재 정부에서 자유 정부로 전환했던 사례가 역사적으로 얼마나 많았는지를 볼 수 있습니다. 그 이유는 단지 독재자의 마음에 전환이 있었기 때문입니다. 여기 한국에서 여러분이 우리의 구술에 기반을 둔 기원문을 가지고 요청했던 것처럼 말입니다.

이것으로 내가 여러분에게 주려 했던 가르침을 마무리합니다. 여기에 참석해서 기꺼이 방송국이 되어주고, 집단의식 안으로 이 내용을 방출하고 있는 것에 대해 우리 모두의 감사를 표하고 싶습니다. 이번 컨퍼런스에서 우리가 한국과 관련된 이야기를 많이 하지 않았다는 것을 알 것입니다. 우리가 이렇게 한 이유는, 여러분이 행성 전반의 사정을 충분히 알고, 이 컨퍼런스 메시지가 전 세계의 집단의식으로 방출되도록 기꺼이 봉사하려는 것을 우리가 인식하기 때문입니다. 물론, 이것은 여러분의 신뢰에 따른 것이며, 우리는 이렇게 기꺼이 봉사하고 있는 여러분의 의지에 감사하고 있습니다.

이로써 나는 여러분을 네 번째 광선의 순수한 사랑에 봉인합니다. 물론, 다른 모든 광선의 사랑도 순수하지만, 그럼에도 불구하고 나는 그렇게 표현하고 싶습니다.

5
독재자들은 모든 곳에 분열을 일으킵니다

나는 상승 마스터 엘로힘 사이클로피아입니다. 사랑하는 이들이여, 몇십 년 전까지만 해도 미국에는 이런 말이 있었습니다. 모든 위대한 남자 뒤에는 여자가 있다. 이 농담이 더 이상 통하지 않는다는 사실은, 적어도 사회가 남녀의 완전한 평등을 인정하는 데 어느 정도 진전을 이루었음을 보여줍니다. 그럼에도 불구하고, 나는 모든 위대한 남자 뒤에는 여자가 있다는 표현과 함께 모든 "위대한 독재자(Great Dictator)" 뒤에는 비전(vision)이 있다는 표현으로 구술을 시작하고자 합니다.

물론, 이 표현은 따옴표로 표시된 "위대한 독재자"라는 개념을 처음으로 제시하고 있습니다. 이 표현은 독재자의 유형에는 적어도 두 부류가 있다는 사실에 대해 말해 줍니다. 한 부류는 자신에게 이 행성이나 인류가 처한 상황을 실제로 개선할 수 있는 어떤 목적이나 전반적인 비전이 있으므로 자신은 위대하다고 믿는 자들입니다. 또 다른 부류는, 오직 자기 자신에게만 몰입하고 권력과 지위를 얻는 데만 집중하기 때문에, 특별히 자신을 위대하다고 생각하지는 않는 자들입니다. 이 두 부류의 예를 한번 들어 볼까요? 소비에트 연방을 보면, 스탈린은 그 자신과 자신의 권력에만 집중했던 독재자 유형이었음이 분명한 반면, 레닌은 세상을 나아지게 할 것이라고 여겼던 어떤 목적을 가진 공상가였습니다.

모든 독재자 뒤의 왜곡된 비전

당연히, 독재자들 뒤에는 비전의 왜곡도 있고 왜곡된 비전도 있습니다. 이는 비전을 왜곡시키는 데 능란한 타락한 존재들에게서 비롯된 것입니다. 물론, 나는 왜곡에 능통하다는 것이 좋은 자질이 아니라고 생각합니다. 타락한 존재들은 이에 동의하지 않겠지만 말입니다. 나는 그들이 그렇게 하도록 허용합니다. 그렇게 하더라도 상승한 존재인 나에게는 아무런 영향도 미치지 못하기 때문입니다. 하지만, 지구에 있는 상승하지 못한 사람들에게는 그것이 커다란 충격을 줍니다. 이 담화가 그것에 관해 이야기하는 이유입니다

사랑하는 이들이여, 이제 여러분이 한 걸음 뒤로 물러나서, 내가 상승한 수준에서 보는 것을 볼 수 있다면, 타락한 존재들이 물질층과 감정, 멘탈, 낮은 정체성층에 만들어 놓은 놀랄 만큼 복잡한 기관과 시스템을 볼 수 있을 것입니다. 이것들은 거짓되고 왜곡된 비전을 지구에 퍼뜨리기 위해 만들어졌습니다. 그 목적은 진실을 모호하게 하고, 더 높은 특정한 가르침을 취한 후, 그것을 왜곡하거나, 또는 그 가르침에 도전하는 것처럼 보이게 만들어, 사람들이 거짓을 믿게 하려는 것입니다.

이 시스템은 매우 정교하고 복잡하므로, 사람들이 이것을 본다면, 그 뒤에 숨겨진 공격적인 의도에 압도되고 말 것입니다. 예를 들자면,

이것을 비교할 수 있는 간단한 방법으로, 냉전 시대에 양쪽 진영 모두가 다른 진영의 사람들을 향해 선전과 선동할 목적으로 만든 매우 정교한 시스템이 있었습니다. 여러분은 첩보원 시스템 네트워크가 얼마나 정교한지 알 수 있을 것입니다. 그 네트워크들이 오늘날에는 더 정교해졌습니다. 하지만 적어도 냉전 시대에 알려진 것만큼은 알려지지 않습니다.

타락한 존재들이 만든 이 시스템은, 지구에 있는 어떤 것보다, 그리고 물질 옥타브 내의 어떤 것보다도 더 정교합니다. 왜냐하면, 물질계는 빙산의 일각일 뿐이고, 다른 세 상위층에서 일어나는 일이 훨씬 복잡하고 훨씬 방대하기 때문입니다. 사람들이 최소한 그것을 보고, 이면의 공격적인 의도를 본다면, 엄청난 충격을 받아 자신의 비전을 정화하고 끌어올려야 할 필요성에 깨어날 것입니다. 그리고 오랜 세월 동안 타락한 존재들이 만든 이러한 정교한 속임수를 제대로 꿰뚫어 볼 수 있어야 하겠다고 생각할 것입니다.

분열(di-vision)로 이끄는 왜곡된 비전(vision)

이제, 여러분이 네 번째 구체에서 처음으로 타락한 존재들이 추락했던 때로 돌아가서 그들이 환영에 환영을 어떻게 거듭 구축했는지 추적해 보면, 그 복잡함에 다시 압도될 것입니다. 그렇다고 해도, 여러분은 그 복잡성을 살펴볼 수 있고, 패턴을 보기 시작할 수 있습니다. 그래서, 여러분은 점차 그것을 인간의 마음으로 다룰 수 있을 정도의 것으로 복잡성을 낮추어서, 그들이 실제로 무엇을 하려는지 살펴볼 수 있습니다. 가장 단순한 수준으로 그것을 축소한다면, 타락한 존재들이 만든 거짓된 비전 이면의 목적이 바로 '분할 정복 전략'임을 알 수 있을 것입니다.

타락한 존재들은 항상 왜곡된 비전을 만들어서 분열(di-vision)을 일으킵니다. 그리고 이것은 그들이 하려는 것들의 본질로, '분열로 이끄는 비전'이라고 할 수 있습니다. 일단 이것을 이해하면, 여러분은 적어도 이 세상에서 일어나고 있는 것을 살펴보는 기반과 출발점을 가지게 됩니다. 여러분은 타락한 존재들이, 발생하는 모든 일을 어떻게 분열을 일으키기 위해 이용했는지 알 수 있게 됩니다.

종교를 통한 분열

이미 가톨릭교회에 대해 말했듯이, 종교가 오랜 시대를 걸쳐 분열을 조장하는 데 어떤 식으로 이용되었는지 알 수 있습니다. 사랑하는 이들이여, 이렇게 자문해 보세요. 왜 특정한 종교가 그 종교를 따르는 사람들, 종교 안에 있는 사람들, 종교 밖에 있는 사람들 사이에 명확한 구분을 규정해야 할까요? 이것이 왜 필요할까요?

많은 종교는 그들이 신에게서 직접 받은 진리를 가지고 있다고 주장합니다. 그들은 자신들에게 이러한 진리를 준 신이 궁극의 신이고 우주에서 최상의 신이라고 주장합니다. 자, 그 주장이 사실이라면, 우주에서 궁극의 신은 모든 사람이 구원받을 수 있는 우주를 창조하는 것이 이치에 맞지 않을까요? 왜 궁극의 신이 다른 그룹의 사람들을 창조해, 어떤 사람은 구원받고 어떤 사람은 구원받지 못하게 했을까요? 궁극의 신은 자신이 창조하는 우주에 대한 궁극적인 비전을 가지고 있다는 것이 이치에 맞지 않을까요? 그래서 필요하다면, 모든 사람을 구원으로 인도하고 성장하게 하는 보편타당한 법칙을 가진 우주를 만들 수 있어야 하지 않을까요? 다른 말로 하면, 궁극의 신은 자신이 그렸던 대로 우주가 펼쳐지게 할 보편적인 원리와 법칙이 있는 우주를 창조할 수 있어야 합니다. 그러한 신에게 종교가 왜 필요할까요?

신이 성장하기를 원하는 대로 우주가 성장하게 할 어떤 보편적인 원리를 신이 이미 규정했다면, 궁극의 신은 왜 지구에서 자신을 대리한다고 주장하는 종교가 필요할까요? 다른 말로 하면, 대부분의 종교 이면의 주장은 신의 창조에 뭔가 잘못이 있고, 그래서 비상 대책이나 임시방편으로 사람들이 구원받아야 한다는 것입니다. 그리고 구원을 받기 위해서는, 유일하고 참된 종교를 따라야 하며, 그 종교를 따르는 사람들은 구원이 보장되지만, 그렇지 않은 사람들은 구원받지 못하고, 아마 종국에는 불타는 지옥에 영원히 떨어질 것입니다.

궁극의 신이 무슨 이유로 이런 불타는 지옥을 만들 필요가 있을까요? 무슨 이유로 그의 유일하고 참된 종교를 따르지 않는 사람들을 영원히 벌하려고 할까요? 이것은 사람들이 일반적으로 하지 않는 질문입니다. 하지만 여러분이 여기서 보는 것은, 많은 종교가 자신들의 핵심 가르침으로 '구원받는 자'와 '구원받지 못한 자' 사이의 근본적인 분열을 만들었다는 것입니다.

정치 이데올로기를 통한 분열

많은 정치 이데올로기에도 이러한 분열이 있음을 볼 수 있습니다. 공산주의도 두 가지 반대 극성을 정의하는 것에 기반을 두고 있습니다. 자본주의와 그 반대인 공산주의가 그것입니다. 공산주의 이론에 의하면 한 사회가 공산주의 상태로 향하게 하는 어떤 역사적 필연성이 있습니다. 공산주의가 신을 인정하지는 않지만, 만약 사회를 필연적으로 공산주의 상태로 이끄는 어떤 자연의 법칙이 있다면, 왜 그 자연의 법칙은 사람들을 공산주의자가 되도록 강요하기 위해 기꺼이 살인도 하는 자들의 도움이 필요할까요? 이러한 사람들이 주장하듯이, 자연의 법칙에 기초한다거나 어떤 우월한 신의 존재에 근거한 뭔가를 이루기 위해, 왜 인간이 개입하여 다른 사람들을 강요할 필요가 있을까요?

만약 어떤 우월한 신이 존재한다면, 왜 그 신은 지구에 있는 사람들의 도움이 필요할까요? 사람들이 그 종교를 믿도록 강요하기 위해 왜 지구의 다른 인간들을 필요로 할까요? 만약 인간 사회가 필연적으로 공산주의 사회로 되는 자연의 법칙이 있다면, 그 법칙은 왜 폭력적인 혁명가들의 도움이 필요했을까요? 여러분이 이것을 본다면 앞뒤가 맞지 않음을 알 것입니다. 물론, 대부분의 사람은 이것을 보지 못합니다. 왜냐하면, 타락한 존재들이 오랫동안 만들어온 왜곡과 사람들의 더 나은 판단과 분별을 미루게 한 이원성 의식 때문입니다. 그들은 선(善)이라는 한 극성에 초점을 맞추기 때문에, 자동으로 다른 반대 극성을 악으로 만듭니다.

사랑하는 이들이여, 세상과 역사를 돌아보면 타락한 존재들이, 사람들을 속이고 조종하고 통제하기 위해 많은 종교와 정치 이데올로기, 철학을 만들었음을 볼 수 있습니다. 가톨릭, 이슬람, 그리고 다른 많은 종교도 그렇습니다. 마르크시즘도 그렇고, 심지어 자본주의 이데올로기도 그렇습니다. 타락한 존재들 때문에 모두가 완전히 눈멀지는 않았지만, 여러분이 봐왔던 많은 철학자는 분명히 눈멀었습니다.

선전*선동의 기구(apparatus)에서 벗어나기

무엇이 사람들을 이러한 것들에서 벗어나도록 도울 수 있을까요? 세상에는 타락한 존재들의 이러한 선전과 속임수에서 사람들이 벗어날 수 있도록 도울 수 있는 두 가지 주요한 운동이 있습니다. 하나는 항상 유효했던 신비주의입니다. 신비주의는 종교가 아닙니다. 신비주의는 의식의 이원적 상태 너머에 있는 뭔가를 직접 체험하는 것입니다. 우리는 여러분이 자신의 네 하위체 밖으로 물러나서, 어떤 더 높은 실재를 경험할 수 있는 의식하는 자아(Conscious You)가 있다는 가르침을 주었습니다. 비록 이 개념은 없었더라도, 어느 시대를 불문

하고 다양한 사람이 신비 체험을 했습니다. 이들 신비 체험은 중립적이며, 이원적이지 않습니다.

우리가 말했듯이, 많은 사람이 신비 체험에서 자신의 평소 상태로 돌아와 그 체험을 외면의 마음으로 해석하기 시작합니다. 그래서 심지어 신이 그들의 종교가 진정한 것이라는 계시를 보여주었고, 신이 비신자들을 모두 죽이기를 원한다고 주장할 수도 있습니다. 이런 일이 몇몇 경우에 일어났지만, 나는 이런 경우가 진정한 신비 체험을 한 것이 아니라고 말하겠습니다. 그들은 일상적인 의식의 수준을 넘어서는 경험을 했지만, 그것은 상승 영역에서 온 것이 아니라, 멘탈층이나 낮은 정체성층에서 나온 것이었습니다. 이들은 진정한 상승 마스터들이 아닌 상승 마스터들이라고 속이는 소위 거짓 계층의 사칭자들과 접촉하는 경험을 했던 것입니다. 우리는 물론, 폭력을 절대로 조장하지 않았고 앞으로도 하지 않을 것입니다. 사람들을 죽이는 것을 정당화하는 데 이용될 수 있는 가르침이나 해석, 체험을 어느 누구에게도 주지 않을 것입니다.

신비주의는 타락한 존재들의 선전이나 속임수에서 벗어날 한 가지 방법이 되어 왔습니다. 다른 하나는, 우리가 근대에 발표했고, 과거에도 유용했던 것입니다. 원래 순수한 형태로써 과학은, 모든 이론과 종교, 이데올로기와 철학을 초월하기 위한 시도입니다. 다른 말로 하면, 그것은 '세상이 어떻게 돌아가야 한다거나, 이 세상이 어떻게 돌아갔으면 좋겠다'라는 것에 대한 이론을 살펴보는 것이 아닙니다. 순수한 과학은 구체적이고 실제적인 관찰을 하는 것이며, 실제로 세상이 어떻게 작동하는지 알아내려는 것입니다. 이것이 순수한 형태로써의 과학입니다. 이것이 성 저메인이 프랜시스 베이컨이나 로저 베이컨으로 육화했을 때, 상승 영역으로부터 영감을 받아 발표한 것입니다.

타락한 존재들은 항상 어떤 것이든 재빨리 가져가서 이해하고, 그것을 왜곡합니다. 그들은 물질주의라고 불리는, 유사 종교 또는 유사 정치적인 덮개를 만들어서 과학을 왜곡하려고 했습니다. 조직화된 종교가 순수한 신비주의와 관계가 없는 것만큼이나, 물질주의는 순수 과학과 아무런 관계가 없습니다. 조직화된 종교는 삶의 신비적인 측면을 왜곡하려는 타락한 존재들의 시도이고, 물질주의는 과학적인 측면을 왜곡시키려는 타락한 존재들의 시도입니다.

여러분이 신비주의와 과학적인 관찰을 조합할 수 있다면, 실로 타락한 존재들의 환영에서 자신을 자유롭게 하는 매우 강력한 방법을 얻게 됩니다. 이것을 점차 더 많은 사람이 알아차리고 있습니다. 그들은 이것을 신비주의라고 하지 않고, 직관이라고 할 것입니다. 그들은 인간은 이데올로기나 이론 너머로 자신을 나아가도록 하는 두 가지 기능, 두 가지 능력을 갖추었다고 말할지도 모릅니다.

분열로부터 사람들을 자유롭게 하기

이데올로기나 이론을 살펴보면, 그것들이 종교적이든 정치적이든 또는 철학적이든, 대부분은 이론적인 마음이나 선형적인 마음, 지적인 마음에 기반을 두고 있습니다. 이것은 비교하는 마음입니다. 그것은 항상 새로운 것을 이미 알고 있는 것과 비교하고 싶어 합니다. 게다가, 여러분의 마음은 중립적인 방식으로 이성적인 것이 아니라, 이미 알려진 것은 진실 또는 선인 반면, 알려져 있거나 받아들여진 것과 다른 것들은 거짓 또는 악이라고 가치판단을 내립니다.

여러분이 여기에 직관적인 통찰력, 직관적인 번득임, 세상이 작동하는 방식으로 여겨지는 과학적 관찰을 결합한다면, 지금껏 창조된 모든 환영을 초월하여 사회를 위로 끌어올리는 강력한 과정에 들어설 수 있습니다. 타락한 존재들에 대해서 사람들이 꼭 알 필요는 없습니다. 왜냐하면 이미 충분한 수의 사람들이 이 세상에 환영이 존재한다는 것을 감지하고 있기 때문입니다. 그동안은 중세 가톨릭교회가 만든 오류투성이의 미신적인 교리들을 어떻게 만들었는지에 초점을 맞추고 있었지만, 사람들은 종교가 그러한 미신의 유일한 근원이 아니라는 것을 깨닫기 시작했습니다. 철학과 이데올로기도 잘못된 것일 수 있고, 실제로 세상이 작동하는 방식과 무관할 수 있습니다.

많은 사람이 그런 인식을 하게 됨으로써, 집단의식에 긴장이 구축되고 있습니다. 그러므로 비교적 소수이기는 하나 상승 마스터 학생들의 요청이 세상의 전환을 촉발하여, 사람들이 과학적인 관찰과 직관적인 통찰력을 결합한 이 과정을 활용하는 것에 대해 더욱더 의식적으로 되고 앞으로 나설 필요가 있음을 알게 할 수 있습니다. 우리는 세상이 어떻게 작동하는지, 물리적 세상뿐만 아니라 전체 세상이 실제로 어떻게 창조되었는지 이해해야 합니다.

성 저메인께서 여러분의 질문에 대답했듯이, 과학적인 관찰은 이미 물질세계 너머의 영역이 분명히 존재한다는 것과 이 물질세계 너머의 영역에 존재하는 에너지가 물질 세상으로 들어옴을 증명했습니다. 바로 그 지점은, 여러분이 기업과 심지어 국가에 의해서도 쉽게 독점되어 사람들을 제한하는 무기로 사용되고 있는, 이런 낮은 수준의 에너지로부터 사람들을 자유롭게 해줄 기술을 가져올 수 있습니다. 중립적인 과학적 관찰(객관적인 과학적 관찰이라고 부르기도 합니다)과 직관적인 통찰을 결합할 필요가 있습니다.

프리 에너지(Free energy) 기술

사랑하는 이들이여, 나는 여러분에게 수십 년 후, 어쩌면 불과 몇십 년 안에, 프리 에너지라고(나는 이것을 비물질 에너지라고 부르기를 선호합니다) 불릴 돌파구가 생길 것이라는 비전을 주겠습니다. 상상해 보세요. 여러분은 에너지가 완전히 무상인 사회를 가지게 되어, 에너지를 얻는 데 비용이 들지 않게 됩니다. 모든 집에 전기 시스템과 연결된 작은 상자가 설치되고, 그 상자에서 전기를 생산하게 됩니다. 이 상자를 만드는 데는 비용이 들지만, 장기간 사용할 수 있게 제작될 수 있습니다. 일단 한번 구입하면, 더 이상 에너지를 만드는 데 비용이 안 듭니다. 그냥 에너지가 나옵니다. 전기 에너지는 그 상자에서 나옵니다만, 이것은 멘탈 박스를 벗어난 사고의 결과로서 틀을 넘어선 경험입니다.

어떠한 일이 벌어질지 상상해 보세요. 여러분이 방을 나갈 때 부모님이 불을 끄라고 했던 말을 기억하나요? 자, 미래에는 그럴 필요가 없습니다. 낮이든 밤이든 불을 켜 놓을 수 있습니다. 집 온도도 그냥 여름이건 겨울이건 난방과 에어컨 전기료를 생각하지 않고 유지할 수 있습니다. 하지만 더욱 좋은 건, 전기선이 집까지 연결되는 지역에 꼭 살 필요가 없다는 것입니다. 그럴 필요가 없습니다. 여러분은 원하는 장소 어디로든 이사를 갈 수 있습니다.

예를 들면, 물 위에 떠 있는 집을 지을 수 있고, 그 집에서도 전기를 사용할 수 있습니다. 프로펠러에 동력을 공급하는 전기 모터를 작동시키는 발전기가 장착된 배를 만들 수도 있습니다. 여러분은 비용을 들이지 않고 자유롭게 세상을 항해할 수 있습니다. 새로운 기술이 나올 것이기에, 여러분이 어디에 있든 인터넷도 연결할 수 있습니다. 그래서, 여러분은 바다 한가운데서도 보트에 앉아 인터넷으로 작업을 하며 생계를 유지할 수 있습니다

이제, 조그만 상자에서 전기가 나와 엔진을 돌리는 자동차를 상상해 보세요. 여러분은 가고 싶은 곳 어디로든 갈 수 있습니다. 교통에 비용이 들지 않습니다. 이것은, 예를 들자면, 여러분이 교외에 살면서도 출퇴근하는 데 교통비가 들지 않기 때문에 도시에서 계속 일할 수 있다는 의미입니다. 그보다 더 좋은 것은, 사람들이 자신들의 가능성

에 대해 완전히 새로운 관점을 가질 수 있다는 것입니다. 여행 비용은 훨씬 저렴해질 것입니다.

여러분이 프리 에너지를 가지게 되면, 얼마 안되어서, 그 프리 에너지가 중력을 거스를 수 있는 기기를 만드는 데 사용될 것입니다. 그래서 자동차를 길 위에서만 운전할 필요가 없습니다. 버튼을 누르는 차가 있고, 프리 에너지가 자동차를 공중에 뜨게 하는 장치를 구동해, 공중으로 이동할 수 있습니다.

땅으로만 다니지 않아도 되는 주요 교통수단이 있다고 상상해 보세요. 여러 높이에서 교통수단들이 이동할 수 있으므로, 도로가 있을 필요가 없고, 교통 혼잡도 없습니다. 따라서, 지상 10m~15m 사이의 공간에 교통혼잡이 있으면, 교통량이 훨씬 적은 20m~25m로 올라가면 됩니다.

또한, 지금 실험 중이기도 한 무인 자동주행 기술이 장착된 자동차가 있다고 상상해 보세요. 이러한 차는 앞뒤로만 가는 것이 아니라 위아래로도 가기 때문에, 충돌을 피하기가 훨씬 쉽습니다. 차에 앉아 모니터에 목적지만 입력하면 자동차가 알아서 목적지로 갑니다. 그동안 여러분은 좌석에 편안히 앉아서 원하는 작업을 할 수 있습니다. 낮잠을 잘 수도 있고, 컴퓨터가 훨씬 더 정교해질 것이므로 인터넷으로 작업을 할 수도 있습니다.

따라서, 방대하고 새로운 기회들이 열립니다. 서울이라는 도시를 보면 이곳에는 고층건물들이 있고 사람들은 그 안에서 일을 합니다. 그들은 자신들이 일하고 있는 높은 빌딩으로부터, 정말이지 도무지 이유를 알 수 없지만, 수십 킬로미터나 떨어져 있는 또 다른 고층 건물 (아파트)에서 살고 있습니다. 이것은 사람들이 자동차나 지하철, 아니면 기차를 타고 집에서 직장으로 출퇴근하는 데 교통혼잡을 겪으면서 많은 시간을 보내야 한다는 의미입니다. 출퇴근이 훨씬 더 좋아진 교통수단으로 대체되었다고 상상해 보세요. 장기적으로 보면, 사회는 더욱 확장될 것입니다. 오늘날 여러분이 보는 것처럼 고층건물이 들어서야 할 대도시는 없을 것입니다. 사람들은 편리한 교통수단 때문에 직장에서 먼 곳에서도 살 수 있습니다. 아니면 직장이 분산되어 여러분은 실제 직장 가까운 곳에서 살 수 있습니다. 이러한 것들은 일어날 수도 있는 일이 아니라, 인간이 타락한 존재들의 왜곡된 비전을 넘어서 올라설 때 일어날 일들의 일부 예일 뿐입니다.

우주에는 아무런 문제가 없습니다

자, 타락한 존재들의 작동 방식(modus operandi)은 분열을 일으키는 비전을 만드는 것이라고 말했습니다. 이 분열은 많은 수준이 있습니다. 분열은 다른 그룹의 사람들 사이에서 분열을 만드는 것만이 아닙니다. 각 개인과 자신의 상위자아 사이의 분열, 육화한 사람들과 상승 마스터들 사이의 분열도 만듭니다. 이 분열이 실제로 제한을 만드는 것입니다. 내가 처음에 말했다시피, 이 우주를 창조한 창조주는 참으로 보편적인 일련의 원리와 법칙이 있는 우주를 창조할 수 있었습니다. 이 원리와 법칙은 창조주가 생각했고 정의했던 방향으로 이 우주를 이끌어 가는 것이었습니다. 우주는 완벽하게 잘 작동합니다.

우리는 항상 사람들이 받아들일 수 있는 준비 상태에 따라 가르침의 공개 수준을 정해야 하는 섬세한 균형과 마주하고 있습니다. 초기 수십 년 동안 메신저를 통해 직접 가르침을 주기 시작했을 때, 사람들은 삶을 바라보는 낡은 방식에 여전히 집착했습니다. 그들은 현재 지구에서 보이는 전쟁, 빈곤, 질병, 제한된 수명과 같은 조건들은 어딘가에서 무언가가 잘못되었다는 것을 보여준다고 생각했습니다. 우리는, 지구를 살펴보고 뭔가 잘못되었음이 틀림없고, 따라서 누군가 내려가서 이 상황을 개선해야 한다고 추론했던 자연스러운 행성에서 온 아바타에 관해서도 이야기했습니다.

지구의 수많은 사람은, 지구의 이러한 비참함과 고통이 우주에 대한 신의 계획에 뭔가가 잘못되었음을 입증한다는 타락한 존재들이 만든 환영을 따르고 있습니다. 바로 그것이 유일하게 참된 신과 연결되었다고 주장하는 사람들이, 잘못을 바로잡고, 필요하다면 힘을 사용해 인류가 비참함에서 빠져나올 수 있도록 도와야 하는 사람이 되는 이유입니다. 뭔가가 잘못되었다면, 신이 원하는 길로 되돌리려는 것을 반대하는 자들을 죽이는 것이 정당하기 때문입니다.

우주는 스스로를 바로잡을 수 있습니다

당연히, 이것은 완전한 환영입니다. 실재는, 우리가 지금까지 여러 번 설명했듯이, 신은 스스로 바로잡을(self-correcting) 수 있는 일련의 법칙이 존재하는 우주를 창조했다는 것입니다. 우주는 스스로를 바로잡을 수 있습니다. 신은 비상승 구체를 창조하였고(혹은 이전 구체의 상승 마스터들이 이 비상승 구체를 창조했거나), 이곳으로 비록 제한적인 자기-인식(self-awareness)을 지녔으나 무한한 자유의지를 가진 사람들을 보냈습니다. 적어도 이 구체 내의 일부 행성에서는, 사람들이 그 행성을 하향나선으로 끌고 가리라는 것을 예상할 수 있었습니다. 일련의 법칙들이 설정된 이유는 바로 이 때문이며, 이 명확한 법칙 중 한 가지는 우리가 열역학 제2 법칙이라고 부르는 것입니다(비록 이 법칙들에는 많은 것들이 있지만, 우리는 지금 과학적으로 언급하고 있습니다). 이 스스로 바로잡는 법칙 중 하나가 바로 폐쇄된 시스템은 붕괴한다는, 열역학 제2 법칙이 설명하고 있는 원리입니다.

타락한 존재들이 출현하기 이전부터 시작되긴 했지만, 인류는 타락한 존재들에게 조종당하여 지구를 폐쇄계로 바꾸어 놓았고, 이로 인해 지구상의 일들이 무너졌습니다. 지구상에 빈곤과 전쟁, 고통과 질병이 존재하는 것은 신의 계획이 아닙니다. 그것은 폐쇄계가 되어버린 집단의식의 결과이며, 이것으로 인해 불균형 상태에서 창조된 것을 붕괴시키는, 우주의 스스로 바로잡는 법칙이 실행되고 있는 것입니다.

여러분은 세상의 관점에서 보는 균형이 있고, 더욱 높은 관점에서 보는 균형이 있음을 이해하고 있습니다. 우리가 전에도 말했듯이, 이원성은 모든 것을 두 개의 극성으로 나눕니다. 서로 상충하는 두 극성이 항상 존재한다는 것이 옳지 않음을 인식하는 수준까지 자신의 의식을 높인 사람들도 있습니다. 그들은 이것을 보기 시작했지만, 이원성 의식을 넘어서 충분히 보지 못하기 때문에, 균형이란 두 극단 사이에 있는 중간 지점을 찾는 것이라고 생각합니다.

더 높은 관점의 균형은 이원성의 의식을 초월하여 이원적인 극성들로 인해 서로 다른 방향으로 끌려가지 않는 것입니다. 이것은 2500년 전 붓다께서 가르쳤던 내용으로, 그 당시의 집단의식을 토대로 가르칠 수 있었던 내용입니다. 이제 이 상반되는 것들을 넘어서서, 더 높은 수준으로 올라서야 한다고 깨닫기 시작한 사람들이 있습니다. 집단의식 속에는 긴장감이 존재하며, 사람들은 이제 빨리 올라갈 수 있습니다. 과학적 관찰(중립적인 과학적 관찰)과 직관적인 통찰을 사용하면(그 법칙을 신의 법칙이라고 부르든, 법칙이 비물질적이므로 비물질적인 자연의 법칙이라 부르든), 사람들은 하나의 법칙이 존재하고, 그 법칙은 물질우주 내의 불균형한 것들을 부수는 결과를 낳는다는 사실을 깨닫는 전환을 할 수 있습니다.

소비에트 연방에 의해 이 법칙이 작동되었고, 이 법칙으로 인해 소비에트 연방은 무너졌습니다. 로마 가톨릭교회가 이 법칙을 실행시켰고, 비록 매우 오래 걸리긴 했지만, 법칙이 그것을 무너뜨렸습니다. 같은 법칙이 로마 제국에 의해서도 작동되었고, 그것이 로마를 무너뜨렸습니다. 기업들을 점점 더 거대하게 성장하도록 허용하는 자본주의 경제가 같은 법칙을 작동시키고 있습니다. 핵무기까지 만들어 냈으면서도 인류가 직면한 기본적인 문제 중 어느 하나도 해결하지 못한 물질주의 과학도 같은 법칙을 작동시켰습니다.

역사에 대한 객관적인 관점

짧은 시간 안에 사람들이 전환을 이루어, 불균형한 비전에 기반을 둔 사회는 어떤 사회이든 자멸하리라는 것을 깨달을 수 있습니다. 그러므로 우리는 중립적이고 객관적으로 우리 사회와 역사를 바라봐야 합니다. 무엇이 한 문명과 사회를 붕괴시켰는지 살펴보아야 합니다. 그 메커니즘은 무엇일까요?

우리는 사회를 중립적으로 살펴보면서, 과학적 관찰과 직관적 통찰을 이용해, 이미 붕괴되었거나 오늘날에도 여전히 존재하면서 다양한 문제를 가진 독재정권에서 볼 수 있는 그 특징들을, 우리도 가지고 있는지 살펴볼 필요가 있습니다. 이와 같은 메커니즘이 우리 사회에도 존재하나요? 그렇다면, 우리는 이것을 중립적인 관점에서 살펴보면서, 이러한 메커니즘이 지속하도록 허용한다면, 우리 사회도 결국 붕괴하리라는 것을 알 수 있습니다. 자연의 법칙으로 인해 이런 현상을 피할 수가 없습니다.

다시 말하지만, 사람들이 상승 마스터들의 존재를 알 필요가 없습니다. 사람들은 여러분이 받아들이게 된 이 모든 것을 믿을 필요도 없습니다. 단지 관찰만 하면 됩니다. "삶이 실제로 어떻게 작동하는가?" 우리가 말하는 요점은, 지금 집단의식 안의 긴장감이 임계 수준까지 형성되었다는 것입니다. 그런데, 여전히 표면장력이 있어, 물이 잔의 가장자리로 흘러넘치지 못합니다. 그 표면장력은 타락한 존재들이 대부분의 사람에게 최면을 건 정교한 속임수이기 때문에, 사람들은 벌거벗은 임금을 똑바로 보고 있음에도 불구하고 임금이 아무것도 걸치고 있지 않음을 알아챌 수 없습니다.

이것은 눈 깜박할 사이에 바뀔 수 있는 상황입니다. 이것을 변화시킬 수 있는 요소 중 하나는, 우리가 준 이 구술과 가르침을 바탕으로 요청을 하는 것입니다. 더 많은 사람이 이 도구들을 사용하면, 이러한 전환을 이룰 수 있습니다. 역사상 수차례 그런 일이 일어났다고 이전에 우리가 말했듯이, 갑자기 상위 10%의 사람들이 이것을 인식하기 시작하고, 그런 다음 대부분의 사람이 이 새로운 현실을 인식할 때까지 그것이 점차로 퍼져나가는 변화가 일어납니다. 사람들은 그 속임수를 보게 되고, 그것이 얼마나 완전히 비현실적이었는지를 알게 됩니다. 그들은 사회를 다음 단계로 올라가게 할 더 높은 이해를 얻게 됩니다.

사람들의 인식을 전환하기

사랑하는 이들이여, 타락한 존재들이 여러 세기에 걸쳐 저지른 중요한 왜곡 중 하나는 그들이 종교, 정치이념, 철학, 과학적 물질주의와 같은 특정한 사상체계를 규정한 것입니다. 그리고 그들은 그것들이 세상이 어떻게 작동하는지에 대한 궁극적인 진리, 궁극적인 지식, 궁극적인 이해를 나타낸다고 말합니다. 우리는, 적어도 이 시혜에서, 이 메신저를 통해, 그동안 여러분에게 주었던 가르침과 지금 주고 있는 가르침들로, 상승 마스터들인 우리가 궁극의 진리를 주고 있다고 주장하지 않습니다. 우리는 현재의 집단의식에 근거하여 여러분에게 적절하다고 평가되는 것을 줍니다. 우리는 말로 표현될 수 있는 궁극의 진리를 주는 것에 관심을 두지 않습니다. 왜냐하면, 궁극의 진리는 말로 표현될 수 없기 때문입니다. 궁극의 진리는 오직 직관적인 경험의 결과로 얻어질 수 있으며, 이는 여러분이 144번째 수준의 의식에 도달할 때 비로소 얻어질 수 있습니다. 심지어 그때에도, 여러분은 상승할 때 가지는 비전과 같은 비전을 가지는 것이 아닙니다.

우리는 여기에서 궁극적인 진리에 관해 관심을 두지 않습니다. 우리는 어떤 궁극의 진리나 심지어 상승 마스터 가르침을 인식하게 되는 사회에 관해서도 관심을 두지 않습니다. 우리는 일련의 변화를 만들어내어, 사람들이 지금보다 더 높은 인식으로 올라서서 삶을 개선하는 것에 관심을 둡니다. 우리는 전에 노예제를 끝내는 전환이 있었다고 말한 적이 있습니다. 민주주의 시대를 이끌었던 변화도 있었습니다. 지구가 우주의 중심이라는 가톨릭 교리를 사람들이 더 이상 믿지 않고, 지구는 평평하지 않고 둥글며, 태양 주위를 돌면서 자전한다는 것을 받아들이는 변화가 있었습니다. 이런 것들이 우리가 만들고자 하는 유형의 전환입니다. 그래서, 우리는 여러분에게 상승 마스터들의 학생으로서, 여러분의 주의와 에너지를 이러한 유형의 전환을 만드는 데 집중해 달라고 요청하고 있습니다.

이전 상승 마스터 시혜에서, 세상이 언젠가는 상승 마스터들의 특정한 메신저와 가르침을 궁극의 진리로 받아들이게 될 것이라는 비전에 집착하는 학생들을 보았습니다. 그래서 그들은 오늘날 사람들이 예수의 제자를 특별하게 생각하는 것처럼, 자신이 새로운 시대를 가져오는 영웅으로 보일 것이라고 생각했습니다. 사랑하는 이들이여, 여러분의 내면에 이러한 의식의 흔적이 남아 있다면, 이것은 분리된 자아에서 나온 것임을 알아야 합니다. 그 분리된 자아는 여러분이 우리가 원하는 변화를 가져오기 위한 열린 문이 되지 못하게 막을 것입니다. 그러니 그 자아가 죽도록 놓아버리세요. 나는 상승 마스터 학생들인 여러분에게, 이러한 의식은 분리된 자아에서 나온다는 것을 깨닫도록 요청합니다.

그 분리된 자아가 어디서 왔는지는 중요하지 않습니다. 얼마나 오랫동안 여러분이 지니고 있었는지도 중요하지 않습니다. 그것은 결국 여러분의 출생 트라우마로 거슬러 올라갑니다. 여러분은 그것이 하나의 분리된 자아라는 사실을 볼 수 있습니다. 그것을 보고, 그것은 진정한 여러분이 아니며, 그것은 여러분을 제한하고 상승 마스터들을 위해 여러분이 할 수 있는 것을 제한한다는 사실을 볼 수 있습니다. 여러분은 그 분리된 자아를 가지고 있는 한 열린 문이 될 수 없습니다. 그래서, 여러분은 "나는 내 삶에서 이 자아를 더 이상 경험하지 않겠다."라고 말할 수 있게 됩니다. 여러분은 이런 것들을 자연스럽게 느끼게 됩니다. 여러분 중 많은 사람이 이미 다른 분리된 자아들로 경험해 봤듯이, 여러분은 이 분리된 자아를 놓아주고, 그것을 포기하고, 그냥 그 분리된 자아가 죽도록 놔둡니다. 여러분은 그 분리된 자아가 투사하는 문제는 진짜 문제가 아님을 깨닫습니다. 분리된 자아가 투사하는 해결책은 진짜 해결책이 아닙니다.

세상의 문제는 사람들이 상승 마스터들의 학생이 되지 않는 것이 아닙니다. 세상 문제에 대한 해결책은 모든 사람이 상승 마스터들의 의식적인 학생이 되는 것이 아닙니다. 세상의 문제는 의식 수준이 낮다는 것입니다. 그 해결책은 더 높은 의식 상태로 전환하는 것이고, 이것은 점진적으로 일어날 것입니다.

궁극적인 진리를 가지고 있다는 주장

사랑하는 이들이여, 타락한 존재들이 만든 모든 종교를 보세요. 그들이 궁극의 진리를 가지고 있다고 어떻게 주장했는지 보세요. 자, 그들이 궁극의 진리를 가졌다면, 왜 세상의 모든 문제를 해결하지 못했을까요? 가톨릭교회는 천년 동안 유럽의 삶을 지배했습니다. 그들이 궁극의 진리를 가졌다면, 그 당시 여러분의 모든 문제를 해결했어야 하지 않을까요? 하지만, 그들이 문제를 해결했나요? 아닙니다. 그들은 오히려 문제를 더 악화시켰는데, 이것은 역사를 보면 누구라도 알 수 있습니다.

여러분은 우리 상승 마스터들도 타락한 존재들만큼 무지하다고 생각하나요? 정말로, 우리가 타락한 존재들이 여러 차례 만든 것과 같은 종교를 만들고 싶어 한다고 생각하세요? 여러분은 정말로 우리가 타락한 존재들이 보는 것처럼 세상의 문제들과 해법을 본다고 생각합니까? 물론, 여러분은 그렇지 않을 것입니다. 하지만 여러분 중 다수는, 수많은 생애에 걸쳐서 타락한 존재들의 속임수에 영향을 받았기 때문에, 그렇게 생각하는 분리된 자아를 가지고 있습니다.

따라서, 나는 지금은 상승 마스터 학생들인 여러분이 한 걸음 더 나아가 이러한 망상을 놓아버려야 할 때라고 말하고 있습니다. 이것은 지난 수십 년에 걸쳐서, 상승 마스터 학생들이 자신들의 에너지와 주의력을 줌으로써 길러낸 야수(beast)입니다. 이는 가톨릭교회만큼 강력하지는 않지만, 많은 상승 마스터 학생이 더 높은 수준으로 올라가서 변화를 일으킬 수 있는 진정한 비전을 파악하지 못하게 막습니다. 자신 안의 그 분리된 자아를 놓아버리고, 이러한 환영들이 소멸하도록 요청하세요.

상승 마스터 학생들을 넘어서 본다면, 많은 사람이 모든 문제를 해결할 하나의 해결책이 있다는 믿음으로 프로그램된 서로 다른 야수(beast)들을 어떻게 만들어냈는지 알 수 있습니다. 그 하나의 해법은 특정한 종교와 이데올로기, 과학적 물질주의를 확산시키는 것입니다. 사랑하는 이들이여, 세상에는 하나의 해법, 하나의 진리가 있다는 바로 그 생각에 기반을 둔 야수들의 집합체(conglomerate of beast)라고 할 수 있는 하나의 거대한 야수가 있습니다. 세상의 모든 문제에 대한 해법이란, 모든 사람이 이러한 외적인 사고 체계를 따름으로써 그 진리를 받아들이게 하는 것입니다.

비전의 화염을 정박하기

나, 사이클로피아는 물질계의 모든 곳에 다섯 번째 광선의 화염을 정박합니다. 왜냐하면, 그 화염은 물질계에 편재하기 때문입니다. 다섯 번째 광선의 화염은, 사람들이 기꺼이 올라서려 하고 여러분이 요청할 때, 인류가 모든 문제에 대한 하나의 해결책이 있다는 이러한 전반적인 관념에서 벗어나도록, 이 매트릭스를 깨뜨리고, 집단의식 속의 이러한 야수(beast)들을 소멸할 것입니다. 이 화염은 갈고리로든, 힘으로든, 설득이나 속임수로든, 수단과 방법을 안 가리고 그것을 정당화하여 특정한 사고 체계에 빠지게 하는 모든 것에서 사람들을 자유로워지게 할 수 있습니다.

다른 사람에게 강요할 필요가 전혀 없습니다. 다른 사람들을 강요해야 한다고 생각하는 사람은 진리가 없는 사람들일 뿐입니다. 여러분이 진리를 가지면, 우리가 말한 내용을 이해하고, 지구의 변화는 다른 사람에게 강요함 없이 만들어질 수 있다는 사실을 깨닫게 됩니다. 우주를 스스로 바로잡는 독립체로 만들기 위해 설정된 법칙과 자유의지를 활용함으로써 지구의 변화가 일어날 수 있습니다. 상승 마스터들의 학생으로서 여러분 각자가 기꺼이 스스로 바로잡아 왔음을 증명했듯이 말입니다. 그것은 여러분이 스스로를 바로잡도록 돕는, 자신의 본성 안에 있는 이 가르침들을 받아들인 이유입니다.

여러분에게 이 가르침들을 전할 수 있어서 매우 기쁩니다. 여러분이 기꺼이 여기에 함께 해주고, 늦은 오후임에도 기꺼이 경청하며 방송국 역할을 해주어서 감사합니다. 여러분의 배가 이렇게 신호를 보내고 있는 것을 알고 있습니다. "저녁 식사는 언제 하지? 언제 담화가 끝나고 저녁을 먹을까? 난 배가 고파. 뭔가를 먹고 싶어." 자, 사랑하는 이들이여, 여러분의 영이 채워졌으니, 이제 가서 배 또한 채우세요.

6
평화는 이원성을 넘어선 근원에서 옵니다

나는 상승 마스터 대천사 유리엘입니다. 여러분이 지구에서 보아왔던 대부분의 독재가, 자신이 평화라는 대의명분을 위해 일을 한다고 주장하면서, 동시에 다른 사람을 죽이려고 준비하거나 실제로 죽이는 이유가 무엇일까요? 어떻게 살인이 평화로 이어질까요? 어떻게 폭력이 평화로 이어질까요? 이원성 의식에 기반을 둔 타락한 존재들의 논리를 사용하지 않는다면, 이것은 논리적이지 않습니다. 역사와 현재의 세상을 보면, 여러분은 어떻게 그렇게 많은 사람이, 수백만의 사람이, 폭력과 살인을 통해 평화라는 명분을 지지할 수 있다고 생각하게 되었는지 볼 수 있을 것입니다. 실제로, 사람들은 평화라는 명분을 지지하기 위해서라면 다른 사람을 죽이는 것도 필요한 일이라고 믿게 되었습니다.

타락한 존재들은 사람들을 어떻게 이런 생각에 빠져들도록 할 수 있었을까요? 자, 내 형제인 다른 마스터들이 여러 방식으로 설명했듯이, 그것은 분열을 통해서, 그리고 다른 방식들로 무대를 꾸며서 그렇게 했습니다. 이러한 속임수의 기반은 지구에서 어떤 일은 반드시 일어나야 하고 어떤 일은 절대로 일어나면 안 된다고 하는, 특정한 기준을 정하는 것입니다. 과거 시대에, 여러분은 종교가 어떻게 특정한 기준이나 목표를 정해 왔는지 많은 예를 보아왔습니다. 그들은 모든 사람이 그 종교의 일원이 될 때만, 그 일이 이루어질 수 있다고 정의합니다. 종교가 주장하는 것은, 자신들이 주장하는 기준을 신이 정의했으며, 그 일이 일어나는 것은 신의 뜻이라는 것입니다. 따라서, 다른 사람들을 내가 믿는 진실한 종교로 개종시키는 것이 신의 의지이고, 그들이 개종을 하지 않으면 강요하는 것도 신의 의지입니다. 만약 그들이 강요에 응하지 않는다면, 죽여도 된다는 것이 신의 의지입니다. 신의 왕국이 구현되는 것에 반대하는 모든 사람이 죽고 나면, 신의 왕국이 지구상에 이루어질 것이기 때문입니다.

또한 여러분은, 살인을 정당화하기 위해 과학적 물질주의에 기반을 둔 정치 이념이 어떻게 이용되는지도 보았습니다. 우리가 이미 말했듯이, 공산주의가, 마르크스주의 이념이 진실로 불가피한 역사적 필연성에 기반을 두었다면, 어쨌든 공산주의가 필연적으로 도래할 텐데, 굳이 공산주의에 반대하는 사람들을 죽일 필요가 있었을까요? 물론 타락한 존재들의 논리는 공산주의자들의 유토피아를 가져오기 위해 다른 사람들을 죽이는 것이 불가피하다고 사람들이 믿게 하는 방식으로 진실을 왜곡했습니다.

목적은 수단을 정당화할 수 없습니다

타락한 존재들이 육화하여 지구에 발을 내디딘 그 순간부터, 그들이 아주 아주 오랫동안 지구에 확산시켜 온 근본 원리는 단순합니다. "목적은 수단을 정당화할 수 있다." 목표가 너무나도 중요하기 때문에,

다른 사람을 강요하거나 심지어 죽이기 위한 수단조차 그 목표의 중요성에 의해 정당화될 수 있다는 것입니다. 어제 우리가 말했듯이, 아주 단순한 논리를 적용하더라도, 마르크스주의 유토피아가 과연 역사적으로 필연적이었다면, 사람들의 도움이 필요 없어야 한다는 것을 알 수 있지 않나요? 전지전능한 신이 완벽한 우주를 창조했는데, 왜 사람들이 그들의 형제자매들을 죽이면서까지 전지전능한 신을 도와야 할까요?

물론, 타락한 존재들은 사람들이 이렇게 추론하는 것을 원하지 않습니다. 그들은 사람들이 이원적 논리의 안개에 눈이 멀어 있기를 바랍니다. 이쪽은 이렇다고 주장하고, 저쪽은 그 반대라고 주장하기에, 사람들은 무엇을 믿어야 할지 모르게 되었습니다. 많은 사람이 말하는, 평화의 반대가 무엇일까요? 그것은 혼란(chaos)입니다. 사람들이 모든 것을 다 다룰 수 없을 만큼 너무 많은 상황이 생겨서 총체적인 혼란에 빠졌습니다. 그들은 압도되었습니다. 그들은 과부하 상태에 빠져서, 스스로 이것을 어떻게 해결할지 모릅니다.

관념들 사이에 낀 전쟁의 안개

군사 용어에 전쟁의 안개(군사 작전에서 불확실성을 의미함)라는 개념이 있습니다. 사람들이 전투에 참가할 때, 그곳에서 일어나는 소음이나 폭발, 살인, 그리고 무슨 일이 일어날지 예측할 수 없는 전장의 혼란에 의해 완전히 압도됩니다. 이것은 전쟁터에서만 일어나는 일이 아닙니다. 왜냐하면, 지구촌의 삶을 하나의 전쟁터로 볼 수 있기 때문입니다. 적어도, 타락한 존재들은 삶을 전쟁터로 바꾸어서, 모든 사람을 이러한 전쟁의 안개, 즉 온갖 관념, 주장과 반박 사이에 낀 전쟁의 안개로 둘러싸려고 합니다. 타락한 존재들은 오랜 시간 동안 수많은 아이디어를 내놓았습니다. 어제 사이클로피아께서 말했듯이, 그들은 사람들을 속이기 위한 전반적인 시스템을 가지고 있습니다. 그들이 많은 아이디어를 내놓은 단 한 가지 목적은 혼란을 일으키는 것입니다. 그들은 사람들이 무엇을 믿어야 할지 모르는 혼란스러운 상태를 지구상에 만들어냈습니다.

그리하여 많은 사람은, 무엇이 진실이고 무엇이 옳은지 결정할 엄두를 내지 못하게 되었습니다. 그들은 스스로 분별할 책임을 포기했습니다. 이에 따라 진리와 권위를 가졌다고 강력하게 주장하며 다가오는 이들에게 취약해지게 되었습니다. 이것이 수백만, 수십억의 사람들이, 예를 들면, 가톨릭교회나 공산주의 이데올로기를 지지하는 데 끌려가는 이유입니다. 이것이 많은 독재정권의 기반입니다. 일부는 노골적인 폭력을 통해 확립되었습니다. 하지만, 대체로 왜 독재자가 옳고 왜 특별한 권위가 있는지에 관한 주장이 있습니다. 물론, 그것은 모두 거짓입니다. 여러분 상승 마스터 학생들은 이것을 명백히 볼 수 있습니다. 현대 민주주의의 수많은 사람 역시 이것을 볼 수 있습니다. 하지만, 불행하게도, 현대의 민주주의 국가들에서조차 목적이 수단을 정당화한다는 생각 뒤에 숨겨진 거짓말을 제대로 보지 못하는 사람이 많습니다.

미국과 흑백 사고

이런 현상은 더 작은 민주주의 국가들보다 흑백 사고방식에 취약한 미국에서 특히 그렇습니다. 만약 미국의 집단의식이나 평균적인 미국인의 사고방식을 남한이나 스칸디나비아와 같은 몇몇 작은 민주주의 국가의 사고방식과 비교해 본다면, 대부분의 미국인은 자신들이 그 나라 사람들보다 흑백 사고에 훨씬 더 많이 사로잡혀 있으며, 목적이 수단을 정당화한다는 생각에도 훨씬 더 많이 속았음을 알고는 충격에 빠질 것입니다. 그래서, 평화로운 자유 민주주의 국가라고 주장하는 미국이, 이 행성에서 규모가 가장 큰 군대를 유지하는 것이 전적으로 정당한 것이 됩니다. 어떻게 이것이 논리적인가요? 자신들이 평화로운 국가, 자유로운 국가, 민주주의 사회의 한 예라고 주장하면서, 어떻게 짧은 시간 내에 행성의 어디든지 공격할 수 있는, 세계에서 가장 큰 군대를 유지할 수 있을까요?

물론 외적인 주장은, 미국이 지구의 자유와 민주주의를 수호해야만 하는 특별한 위치에 있으므로, 남한을 북한으로부터, 또한 다른 나라를 이런저런 적들로부터 보호하기 위해 밖으로 이동할 수 있다는 것입니다. 하지만, 이것은 변명일 뿐입니다. 그것이 논리적으로 보이는 이유는 단지, 타락한 존재들이 만든 안개 때문입니다. 미국과 미국인들을 뒤덮은 전쟁의 안개 때문에, 그들은 이 주장이 얼마나 비논리적인지 보지 못합니다. 지난해 우리가 미국에서 말했듯이, 그들은 미국의 군대와 군인들, 여성들의 삶이, 미국에 헌신하지 않고 자유의 대의명분에도 헌신하지 않는 거대한 다국적 기업의 명분을 발전시키는 데 얼마나 자주 이용되는지 알지 못합니다.

우리가 말했듯이, 그 기업들은 실제로 독재의 사례들입니다. 그렇다면 이러한 독재 기업들이 소위 자유 민주주의 국가인 미국을 조종하면서, 소수의 주식 보유자들의 이익 증대를 위해 미국에서 젊은 남녀의 삶을 희생시킬 수 있다는 것이 말이 될까요? 그것이 국민의, 국민에 의한, 국민을 위한 군대일까요? 아니면 엘리트의, 엘리트에 의한, 엘리트를 위한 군대일까요? 아니면 전쟁터에서 희생당하는 사람들이 엘리트의 자녀가 아니므로, 그 군대가 실제로는 엘리트의 군대가 아니라고 말해야 할까요? 그들은 보통 병역의 의무를 피할 방법을 찾습니다.

목적이 수단을 정당화한다는 관점을 극복하기

사랑하는 이들이여, 여러분은 알다시피, 그리고 다른 마스터들이 말했듯이, 집단의식 안에 오랜 시간 동안 구축되어 온 긴장이 있습니다. 그 긴장은 점점 더 많은 사람이 목적이 수단을 정당화할 수 없음을 볼 준비가 되어가고 있다는 의미입니다. 다시 말하지만, 여러분이 미국인들의 의식을 남한, 덴마크, 스웨덴 사람들의 의식과 비교해 본다면, 이들 더 작은 민주주의 국가들은 아주 오래전에 자기 삶의 관점을 다른 나라에 강요하는 것을 포기했음을 볼 수 있습니다. 그들은 오래전에 이것을 포기했습니다. 그래도 이들 나라는 엄밀하게 말해 국가 자체를 방어하기 위한 군대를 가지고 있습니다. 하지만, 그들은 공격적인 의도가 없습니다. 그들은 국경 너머의 사람들에게 특정한 관점을 따르도록 투사할 필요가 없습니다. 당연히, 민주주의 국가의 많은 사람도 지구의 모든 사람이 민주사회에 살기를 바라지만, 이것은 자신이 자유 민주주의 국가에 살면서 물질적으로 풍족하고 심리적으로도 행복해지는 것을 경험했기 때문입니다. 그래서 다른 나라 사람들도 그들과 같은 삶의 방식을 누리기를 바라는 것입니다.

이러한 마음은, 자기 나라가 자유와 민주주의를 세계에 전파하는 특별한 역할을 한다는 서사적 사고방식과는 근본적으로 다릅니다. 부시 대통령이 이라크를 침략하기로 결정했을 때를 돌아보세요. 이라크를 독재자로부터 해방하고 민주사회를 세우는 첫걸음이라는 상황을 그가 어떻게 설정했는지 보세요. 이것은 그의 아버지 경우도 마찬가지입니다. 그다음 악의 축으로 이란이 있었고, 북한도 있었습니다. 자, 만약에 성공했다면, 악의 축이 북한에서 끝날까요? 아니면 부시 뒤에 있는 사람들과 더 높은 영역에 있는 타락한 존재들 그리고 아스트랄계의 데몬들이, 계속 정당화할 어떤 방법을 찾았을까요? "오, 저기 우리가 무너뜨려야 할 독재정권이 하나 있다. 그다음은 여기이고, 그다음은 저기다." 그것이 언제 끝날까요? 아마도 그것은 미국이 무력을 사용해서 지구의 모든 독재자를 무너뜨릴 때까지 계속될 것입니다. 하지만, 그 결과는 어떻게 될까요? 하나의 독재 정부만이 남게 될 것입니다. 다른 독재자들을 무너뜨리는 과정에서, 미국 자체가 하나의 독재정권이 될 테니까요.

사랑하는 이들이여, 지구에서 독재의 시대가 끝나기 위해서는 임계수치 이상의 사람들이 깨어나 의식의 변화가 일어나는 전환이 필요합니다. 그들이 홀연히 깨어나서 임금님은 벌거벗었고, 목적이 수단을 정당화할 수 없음을 보게 될 것입니다. 대부분의 민주주의 국가에서는 사람들이 이미 그것을 보고 있습니다.

독재정권의 종말을 막는 미국

많은 미국인이 그것을 보았지만, 임계수치의 사람들이 본 것은 아닙니다. 이 때문에 부시가 이라크를 침공하기로 결정했을 때 반대하는 사람이 거의 없었습니다. 나와서 이렇게 말하는 사람이 거의 없었습니다. "어떻게 전쟁을 통해 자유와 민주주의를 전파할 수 있다는 말입니까?" 심지어 지금 미국에서도 그것이 보이지 않습니까? 이것에 의문을 제기하는 분석가가 있나요? 미국이 세계에서 가장 큰 군대를 유지하는 이유에 대해, 그 누구도 의문을 제기하지 않는 것이 보이나요? 무슨 이유로 위협이 될 것이라고 주장했던 다른 국가들보다 미국이 훨씬 더 많은 군비를 지출해야만 할까요?

그 돈으로 무엇을 할 수 있을지 상상해 보세요. 국방비로 사용되고 있는 세금을 사용하는 대신, 세계에서 가장 좋은 의료 시스템을 무상으로 제공할 수 있습니다. 많은 민주주의 국가에서는 이미 이런 전환이 일어났고, 이미 전환을 이루었습니다. 미국에서도 틀림없이 시행될 수 있습니다. 보편적인 의료 보장을 위해 더 많은 세금을 낼 필요가 없습니다. 단지 지금 국방비로 지출되는 예산을 조정하기만 하면 됩니다. 임계수치의 미국인이 그것을 보고 돌파할 수 있는 단계에 근접해 있습니다. 지금 내가 말할 수 있는 것은, 목적이 수단을 정당화할 수 있다는 사상이, 미국과 미국인들이 독재의 시대를 끝내지 못하게 하는 주요한 장애물이라는 것입니다.

여러분은 이렇게 말할지도 모릅니다. "하지만, 아직 독재 치하에 있는 사람들이 그것을 볼 필요가 있지 않나요?" 물론 그렇기는 하지만, 다른 마스터들이 설명하듯이, 민주주의 국가들도 독재의 시대를 끝내는 데 해야 할 역할이 있습니다. 적이 있다고 느끼고, 자신을 방어할 필요를 느끼는 한, 여러분이 군대를 유지하고, 그 재량에 따라 이를 운용하는 것을 정당화하게 됩니다. 그러면 여러분은, 민주주의를 위협하는 것으로 보이는 독재정권이 지구에 존재하기를 원한다고 우주 거울에 투사하는 것이니까요.

평화의 여섯 번째 광선에서 볼 때, 이것이 독재의 시대를 끝내지 못하게 막는 기본적인 역학입니다. 사람들이 목적이 수단을 정당화할 수 없음을 깨달아야 합니다. 세계 민주국가의 사람들이 가장 수준 높은 의식을 지니고 있으므로, 그들이 먼저 이것을 볼 필요가 있습니다. 많은 민주주의 국가의 사람들은 이미 수십 년 전부터 그것을 보았습니다. 하지만, 미국인들은 뒤처져 있습니다. 미국인들은 이기는 데 너무 열중하며 항상 앞서려고 하지만, 이런 측면에서는 뒤처져 있습니다. 미국은 서사적 사고방식의 흑백논리를 벗어나는 데 있어서, 다른 민주주의 국가들보다 수십 년 뒤처져 있습니다.

민주주의는 독재의 반대가 아닙니다

사랑하는 이들이여, 여러분도 알고 있듯이, 대부분의 세상 사람은 독재에 대한 대안이, 심지어 반대되는 것이, 민주주의라고 말하곤 합니다. 하지만, 나는 민주주의를 독재의 반대라고 부르지 않겠습니다. 독재의 반대는 또 다른 독재입니다. 이상적인 형태의 민주주의는 반대되는 것이 없습니다. 여러분이 진실로 민주주의 사고방식으로 올라가면, 이원성을 초월하게 되므로 더 이상 반대되는 것이 없습니다. 사실, 반드시 성취되어야 하는 서사적 대의명분이 존재한다는 생각은 살인을 정당화합니다. 이러한 서사적 사고방식은 전적으로 완전히 민주주의에 반대됩니다.

미국 헌법에 뭐라고 적혀 있습니까? 모든 남자와 여자는 평등하게 창조되었고, 창조주로부터 양도할 수 없는 권리를 부여받았다고 나옵니다. 그것이 무슨 의미일까요? 그것은 지구의 어떤 힘이나 권위로도 사람들의 권리를 침해할 수 없다는 것입니다. 인간의 권리는 지구에 있지 않은, 지구를 초월한 권위에 의해 주어졌기 때문입니다.

독재가 무엇인가요? 자신이 지구뿐만 아니라 때로는 우주에서조차 절대적인 권위를 가지고 있다고 주장하는 특정한 사람이나 소수 그룹이 있습니다. 정부가 추진해야 할 어떤 서사적인 대의명분이나 권위를 가지고 있다고 주장한다면, 그 정부는 전적으로 민주적으로 될 수 없습니다. 히틀러나 스탈린, 마오쩌둥과 같은 독재는 아닐지 모르지만, 그 정부에는 독재적인 성향이 있는 것입니다. 그들이 서사적인 대의명분을 믿거나 서사적 사고방식을 가지고 있다면, 그 정부는 서사적인 대의명분을 조장하기 위해 국민의 권리를 침해하는 것이 정당화되는, 그런 상황이 있을 수 있다고 믿을 것입니다.

미국에서, NSA(국가안보국)나 다른 기관들이 헌법을 위반하면서 국민을 감시하는 것을 볼 수 있지 않나요? 하지만, 이것은 외부의 적으로부터 자유 민주주의를 수호한다는 서사적인 대의명분으로 정당화됩니다. 사랑하는 이들이여, 민주주의 정부라고 자칭하면서, 어떠한 정당화, 어떠한 변명, 그 무엇이든지 시민의 권리를 침해하는 것은 민주주의에 반(反)하는 것입니다. 이것은 민주주의 사회에 있는 독재의 요소입니다. 그 문제에 대해, 미국이나 다른 민주주의 국가의 헌법을 살펴보면, 모든 사람은 양도할 수 없는 권리를 가진다고 나옵니다. 이것은 그 나라 국민에게만 해당하는 것이 아닙니다. 미국 헌법이 모든 미국인을 대상으로만 말하는 것이 아니라, 지구의 모든 사람이 이러한 권리를 가지고 있다는 의미입니다.

서사적 사고방식의 순환 논리

만약, 민주 정부가 자국민에게 무력을 사용할 권리를 가지지 않는다면, 민주 정부는 다른 나라 국민에게도 무력을 사용할 권리가 없습니다. 그것은 독재정권이 하는 일입니다. 그들은 다른 나라로 가서 무력을 사용합니다. 많은 사람이 이렇게 말할 것입니다. "그렇다면 남아 있는 독재정권은 어떻게 합니까? 누가 그들에게 대항합니까? 미국인이 구하러 오지 않아도 남한이 북한에 맞서 방어할 수 있을까요?" 아니요. 그럴 수 없습니다. 세상의 논리로는 그럴 수 없습니다. 하지만, 서사적 사고방식으로는 도저히 가늠조차 할 수 없어서, 서사적 사고방식에서는 제기하지 않았던 질문이 있습니다. "미국이 남한에 군대를 두지 않는다면, 남한 사람들이 북한에 대항하여 스스로를 방어할 필요가 있을까요?" 다른 말로 하자면, 서사적인 사고방식이 없다면, 전쟁이 존재할까요?

사랑하는 이들이여, 자유 민주주의 국가들이 독재국가로부터 자신을 보호해야 하고, 그러기 위해서는 폭력적인 수단도 쓸 준비가 되어야 한다는 이러한 논리를 적용한다면, 그리고 이 논리를 과거의 역사로 가져간다면, 이렇게 자문해야 합니다. "민주주의가 어떻게 출현했는가?" 미국 사람들은 이렇게 말할 것입니다. "음, 우리는 무력 혁명을 했지, 그렇지 않았다면 영국으로부터 절대 독립하지 못했을 것이다."

하지만, 이전에 말했듯이, 그것은 비-폭력적인 방식으로 일어날 수 있었습니다. 당시 사람들은 그것을 어떻게 일어나게 할지 몰랐지만, 그것은 일어날 수 있었습니다.

여러분이 세상의 많은 민주주의 국가를 통해 볼 수 있는 것은, 무력 혁명이나 다른 나라와의 전쟁을 겪지 않고도 민주주의를 세울 수 있다는 것입니다. 무엇이 미국에 민주주의를 가져왔나요? 의식의 성장이었습니다. 집단의식의 성장이 최초의 민주주의가 나타나게 한 원인입니다. 민주주의가 살아남기 위해서는 무엇이 필요할까요? 민주주의 국가의 국민이 자신의 의식을 계속해서 끌어올려야 합니다. 그들이 의식을 끌어 올리면 민주주의에 대한 위협은 점차 사라질 것입니다. 그들은 파괴되지 않을 것입니다. 그들은 정복당하지 않을 것입니다. 그들은 초월할 것입니다.

사랑하는 이들이여, 이 세상에 민주주의 국가가 존재한다는 사실이 사이클로피아께서 이야기한 과정을 실제로 증명하지 않나요? 여러분이 직관적인 통찰과 결합하여 중립적으로 과학적인 관찰을 한다면, 세상이 실제로 어떻게 작동하는지 알 수 있습니다. 민주주의 국가의 출현, 그리고 민주주의 국가가 존재한다는 사실은 의식의 성장이, 어떤 종류의 진보에서, 첫 단계라는 것을 증명합니다. 그것은 또한 아인슈타인이 말한 것을 증명합니다. 문제를 만든 것과 같은 의식 상태에서는 문제를 해결할 수 없습니다. 의식의 성장이 없었다면, 이 세상에 민주주의는 없었을 것입니다.

민주주의의 출현은 불가피한 것이 아닙니다. 만일 의식이 성장하지 않았다면, 지구에는 독재자들이 서로 싸우고 있으며, 150~ 200개 정도의 독재국가들이 여전히 존재했을 것입니다. 민주주의의 출현은, 문제를 해결하는 방법이 문제나 그 문제의 원인을 파괴하는 것이 아니라, 그 문제의 의식을 초월하고, 문제를 일으킨 이원적 양극성을 초월하는 것임을 증명합니다.

독재 정부가 항상 주장하는 것이 무엇인가요? 그들은 이렇게 주장합니다. "여기 문제가 있고, 이 문제를 해결하는 것이 서사적으로 중요하다. 이 문제를 어떻게 해결할 수 있는가? 문제의 원인을 규명해서 해결할 수 있다. 그 원인은 항상 다른 그룹의 사람들이며, 해결법은 그 사람들을 파멸시키는 것이다." 히틀러가 규정한 서사적인 명분은, 인류의 정화였습니다. "어떻게 그 문제를 해결할 수 있을까? 우리는 문제의 핵심으로 다른 그룹의 사람들을 찾았는데, 그들이 바로 유대인들이다. 모든 유대인을 죽이면, 자동으로 아리안 지배 민족이 앞장서서 지구에 유토피아를 만들 것이다." 일부 신-나치주의자를 제외하고는 모든 사람이 그 말이 거짓이라는 것을 알 수 있었습니다.

의식의 다이얼을 조금만 전환해서, 히틀러의 표현이 단지 많은 서사적 사고방식 중의 하나임을 보는 것이 어려운 일일까요? 서사적 사고방식은 너무나 중요해서 폭력을 사용하고, 다른 사람들을 죽이는 것이 정당화되는 당연한 이유가 있다고 말합니다. 그것은 양도할 수 없는 권리의 침해를 정당화합니다. 그것은 지구에서 자신을 신처럼 높이거나, 우주에서 가장 높은 권위를 가질 수 있다고 정당화하고, 지구 너머의 권위가 사람들에게 준 권리를 침해합니다.

타락한 존재들이 양도할 수 없는 권리를 파괴하는 방법

타락한 존재들이, 상위 권위로부터 부여받은 인간의 권리를 파괴하는 데는 두 가지 방법이 있습니다. 하나는 공산국가나 공산주의 독재에서 볼 수 있듯이, 물질주의를 통해 더 높은 권위 자체를 부정하는 방법입니다. 다른 방법은 독재자가 자신을 높이 세워서, 자신이 더 높은 권위와 사람들 사이의 유일한 중재자라고 주장하는 방법입니다. 이것은 가톨릭교회나 이슬람, 다른 종교들에서 볼 수 있는 패턴입니다. 그곳에서는 종교 지도자가 자신이 신과 사람들 사이의 중재자라고 주장합니다. 그러므로 일반 사람들은 자신의 가슴으로 들어가서, 영적인 영역과 접촉하여 무엇이 더 높은 실재인지 알 수 있는 능력이나 권리가 없다고 규정합니다.

내가 조금 전에 말했듯이, 타락한 존재들이 만든 전쟁의 안개 때문에 사람들은 무엇이 옳고, 무엇이 진실인지 알지 못한 채 결정할 엄두를 내지 못합니다. 하지만 그것은 외면의 마음을 사용하기 때문입니다. 직관적인 능력을 사용함으로써, 모든 사람이 자신의 가슴으로 들어가서 무엇이 더 높은 진동인지 알 수 있습니다. 더 높은 진동을 사용해서, 그 진동과 공명하지 않는 지구의 어떤 것도 분별할 수 있습니다. 여러분이 자신을 지구에서 기원한 인간이 아님을 알 수 있는 방법은 오직 직관을 통해서입니다. 여러분은 상위 영역의 근원에서 나왔고, 여러분의 근원은 더 높은 영역에 있습니다. 여러분은 지구보다 더 높은 근원에서 창조되었기에, 지구의 어떤 권위에 의해서도 규정되거나 빼앗길 수 없는 권리를 가지고 있습니다.

여러분의 근원인 창조주로부터 받은 것을 침해할 수 있는 권리를 가진 권위는, 지구상에 없습니다. 오직 내면으로 들어가서 여러분의 근원인 아이앰 현존과 연결하고 하나됨을 경험함으로써 이것을 알 수 있습니다. 사람들은 그것을 볼 수 있고, 여전히 그 경험을 할 수 있습니다. 이것이 민주주의 국가에서 사람들이 자신이 이러한 권리를 가졌음을 알았던 방법입니다. 이것이 신생 민주주의 국가 사람들이 의식을 끌어올린 방법입니다. 그들은 민주적 권리를 요구하는 데 확고했습니다. 이를 단호하게 행동으로 옮겼기 때문에, 그들 사회의 지도자들은 그 변화를 되돌릴 수 없다는 것을 깨달았습니다.

사람들이 자신의 가슴 안에서 실재하는 것과 자신이 가진 권리가 무엇인지를 알게 되어, 한마음으로 단결하면 독재자는 물러나야 합니다. 상승 마스터 학생들인 여러분은 이것을 당연히 알고 있지만, 보통 사람들은 이를 깨닫지 못하고 있습니다. 어떻게 소비에트 연방이 붕괴했습니까? 예, 세계적인 수준에서 의식의 향상이 있었습니다. 그러나 소비에트 연방의 지도자들도 소비에트 연방을 세울 때 기초가 되었던 환영을 더는 유지할 수 없다는 것을 알게 되었기 때문입니다. 같은 일이 다른 독재국가에서도 일어날 수 있습니다. 여러분이 방금 했던 기원처럼, 북한의 지도자가 더 이상은 할아버지와 아버지의 환영을 유지할 수 없고, 이제는 그것이 통하지 않으며, 그래서 어떤 변화가 있어야 함을 그 지도자가 알아차리도록 요청할 수 있습니다.

일단 독재자가 변화의 필요성을 보고 그것을 실행하려고 결심을 해도, 그 독재자의 비전이 충분히 진행되지 못하는 경우가 많습니다. 독재자는 변화를 실행하면서 동시에 여전히 통제도 유지할 수 있다고 생각합니다. 고르바초프가 경제 개혁을 시행하면서 소비에트 연방에 대한 통제를 유지하고 소비에트 연방도 유지할 수 있다고 생각했던 것처럼 말입니다. 고르바초프의 희망은 사라져버렸고, 이것은 다른 독재자들에게도 일어날 수 있습니다. 독재자가 어떤 변화가 필요하다는 환영을 더 이상 유지할 수 없다는 것을 알게 되면, 평화로운 전환이 일어날 수 있습니다. 일단 변화를 위한 판도라의 상자를 열면, 사람들은 자신이 지구의 어떤 독재자보다 더 높은 권위로부터 민주적 권리를 부여받을 자격이 있음을 알고, 그 권리를 가질 때까지 멈추지 않을 것입니다. 이런 방식으로 변화가 일어납니다.

민주주의는 상위의 권위를 필요로 합니다

바로 지금, 이 시점에 필요한 것은 민주주의 국가의 사람들, 특히 미국 사람들이 목적이 수단을 정당화할 수 있다는 사상 뒤에 있는 환영 전체를 보는 것입니다. 흑백 사고는 초월되어야 합니다. 서사적 사고방식도 초월되어야 합니다. 긴장은 이미 만들어졌지만, 아직 방출되지 못했습니다. 그래서 아직은 이해의 물결이 흘러넘쳐 사람들을 적시지 못하고 있습니다. 그러므로 비교적 소수인 여러분의 요청은, 다가오는 몇 년 동안에 의미 있는 변화를 만들 것입니다. 그것이 집단의식의 전환을 촉발하는 방아쇠가 될 수 있습니다.

이러한 일이 일어나기 위해서, 이 기원을 하기로 결정한 여러분이, 자신은 지구에 육화해 있으므로 이러한 변화를 요청할 권리가 있다는 사실을 알아야 합니다. 여러분은 누구에게도 강요하지 않으면서, 그들이 자유롭게 보고, 받아들일 수 있게 해야 합니다. 지금은 사람들이 타락한 존재들에게 강요당해서 눈이 멀었기 때문에, 그것을 볼 수 없고 그것을 자발적으로 받아들일 수 없습니다. 여러분의 요청은 강요된 무지로부터 사람들을 자유롭게 하는 것입니다. 사랑하는 이들이여, 만약 사람들이 서사적 사고방식이 독사임을 안다면, 본능적으로 그 뱀을 놓아버릴 것입니다. 그들은 에덴동산의 그 뱀을 놓아버릴 것입니다. 그 뱀은 사람들이 신과 같이 될 수 있고, 지구에서 선과 악을 알 수 있으며, 이원적인 외면의 마음으로 선과 악을 정의할 수 있다고 유혹했습니다. 따라서 그들은 신과 같이 될 수 있으며, 스승이 필요 없어졌습니다. 여기에서 스승이란 바로 그들의 직관적인 자각과 근원과의 연결에 대한 상징입니다.

민주주의의 이면에 있는 전반적인 개념은 상위 영역에 더 높은 권위가 존재한다는 사실임을 모르겠습니까? 그 더 높은 권위는 모든 사람의 근원입니다. 그 이유는 여러분은 더 높은 근원에서 왔기 때문이고, 그 근원으로부터 자유의지의 법칙 안에서 근원에 의해 규정된 양도할 수 없는 권리를 받았기 때문입니다. 여러분이 민주주의 사회를 유지할 수 있는 것은 그 근원과의 연결을 유지해야만 가능합니다. 그 연결이 사라지면 민주주의는 점차 독재로 기울게 됩니다. 사람들이 알 수 있는 내면의 참조틀을 가지지 못하기 때문입니다. "이것은 하나 됨의 진동이고, 저것은 분열의 진동이다. 분열은 진정한 나로 존재하는 것이 아니므로, 나는 분열을 원하지 않는다. 이것은 내가 왔던 곳의 진동이 아니다. 나는 분열의 진동에서 오지 않았고, 하나됨의 진동에서 왔다."

평화를 구축하는 열쇠는, 사람들이 개인적으로 자신의 내면에 있는 하나됨의 진동에 연결하는 것입니다. 그래서 자신은 지구의 어떤 분열도 넘어선 근원에서 왔으며, 자신의 형제자매들 역시 그러하다는 것을 인식하는 것입니다. 여러분 모두가 분열을 넘어선 근원에서 왔다면, 타락한 존재들이 여기 지구에서 여러분을 분열시키고 분쟁을 일으키도록 허용했다고 해서, 그것이 무슨 의미가 있겠습니까? 여러분이 같은 근원에서 왔다면, 남자와 여자 사이에 왜 전쟁이 필요할까요? 여러분 모두가 같은 근원에서 왔다면, 남한과 북한, 공산주의와 자본주의, 러시아와 미국 사이에 전쟁이 있어야 할 이유가 무엇일까요? 하나됨의 진동, 근원에 연결되는 것이 분열을 극복하는 열쇠이고, 평화를 구축하는 열쇠입니다.

나, 유리엘은 세상 모든 사람에게 평화를 가져다줄 하나됨의 진동을 대표하는 대천사입니다. 나에게 요청하십시오, 나에게 요청하세요. 나의 평화의 화염을 기원하면, 나는 여러분 외면의 마음으로 상상할 수 있는 것보다 훨씬 더 크게 응답할 것입니다. 내가 지구를 위해 유지하고 있는 화염은 이 행성에 너무 오랫동안 머물러 있던 분열의 데몬들을 소멸시킬 수 있습니다. 하지만, 그것은 사람들의 자유의지에 반하여 이루어질 수는 없으므로, 누군가 그 요청을 하고 말해야만 합니다. "우리는 분열의 시대를 충분히 경험했습니다. 우리는 서사적 사고방식, 흑백 사고, 분리 의식, 목적이 수단을 정당화할 수 있다는 믿음에 기반을 두지 않은 더 높은 형태의 정부를 원합니다. 우리는 지구에 그런 정부를 원합니다. 우리는 한목소리, 하나의 가슴, 하나의 마음, 하나의 존재로서 그것을 요청합니다."

7

특별해지고 싶은 욕망을 초월하기

나는 상승 마스터 성 저메인입니다. 여러분은 독재정권을 보면서 독재자가 사람들의 자유를 제한한다고 말할 것입니다. 맞습니다. 확실히 독재자는 그러합니다. 하지만, 왜 그럴까요? 왜 독재자가 자유를 위협으로 보게 되었을까요? 우리가 그동안 여러분에게 준 타락한 존재들과 그들의 작동 방식에 대해서 알아야만 이것을 이해할 수 있습니다.

타락한 존재들은 왜 자유를 위협으로 볼까요? 그들은 개체성과 개별적인 창조성을 위협으로 봅니다. 자신들이 그것을 가지고 있지 않기 때문에, 그들은 그것을 위협으로 봅니다. 수평적인 방식으로는 진정으로 창조적으로 될 수 없습니다. 분명, 다른 사람들을 고문하거나 감옥에 가두는 것에 대한 새로운 아이디어나 새로운 발명과 방식들, 그리고 속임수의 새로운 도구들을 만들어낼 때는 수평적인 방식으로 가능합니다. 그러나 진정으로 창조적으로 되려면, 여러분이 자신의 아이앰 현존과 연결되어야 합니다. 자신의 아이앰 현존을 통해서, 그리고 우리가 직관력이라고 묘사한 것을 통해서, 여러분은 창조적으로 될 수 있습니다.

이것이 의식하는 자아(Conscious You)는 창조적 존재가 아니라는 의미일까요? 예, 어떤 면에서 의식하는 자아는 태생적으로 창조적인 존재는 아니라고 말할 수 있습니다. 의식하는 자아는 창조적일 만큼 충분한 구조를 가지고 있지 않기 때문입니다. 의식하는 자아는 아이앰 현존의 창조력이 흐르는 열린 문은 될 수 있지만, 그 자체로는 창조적이지 않습니다.

자신이 창조적이라고 느끼기 때문에, 이 말에 반대할 사람들이 많을 것입니다. 새로운 아이디어들을 가져오는 데 있어서 자신들이 창조적이었다고 말하는 예술가, 작가, 철학자가 많이 있습니다. 그럼에도 불구하고, 그 동일한 예술가와 작가, 철학자는 자신 또한 영감을 받았다고 말할 것입니다. 대부분의 사람은 자신의 의식적인 마음의 초점을 특정한 수준과 특정한 주제에 맞추고 있으며, 특정한 분야에서 새로운 아이디어를 가져오기 위해 영감을 받으려고 합니다. 심지어 과학자들도, 적어도 좀 더 창조적인 이들은, 영감을 추구합니다. 그들은 다소 기계적이라고 할 수 있는 과학적 방법을 통해 특정한 주제를 연구합니다. 그러나 아인슈타인의 상대성 이론처럼, 더 깊은 연관성을 이해하려면, 번뜩이는 영감이 필요합니다. 대부분의 사람은 '창조성의 본질' 때문에, 창조력이 영감을 받는 문제임을 실제로 알고 있습니다. 그것은 여러분이 가지고 있지 않은 아이디어를 받는 것이고, 이전에는 보지 못했던 무언가를 갑자기 보는 것입니다.

창조력이 진보를 낳는 방식

여러분의 현재 인식 상태에서 어떤 개인을 보면, 그 사람이 특정한 인식 상태에 있다는 것을 알 수 있습니다. 그의 의식적인 외면의 마음은 삶의 특정한 측면, 특정한 주제에 집중되어 있습니다. 예를 들어, 아원자 입자에 집중하는 한 과학자가 있다고 해봅시다. 그는 특정한 주제에 대한 외적이고 의식적인 어떤 인식 상태를 가지고 있습니다. 그는 여러 해 동안 그것에 관해 연구해 왔을 수도 있고, 훌륭한 전문 지식과 추론할 수 있는 방대한 지식을 가졌을 수도 있습니다. 그런데도, 그가 이미 가진 지식은 그 주제에 대해 그가 어떻게 생각하는지에 대한 어떤 범위를 설정하게 됩니다. 일반적으로 그의 마음은 이들 제한된 범위를 넘어가지 못할 것입니다.

그 사람이 훌륭한 과학자라면 어떤 관찰이나 실험을 해볼 것입니다. 거기에는 그의 현재 이해에서는 빠져 있는 무언가가, 혹은 현재의 이해와 모순되는 무언가가 존재합니다. 그러면 그는 그 주제를 바라보는 새로운 방식, 그 문제에 대한 새로운 이해가 필요하다는 사실을 깨닫습니다. 그가 어떻게 새로운 아이디어를 가져올까요? 아주 간단합니다. 여러분이 현재 가지고 있는 인식과 지식으로는 새로운 아이디어를 가져올 수 없습니다. 그래서 아인슈타인이 '문제를 만든 것과 같은 의식 상태로는 문제를 해결할 수 없다'라는 영감으로 가득한 말을 했던 것입니다. 여러분은 새로운 무언가가 필요합니다. 그 새로운 무언가가 어디에서 올까요? 그것은 여러분의 현재 인식 수준의 바깥에서, 여러분이 그 주제에 대해 가지고 있는 현재 지식 바깥에서 옵니다. 대부분의 사람은, 그들이 아주 영적이고 신비적인 사람이 아닙니다. 즉, 그들의 의식하는 자아는, 일상적인 인식 상태에 갇혀 있고 제한될 것입니다. 따라서, 의식하는 자아는 그 인식 상태가 가진 범위 안에 있으므로 창조적으로 될 수 없습니다.

그렇다면, 어떻게 창조적으로 되고 새로운 아이디어를 생각해 낼 수 있을까요? 창조적으로 되려면 일상적인 인식 상태를 초월해야만 합니다. 여러 세월 동안, 많은 사람이 이것을 시도했습니다. 심지어 환각을 일으키는 약물이나 다른 강제적인 수단들을 이용하기까지 하면서 다양한 방식으로 이것을 시도했습니다. 일상적인 인식 상태 너머에 도달하여 창조적으로 되었던 사람들이 있었지만, 그들이 상승 영역이나 자신의 아이앰 현존에게 도달했던 것은 아닙니다. 그들은 예를 들어, 아스트랄층이나 멘탈층, 혹은 낮은 정체성층에 도달했고, 상승하지 못한 낮은 세력들이 그들에게 어떤 새로운 아이디어를 주었습니다.

　대부분의 사람이 창조력이라고 부르는 것이 이것입니다. 그들은 일상적인 인식 상태 바깥에서 아이디어를 받으면, 창조적으로 되었다고 말합니다. 이것은 내가 창조적이라고 말하는 것과는 다릅니다. 진정한 창조력은 아이앰 현존과의 연결을 구축하고, 아이앰 현존이나 상승 마스터들로부터 아이디어를 받는 것입니다. 이것이 진정한 창조력입니다. 이것은, 타락한 존재들이 가질 수 없는 유형의 창조력입니다. 정체성층의 타락한 존재들조차 상승 영역과 어떤 연결도 할 수 없습니다. 설령 우리가 창조력을 준다고 하더라도, 그들은 그 창조력을 받으려고 하지도 않습니다. 물론 우리는 그들에게 창조력을 주지 않습니다. 그들에게 의지가 있다면, 우리는 그들에게 자신의 현재 의식 수준을 초월하도록 도울 아이디어들을 기꺼이 줄 것입니다. 육화해 있는 타락한 존재 중에서, 자신이 창조적이라고 주장할 존재들이 있습니다. 이는 그들이 세 상위층의 타락한 존재들에게 아이디어를 받기 때문입니다. 하지만, 앞서 말했듯이, 그것은 창조성이 아닙니다.

타락한 존재들의 싸움

타락한 존재들이 무엇을 두려워할까요? 그들은 아이앰 현존과 상승 영역에 연결을 구축한 인간이라면 누구든 두려워합니다. 여러분이 그 연결을 확립할 때, 현재 상태(status quo)를 전복시킬 수 있는 아이디어를 가져올 열린 문이 될 수 있기 때문입니다. 현재 상태는 타락한 존재들이 언제나 지키고 싶어 하는 것입니다. 최소한 기존 파워 엘리트는 현상을 유지하고 싶어 합니다. 기존 파워 엘리트들은 그들의 통제를 가능하게 해주므로 현재 상태를 유지하고 싶어 합니다. 종종 그들은 무언가를 확장하고 싶어 하고, 권력을 확장하고 싶어 하며, 전 세계에 공산주의를 확장하고 싶어 할 수도 있습니다. 하지만, 그들이 통제 시스템 안에 있다는 의미에서, 여전히 현상 유지를 추구합니다.

기존 파워 엘리트를 전복시키려고 하는 신생 파워 엘리트가 존재할 수 있습니다. 그들 또한 타락한 존재들입니다. 그들이 아이디어를 받는 대상은, 예를 들자면, 혼돈을 일으키려고 하는 낮은 정체성층의 타락한 존재들입니다. 따라서 그들은 기존 파워 엘리트 내의 타락한 존재들을 전복시키기 위해서 다른 타락한 존재들과 신생 파워 엘리트를 이용합니다. 여러분이 역사에서 수없이 보아온 전쟁과 충돌은 두 그룹의 타락한 존재들 사이에서 일어난 것입니다. 이것은 단지 누가 통제할 것인지, 누가 힘을 가질 것인지를 위한 싸움일 뿐입니다.

이것은 정확히 이원성 의식, 서사적 사고방식의 결과입니다. 여러 차례 타락한 존재들은 이러한 방식으로 서사적인 명분을 정의했습니다. 이는 기존 파워 엘리트가 권력을 유지하거나, 새로운 진리를 가졌다고 주장하는 신흥 엘리트가 기존 파워 엘리트를 전복시키는 방식으로 이루어졌습니다. 당연히, 가톨릭교회를 통제해 온 기존 파워 엘리트가 있었습니다. 초기의 과학자들은 실제로 신비주의 과학자들이었으며, 그들은 정말로 창조적인 아이디어들을 가져오려고 했습니다. 그것이 순수한 형태의 과학이 진정으로 이원성 의식에서 벗어나는 길인 이유입니다. 그러나 과학은 물질주의에 의해 빠르게 지배되었습니다. 이는 단지 신생 파워 엘리트들이 교회를 통제하던 기존 파워 엘리트가 보유했던 권력을 취하려고 했기 때문입니다. 알다시피 이것은 계속 반복되는 일입니다. 현재 중국에는, 공산당을 통제하는 기존 파워 엘리트와 경제를 통제하고 경제를 이용해서 기존 파워 엘리트의 권력을 뺏으려는 신생 파워 엘리트 사이의 싸움이 있습니다.

자유에 대한 새로운 정의

창조성의 문제로 돌아옵시다. 창조성은, 의식하는 자아가 자신의 아이엠 현존에게 연결되고 상승 영역에 연결되어, 현재 인식에 존재하지 않는 아이디어를 받을 때 생깁니다. 이것은 타락한 존재들이 할 수 없는 일입니다. 바로 이것 때문에 그들이 창조력을 두려워합니다. 타락한 존재들은 처음 이곳에 육화했을 때부터 오랜 세월에 걸쳐, 사람들의 의식적인 마음과 그들의 아이엠 현존과의 연결을 끊으려고 시도해 왔습니다. 그들은 상승 영역에서 창조적인 아이디어들이 의식하는 자아를 통해 의식적인 마음까지 흐르지 못하게 막으려고 했습니다.

그러므로 우리는 자유를 다음과 같이 정의할 수 있습니다. 자유란, 여러분이 자신의 상위자아, 아이엠 현존 그리고 상승 영역과의 의식적인 연결을 가지는 것입니다. 대천사 유리엘께서 이야기한 한 내용을 이어 가자면, 민주주의의 핵심은 상위 영역에 존재하며, 그 영역에 근원이 있습니다. 그 근원은 모든 사람의 근원이며, 모든 사람에게 어떤 권리를 준다는 것입니다. 그러므로 민주주의 국가에는 이미, 지구에 있는 어떠한 힘도 침해할 수 없는 권리를 사람들에게 주며, 물질계를 초월하는 뭔가가 없다면, 민주주의가 아무런 의미가 없다는 인식이 존재합니다. 아니면 그런 인식이 적어도 앞으로 존재할 수 있습니다.

그러므로, 사람들이 인식을 전환하여 참된 창조력 역시 물질계 너머에서 온다는 사실을 깨닫는 것이 그리 어려운 일이 아닙니다. 이것은, 사이클로피아께서 이야기한 것처럼, 직관적인 통찰력이 결합된, 중립적이고 과학적인 관찰을 통해서 구축될 수 있습니다. 과학이 이미 발견해 온 것들의 실체를 실제로 살펴보기 시작하면, 물질계 너머의 영역에서 오는 에너지가 분명히 존재함을 알 수 있어야 합니다. 이것은 물질계 너머에 어떤 영역이 존재해야 한다는 의미입니다.

여러분이 직관을 이용할 때, '직관은 어디에서 오는지' 궁금할 수 있습니다. 직관 또한 물질계 너머에서 옵니다. 이것이 무엇을 의미할까요? 이것은 물질계 너머의 영역에, 분명히 어떤 의식의 형태가 존재한다는 의미입니다. 물질계를 넘어선 영역에, 각 개인이 접근할 수 있는 더 높은 형태의 의식, 상위자아가 존재합니다. 이것을 인정하기 위해 사람들이 상승 마스터 가르침을 믿어야 할 필요는 없습니다. 퍼즐의 모든 조각은 이미 존재하고, 단지 그 조각들이 제자리에 놓이지 않았기 때문에 사람들이 큰 그림을 볼 수 없을 뿐입니다. 여러분은 이에 대해 요청할 수 있습니다. 여러분이 요청하면 참된 창조력과 직관은 실제로 물질계를 넘어선 영역에서 온다는 것을 사람들이 갑자기 깨닫는 전환이 일어납니다. 이것은 사람들 각자가 물질계 너머의 근원에서 창조되었다면, 사람들 각각은 물질계 너머에 있는 자신의 상위 존재 일부와의 연결을 가질 수 있다는 의미입니다.

이것들은 매우 일반적이고 보편적인 개념입니다. 우리는 이 개념을 사람들이 받아들이고 이해하도록 점진적으로 대비했습니다. 이것에 관해 이야기하는 철학들도 있습니다. 긍정 심리학(positive psychology)을 적용해서, 이러한 관점에서 생각하기 시작한 심리학자들도 있습니다. 그들은 인간 심리에서 부조화를 보는 대신, 무엇이 실제로 심리의 긍정적인 측면이며, 인간의 더 높은 잠재력인지를 살핍니다. 마음의 더 높은 잠재력과 힘을 탐구해 가는 광범위한 움직임이 있습니다. 그렇게 억지스러운 것이 아닙니다. 사람들이 자신의 존재에 더 높은 측면이 있음을 알게 되는 그러한 전환이 갑자기 올 수 있습니다.

궁극의 속박

궁극적인 자유는 여러분이 그러한 인식을 하고, 그러한 연결을 가지는 것이라고 말할 수 있습니다. 궁극적인 속박은 무엇이고, 궁극적인 반-자유는 무엇일까요? 그것은 그 연결이 끊어지는 것입니다. 자, 여러분은 이것을 역사에서 살펴볼 수 있습니다. 그 연결이 왜 끊어졌을까요? 어떻게 하다 끊어졌을까요? 여러분은 가장 원시적인 버전인, 창세기에 나오는 에덴동산의 아담과 이브의 이야기, 그리고 뱀이 유혹해서 주었던 사과를 먹은 상황으로 되돌아가 볼 수 있습니다. 뱀은 실제로 외면의 마음으로 선과 악을 정의해 자신이 신처럼 될 수 있다고 생각한, 이원적 의식에 대한 상징으로 볼 수 있습니다.

내가 방금 뭐라고 말했나요? 진정한 창조력은 여러분 현재의 마음을 초월하는 것이고, 물질계를 넘어선 근원에서 온 무언가에 도달하는 것입니다. 그것이 무슨 의미일까요? 물질계 너머의 근원을 가진다는 것이 무슨 가치가 있는 것일까요? 그 가치는, 지구상의 어떠한 세력도 그것을 조종할 수 없다는 것입니다.

역사를 통해, 사람들이 소수 엘리트에 의해 조종되어 왔다는 사실을 아는 것은 어렵지 않습니다. 앞으로 몇 년간, 엘리트주의에 대해 점점 더 많이 인식할 것입니다. 이것이 앞으로의 컨퍼런스에서 엘리트주의에 대해 다루게 되는 이유입니다. 그리 머지않아 사람들은, 역사에서 주된 문제가 사람들을 조종해서 통제하려고 하는 소수 파워 엘리트였다는 것을 인식하게 될 것입니다. 그들이 어떻게 사람들을 조종하나요? 그들은 상위 권위나 상위 근원과는 상관없이, 이 세상에서 가진 지식에 기반을 두고 어떤 이념과 체제를 정의하고 만드는 것이 가능하다고 주장함으로써 그렇게 합니다. 또한 그들은 더 높은 근원에서 온 것이라고 주장하는 종교를 만들려고 합니다. 여러 사례에서 보다시피, 이 종교는 사람들과 그들의 근원 사이에 있는 중개자인 듯이 보이는, 세속적이고 인간적인 계층 구조를 만들었습니다.

　여러분이 바로 알 수 있는 사실은, 우리가 알아야 할 모든 것을 이 세상에서 이용할 수 있는 지식에 기반을 두고 알아야 한다고 주장하면서 이념과 종교, 체제와 정치 철학들을 정의하려는 경향이 세상에 있다는 것입니다. 예를 들어 그리스의 철학자 플라톤의 경우, 그는 이상적인 형태인 상위 영역이 존재한다고 주장했습니다. 실재를 알려면, 사람들이 자신의 현재 의식 수준으로 보는 그림자를 보는 대신 이상적인 형태를 봐야 한다고 주장했습니다. 하지만, 플라톤의 제자인 아리스토텔레스는 다른 접근 방식을 취했습니다. 그는 이 세상과 이 세상에서 관찰할 수 있는 것을 살펴보면 세상이 어떻게 작동되는지 이해할 수 있다고 말했습니다. 바로 거기에서 관점의 변화가 일어난 것입니다. 여러분은 역사를 통틀어 비슷한 변화들이 있었음을 알 수 있습니다. 플라톤은 선악을 알게 하는 지식의 열매를 먹지 않았지만, 아리스토텔레스는 그것을 완전히 삼켜버렸습니다.

선악을 정의하는 것이 모든 악의 뿌리입니다

　특정한 의식 수준에 있을 때, 우리는 자신에게 선과 악, 진실과 거짓을 정의할 힘이 있다고 믿게 됩니다. 이것은 모두 또는 적어도 대부분의 독재체제에서 일어난 일이라는 사실을 어렵지 않게 알 수 있습니다. 일부 독재체제는 노골적인 힘에 근거하지 않았습니다. 그중 다수는 특정한 개념에 근거를 두고 있습니다. 우리가 이야기했던, 공산주의 이념이 그 예가 될 수 있습니다. 물론 예수의 참된 가르침으로 시작했으나 그 가르침을 왜곡한 가톨릭교회도 그러합니다. 이 외에도 많은 다른 예가 있을 수 있습니다.

세상에는 두 가지 경향이 있습니다. 하나는, 우리 인간이 어떤 체제 안에서 절대적인 진리를 정의하는 것이 가능하다는 것입니다. 또 다른 경향은 인간들이 절대적 진리를 정의하기가 불가능하다는 것입니다. 즉, 더 높은 근원에 도달해야 한다는 것입니다. 현대 민주주의에서는 사람들이 그 전환을 이루고 이렇게 말하는 것이 어렵지 않습니다. "자, 민주주의는 침해될 수 없는 권리라는 개념에 기초하고 있다. 그 권리는 지구에 있는 어떤 것도 초월해 있는 근원으로부터 주어졌고, 따라서 지구상의 어떤 것으로도 조종될 수 없다. 그러니 인간이 진리를 정의할 수 있다는 접근법을 취한다면, 실제로 민주주의에 반대하는 것이 분명하다."

민주주의에서 가장 근간이 되는 개념은, 인간이 우리 자신의 권리를 규정할 수 없다는 것입니다. 우리는, 독재자나 정부나 어떤 권위가 국민의 권리를 규정하도록 허용할 수 없습니다. 사람들의 권리는 소수 엘리트에 의해 규정되지 않습니다. 이 권리는 국민에 의해 정의되는 것도 아닙니다. 이 권리는, 엘리트나 국민에 의해 조종될 수 있는 수준을 초월한 권위에 의해 정의됩니다. 즉, 우리의 권리는 우리의 현재 의식 수준이 아닌, 더욱 높은 수준에서 오는 것입니다. 바로 이 때문에 그것이 (천부적인) 권리이며, 지상의 어떤 권위도 그 권리를 빼앗을 수 없기에, 양도될 수 없는 권리라고 말하는 것입니다. 우리가 이것을 인정하지 않는다면, 어떻게 민주주의가 유지되기를 바랄 수 있겠습니까? 우리가 최상의 잠재력을 가지고 있지 않다면, 어떻게 진정한 민주주의를 창조하겠다고 희망을 가질 수 있겠습니까?"

이런 생각을 사람들이 깨달을 수 있습니다. 사람들은, 소수 엘리트가 대중을 통제하고 싶어 하는 경향이 언제나 있었다는 것을 알게 될 것입니다. 엘리트들은 어떻게 통제할까요? 그들은 자신이 절대적인 진리를 정의할 능력을 가지고 있지만, 일반인들은 그렇지 않다고 주장합니다.

사람들은 통치받아야 합니다

자, 여러분이 사람들에게는 진리를 정의할 능력이 없고, 따라서 자신을 통치할 수 없다고 말할지도 모르겠습니다. 그리고 여러 시대 동안 그렇게 말했던 철학자나 사람들이 있었습니다. 사람들에게는 더 현명한 누군가가, 사람들을 통치할 더 높은 능력을 갖춘 누군가가 필요하다고 말합니다. 그렇지 않으면 혼돈과 무정부주의가 뒤따르게 됩니다. 그들은 무정부주의의 모든 사례를 언급할 것입니다.

우리가 앞에서 타락한 존재들에 대해 뭐라고 했나요? 그들은 일단 혼돈이나 그 밖의 달갑지 않은 결과로 이어지는 문제를 만들고 나서, 그 문제에 대한 해결책을 제시합니다. 일반적으로 사람들은 왜 자기 상위자아와 연결되어 있지 않을까요? 그 이유는 타락한 존재들에게 사람들이 조종당해 왔기 때문입니다. 처음에 타락한 존재들은 사람들이 이원적 의식 상태로 들어가도록 조종했습니다. 그들은 다양한 혼돈과 무정부주의, 모든 종류의 불안과 비-평화(un-peace)를 허용합니다. 그런 후 그들이 개입해서 이렇게 말합니다. "이런 종류의 혼돈을 피하려면, 확고한 정부를 가져야만 합니다. 사람들을 정상화할 수 있는 강력한 지도자가 있어야 합니다. 그렇지 않으면 사람들은 자신을 파괴할 것입니다." 우리가 이야기한 것처럼, 사람들이 이원성 의식 안에 있다 할지라도, 사람들은 자신을 파괴하지 않을 것입니다. 그들은 여전히 어떤 근원적인 인간애를 가지고 있고, 생명에 대한 존중심을 가지고 있기 때문입니다. 여러 시대에 걸쳐 많은 사회에서 본 혼돈은 사람들이 만든 것이 아닙니다. 그것은 인간 본성에 의해 창조된 것이 아닙니다. 그것은 생명에 대한 어떠한 존중심도 없고 근원적인 인간애도 없는 타락한 존재들인 파워 엘리트가 만든 것입니다.

그러면, 무슨 이유로 독재자들은 자신들이 진리를 정의할 능력이 있고, 따라서 사람들이 자신을 따라야 한다고 믿게 만들 수 있을까요? 예, 그것은 부분적으로는 우리가 말한 것처럼, 사람들이 결정하기를 두려워하기 때문이고, 스스로 책임지기를 두려워했기 때문입니다. 하지만, 그보다 더 많은 것이 있다고 말할 수 있습니다. 여기에서 주목했으면 하는 측면은, 여러분이 아이앰 현존과 의식적인 연결을 잃을 때, 여러분은 공동창조자가 되는 가장 중요한 측면, 즉 공동창조할 수 있는 능력을 잃게 된다는 것입니다. 공동창조 말입니다.

우리가 공동창조하는 방식

원래의 설계에서, 의식하는 자아는 물리적 육화 속으로 하강합니다. 그것은 점과 같은 인식을 가지고 있지만, 자신을 넘어서는 마음의 한 부분이 있음을 인식합니다. 그것에 대해 예수가 이렇게 말했습니다. "나 자신만으로는 아무것도 할 수 없다. 진정한 행위자는 내 안에 계신 아이앰 현존이다."

의식하는 자아는, 비록 자신이 아주 협소하고 제한된 자아감을 지니고 있지만, 자신의 힘만으로는 창조할 수 없다는 사실을 알고 있습니다. 의식하는 자아는 오직 더 높은 근원에서 에너지를 받아서 창조할 수 있습니다. 그것은 더 높은 근원에서 아이디어와 영감을 받습니다. 일단 여러분이 이원성 의식으로 들어가서 그 연결이 끊어지면, 여러분은 공동창조자가 될 수 없습니다. 여러분은 이것을 상실의 감각으로 경험합니다. 여러분은 에덴동산의 이야기에서도, 아담과 이브가 추방당한 후 경험했던 상실감이 어떻게 묘사되었는지 볼 수 있습니다.

그들은 이마에 땀이 나도록 일해야 했고, 자신들이 벌거벗고 있음을 보았습니다. 이러한 모든 것은 실제로 일어난 일에 대한 원초적인 상징들입니다. 동산을 떠나 이원성 의식으로 들어가는 심리적인 효과는, 갑자기 외부의 무엇과도 연결되어 있지 않다고 느끼는 것입니다. 여러분이 실제로 잃어버리는 것은 자신의 개체성에 대한 기본적인 감각, 바로 창조력에 대한 기본적인 감각입니다.

자, 우리는 의식하는 자아가 처음 하강할 때 점과 같은 자아감, 아주 협소한 자아감을 가진다고 말했습니다. 대부분의 여러분은 이것을 상상하기 어려울 것입니다. 왜냐하면, 여러분은 오랜 시간 육화해 왔고, 따라서 처음 시작했던 때에 비해 자신의 자아감을 엄청나게 확장했기 때문입니다. 하지만, 이처럼 아주 작은 자아감을 가지고 있을 때조차도 여러분은 여전히 자신을 표현하려는 열망을 가지고 있습니다. 생명의 배후에 있는 기본적 추동력은, 자신을 표현하고자 하는 자기-표현에 대한 열망입니다. 이것이 바로 창조성의 진정한 근원이며 추동력입니다. 이러한 자기-표현에 대한 열망은 아이앰 현존에게서 옵니다. 아이앰 현존은 자신을 물질세계에서 표현하기를 열망했고, 그에 따라 자신의 확장인 의식하는 자아를 이 세상에 보냈습니다.

의식하는 자아는 무엇을 지니고 왔을까요? 의식하는 자아는, 매우 제한된 자아감과 함께 자기-표현에 대한 강한 열망도 지니고 왔습니다. 의식하는 자아가 자아감을 확장하려는 열망을 가지는 이유가 이 때문입니다. 여러분이 아이앰 현존과 연결이 끊어지면 의식하는 자아는 이전에 가지고 있던 감각을 잃어버립니다. 그 감각이 무엇일까요? 나는 의식하는 자아가 제한된 자아감을 지녔다고 말했습니다. 여러분에게 친숙한 개념을 사용해서, 세속적인 관점으로 표현하면, 여러분이 처음 시작했을 때, 의식하는 자아는 강한 개체성을 가지고 시작하지 않았습니다. 그럼에도 불구하고, 의식하는 자아는 자신이 독특한 존재라는 감각을 지니고 있었습니다. 그 독특함의 감각은 어디에서 올까요? 그것은 외적인 개성에서 온 것이 아닙니다. 의식하는 자아는 너무 협소했기 때문입니다. 그 감각은, 의식하는 자아가 아이앰 현존과 가지고 있었던 연결에서 왔습니다. 의식하는 자아는 아이앰 현존의 충만함을 알지는 못했지만, 자신이 독특한 개체성을 지닌 어떤 복잡한 존재의 확장이라는 사실은 느끼고 있었습니다.

독특함에 대한 추구

여러분의 신성한 개체성, 여러분의 영적인 개체성은 자신의 아이앰 현존 안에 정의되어 있고, 그것이 여러분을 독특하게 만듭니다. 수십억의 아이앰 현존이 존재하지만, 그 각각은 완전히 독특합니다. 아이앰 현존은 너무 복잡한 구조이므로 여러분은 거의 상상조차 할 수 없습니다. 육화 중에 가지고 있는 마음으로는 가늠할 수조차 없습니다. 아이앰 현존은 정말 복잡하며, 각각의 아이앰 현존은 절대적으로 독특합니다. 그래서 여기 영적인 영역에는 어떠한 경쟁도 없는 이유입니다. 독특함 안에서 어떻게 경쟁이 있을 수 있겠습니까? 독특한 두 아이앰 현존, 두 측면을 어떻게 비교할 수 있겠습니까? 독특함에는, 비교를 위한 여지도, 비교할 필요도 없습니다. 각각의 아이앰 현존은 자신의 독특한 개체성을 표현하고 확장하려는 추동력을 가지고 있습니다. 이것이 의식하는 자아 안에 내재되어 있습니다.

실로, 의식하는 자아가 아이앰 현존과의 연결을 잃으면, 이것을 상실로 느낍니다. "나는 독특함을 상실했다. 그러면 나는 누구일까?" 그 다음에 무슨 일이 일어날까요? 자, 의식하는 자아는 여전히 자신을 표현하려는 추동력을 가지고 있습니다. 이제 의식하는 자아는, 독특함의 감각을 줄 수 있는 자아를 이 세계에서 정의하려고 합니다. 이해하겠습니까? 독특한 개체성을 표현하려는 추동력은 진정으로 아이앰 현존에게서 옵니다. 의식하는 자아가 이것을 잃어버리면, 이제 자신에게 독특하다는 감각을 줄 수 있는 외적인 개성을 이 세상에서 만들어야 합니다.

여러분은 이러한 과정을, 타락한 존재들조차 추락할 때 겪었음을 알 수 있습니다. 그들은 자신의 아이엠 현존과의 연결을 잃었고, 이제 그들은 독특한 외적인 개성, 이 세상의 개성을 만들려고 합니다. 이것이 그들이 줄곧 해온 일입니다. 그러한 이유에서 타락한 존재들은 그토록 오랜 세월을 거치면서 대단히 강력한 외적인 개성을 만들었습니다. 그럼으로써 자신이 정말로 특별하고, 지구의 원거주민들보다 훨씬 더 낫다고 느끼게 되었습니다. 그들이 이원성으로 추락한 이후, 이런 외적인 개성을 만드는 데에는 그리 긴 시간이 걸리지 않았습니다.

그것이 타락한 존재들이 이곳에 육화하기 시작한 이후, 지구의 원거주민들은 두 가지 접근법 중 하나를 취한 이유입니다. 어떤 사람은 자기 외적인 개체성을 계속해서 발전시켰습니다. 하지만, 지구에서 대부분의 사람은 사실상 이것을 포기했습니다. 나다(Nada)께서 그녀의 책에서 유려하게 표현한 것처럼 "타락한 존재들에게 무자비하게 공격받았습니다." 그래서 사람들은 이렇게 받아들이게 되었습니다. "오, 나는 독특한 존재가 아니야. 나에게는 창의성도 없고 나만의 독특한 개성도 없어. 그러니 그냥 지도자들을 따르는 것이 좋겠어." 이것은 우리가 이전의 시혜들에서 "기계화된 인간(mechanization man)"이라고 불렀던 것입니다. 사람들은 내재된 창조력을 잃고, 거의 자동 인형(automaton)처럼 어떤 유형의 지도자를 맹목적으로 따르는 지점에 이르게 됩니다. 물론 이것이 타락한 존재들이 만들고 싶어 하는 상황입니다. 타락한 존재들은 사람들이 자신들을 맹목적으로 따르게 하고, 자신들을 그처럼 독특한 사람으로 받아들이게 만들려고 합니다.

자, 세상의 독재자들을 보면, 그들은 언제나 자신이 특별한 이유에 대해, 자신이 특별한 능력과 특별한 힘을 가진 이유에 대해 어떤 식으로든 주장할 수 있습니다. 북한 사람들이 김정은과 그의 아버지와 그의 할아버지에 대해 어떻게 믿고 있는지를 보세요. 소비에트 연방 사람들이 레닌에 대해 무엇을 믿었는지를 보세요. 스탈린만큼은 아니지만, 레닌 역시 특정한 측면에서 독특했다고 사람들은 생각했습니다. 마오쩌둥을 보세요. 여전히 그가, 다른 인간들보다도 우월한 특별한 인간으로 어떻게 숭배받는지를 보세요. 사랑하는 이들이여, 마르크스주의 이념 어디에서, 중국에서의 마오쩌둥 주석을 향한 것과 같은 우상 숭배의 여지가 있을까요? 어떻게 마르크스 철학과 이러한 우상 숭배가 조화를 이룰 수 있을까요? 이것을 받아들일 수 있는 마음 때문이라고 핑계를 댈 수 있겠지만, 그것은 타락한 존재들이 건 최면의 결과였습니다.

독특해지려는 욕구를 극복하기

이제 내가 여기에서 말한 모든 것을 가지고, 우리가 늘 말했던 것을 하세요. 여러분 자신을 보세요. 거울을 들여다보세요. 여러분은 자신이 상승 마스터 학생들이라고 말하고, 자유를 원한다고 말합니다. 여러 세대 동안 정말 많은 학생이 이렇게 말했습니다. "성 저메인이여, 나는 자유를 원합니다. 나는 자유로워지고 싶습니다." 좋습니다. 자유를 위한 열쇠를 드리겠습니다.

자유롭게 되는 열쇠가 무엇입니까? 외적인 개성을 통해 독특해지려는 욕망을 멈추세요. 이 세상에서 독특해지려는 욕망을 멈추세요. 여러분을 가두는 것은 바로 이 세상에서 독특해지려는 욕망입니다. 자유에 이르는 열쇠는 아이앰 현존과 다시 연결하는 것이고, 특별하다고 생각하거나 특별해지고 싶어 하는 에고-기반의 개체성을 놓아버리는 것입니다. 그것이 영적인 성장과 영적인 자유를 위한 열쇠입니다.

이 세상에서 독특해지기를 원하는 분리된 자아들을 발견하세요.

독특해지려는 충동을 포기하고 그저 지도자를 따르는 사람들은 스스로에 대해 책임지고 싶어 하지 않습니다. 그들은 상승 마스터 학생들이 되지 못합니다. 누가 상승 마스터 학생들이 될까요? 자기-표현에 대한 본래의 열망을 여전히 가지고 있는 이들입니다. 그들은 아바타일 수도 있고 지구의 원거주민일 수도 있으나, 그들은 자기-표현에 대한 열망을 지니고 있습니다. 이 말은 독특해지고자 하는 열망이 여러분에게 있다는 의미입니다. 지금까지 수많은 육화를 하면서, 여러분은 자신이 남들과 다르다는 외적인 개성을 구축해 왔습니다. 그것은 자신이 어떻게든 특별하다고 생각하는 것입니다.

상승 마스터 학생들에게서 우리가 무엇을 보았을까요? 지금의 시혜에서는 그것을 많이 보지 못하지만, 예전의 시혜들에서는 아주 분명히 보았습니다. 사람들은 상승 마스터 가르침에 가치가 있음을 인식합니다. 그들 모두에게는 자신이 아주 특별하고 아주 독특하며 아주 진보해 있고 아주 수준이 높다는 인정과 승인을 상승 마스터들에게 받으려는 욕구가 있습니다. 우리는 이전 시혜에서 지구에서 가장 높은 영적인 가르침이라고 말함으로써 이것을 이용했습니다. 자, 사랑하는 이들이여, 영적인 가르침에서 높고 낮음은 최선의 평가 방법이 아닙니다. 그것이 무엇일지라도, 여러분에게 최고의 영적인 가르침이란, 여러분의 현재 의식 수준을 초월하도록 돕는 가르침입니다. 정말이지, 행성에서 가장 높은 영적인 가르침이라는 개념은, 모든 것을 비교할 수 있는 저울을 만들고 싶어 하는 선형적이고 상대적이며 분석적인 마음에만 의미가 있는 개념입니다.

그럼에도 불구하고, 우리는 사람들이 이 개념을 어떻게 고수하는지를 보았습니다. 그들은 자신들이 이 가르침을 인식할 수 있을 때, 행성에서 가장 진보한 영적인 학생임을 증명해야 한다고 생각했습니다.

이것의 효과는 무엇일까요? 전날 우리가 붓다에 관해 이야기했던 것을 생각해 보세요. 이 메신저는 이 호텔 투숙객 모두에게 제공하는 불교에 관한 책을 읽었습니다. 그 책에는 이렇게 쓰여 있었습니다. "당신이 깨달음이라는 개념을 만들어내고, 당신의 현재 마음 수준으로 깨달음이 무엇인지 알 수 있다고 생각한다면, 당신은 깨달음을 방해하는 장애물을 만들고 있습니다."

여러분이 이원성으로 추락한 이후, 여러분의 아이엠 현존과 연결을 방해하고 있었던 것은, 여러분이 구축한, 이 세상에서 독특해지고 싶어 하는 외면의 자아였음을 이해하겠습니까? 이 세상에서 독특하기를 원하는 이 외면의 자아가 있는 한, 여러분은 자신의 아이엠 현존의 독특함에 연결될 수 없습니다. 이전 시혜에서 학생들은 가르침의 특정한 요소들을 취해, 자신이 얼마나 특별한지에 대한 개념을 만들었습니다. 이것이 그들에게 외면의 자아를 극복하지 못하게 방해했습니다. 어떤 경우에는 그 자아를 강화했습니다. 그들은 상승 마스터들을 위해 무언가를 하는 것에 너무나 열성적이어서, 실제로 자신을 더욱더 특별하게 느끼게 되었습니다. "내가 이 모든 디크리를 하는 것을 보세요. 내가 이 단체에 얼마나 기여했는지를 보세요. 나는 스탭으로 일했고, 이 모든 일을 했습니다. 정말이지, 내가 특별하다는 것이 분명합니다." 그리고 그들은 특별했습니다. 세상의 관점에서는 말입니다.

독특한 자아는 상승할 수 없습니다

외적인 개성은 상승하지 못한다고, 우리가 얼마나 많이 이야기했나요. 2000년 전에 예수께서 말했습니다. "하늘에서 내려온 자만이 하늘로 다시 올라갈 수 있다." 무엇이 하강했나요? 점과 같은 정체감을 지닌 순수의식, 의식하는 자아가 하강했습니다. 의식하는 자아는 이 세상에서 표현을 위한 이동 수단(vehicle)을 만들었습니다. 하지만 그 이동 수단은 상승할 수 없습니다.

이전 시혜들에서 아주 많은 사람이, 상승은 외적인 개성을 발전시키고 연마하는 일로 생각했습니다. 외적인 개성이 아주 독특해지고 특별해지면, 그들이 상승할 수 있다고 생각했습니다. 이것은 수많은 종교인이 여러 시대에 걸쳐 믿었던 것입니다. 그리스도교의 정의에 따라 선하게 되려고 노력하는 크리스천들은, 자신들이 선하기 때문에 신이 하늘나라에 들여보내야 한다고 느낍니다. 불교에서도 종교적으로 공부하며 수행하는 사람들을 보게 되는데, 그들은 그 수행이 하늘나라가 보장되는 지점까지 자신들을 데려다주리라 생각합니다.

여러분이 붓다의 가르침들을 읽었다면, 과거에 지배되는 외적인 개성은 결코 열반에 이를 수 없고 결코 깨달음에 이르지 못한다는 것을, 붓다가 매우 분명히 해두었음을 알 것입니다. 그가 말하길, 깨달음은 오직 무지가 있기에 존재하는 개념입니다. 깨달음에 이르면 무지한 자아는 더 이상 존재하지 않는다고 말했습니다. 무지는 의식하는 자아가 이 모든 외적인 자아에 의해 채색된 상태이기 때문입니다. 의식하는 자아가 순수의식임을 알아차릴 때, 자신이 더 이상 외면의 자아가 아님을 깨닫게 됩니다. 의식하는 자아는 아이앰 현존과 다시 융합해서, 완전히 다른 존재가 됩니다. 무지와 깨달음, 이것 혹은 저것이라는 극성이 있는 의식을 초월합니다. 그것은 쌍을 이루는 것들을 초월합니다.

여러 시대를 거치며 우리는, 영적인 사람들이 신께서 하늘나라에 들여보내야 할 만큼 선한 자아를 창조하거나, 스스로 하늘나라로 들어갈 힘을 가진 자아를 창조해서, 하늘나라로 가는 길을 강요하거나 흥정하려는, 바로 그 가망 없는 길로 들어서는 것을 보았습니다. 또는 매우 특별한 자아를 창조하고 신과 흥정하면서 이렇게 말했습니다. "신이시여, 내가 당신을 위해 여기 지구에서 이 모든 일을 하면, 나를 하늘나라로 들여가게 해주실 거죠?" 그러면 당연히 타락한 존재들이 만든 거짓 신들이 이렇게 말할 것입니다. "오, 그래, 사랑하는 이들이여, 너는 정말 특별하구나, 내가 널 들여 보내주마, 넌 그저 나를 위해 여기 지구에서 이것을 하렴, 그리고 내 의지에 반해서 일하는 나쁜 사람들을 죽이거라. 그럼 너는 확실히 하늘나라에 들어오게 될 것이고, 70명의 처녀가 너를 기다리고 있을 것이다."

절대적인 체계를 찾기

사랑하는 이들이여, 이러한 상황을 우리는 너무나 많이 보았습니다. 우리는 또 다른 상황을 보고 있는데, 이는 아바타들의 특별한 경우입니다. 지구에 처음 육화했을 때 그들은 점과 같은 정체감으로 시작하지 않았습니다. 그들은 자연스러운 행성에서 가지고 온 어떤 정체성을 가지고 있었습니다. 이 말은 그들이 독특하고자 하는 더 강한 욕구, 여기 지구에 자신의 독특함을 표현하려는 더 강한 욕구를 가지고 있었다는 의미입니다. 이것은 또한 아바타들이 타락한 존재들에게 많이 속게 되었다는 의미입니다. 타락한 존재들이 여러분을 출생 트라우마에 노출시킬 때, 그들은 독특해지고자 하는 이러한 탐구를 포기하게 만들려고 합니다. 그들에게는 그것이 위협으로 보입니다.

아바타 대부분이 이러한 욕구를 완전히 상실할 수는 없습니다. 따라서 타락한 존재들은 플랜B(代案)를 사용하여, 아바타들이 타락한 존재들에게 얽매이게 만듭니다. 실제로 아바타들은 타락한 존재들이 하는 일을 자신들도 하면서 그들처럼 독특해질 수 있다고 생각합니다. 예를 들면, 속아서 흑마술을 사용한 아바타들도 있습니다. 그러나 더 많은 아바타의 경우, 절대적인 진리와 절대적인 체제를 발견하는 것이 지구에서 독특하게 되는 길이라고 생각하도록 기만당했습니다.

예를 들자면, 중세 유럽 대부분의 나라에는 왕이 있었습니다. 왕은 기존의 독재자에게서 권력을 뺏는 폭력혁명을 거치지 않고, 아버지에게서 왕위를 물려받았습니다. 중세를 통틀어 유럽의 많은 왕실을 보면, 한 사람의 왕이 있었는데, 그는 타락한 존재였습니다. 하지만 그의 아들 중 하나 혹은 여럿이 아바타였습니다. 타락한 존재들이 아닌 아바타가 왕이 되는 경우가 있었습니다. 타락한 존재들이었던 아버지와 함께 성장했던 탓에, 그는 타락한 존재들의 사고방식에서 많은 부분을 물려받았습니다. 이것이 타락한 존재들과 얽히게 되는 여러 번의 육화에서 일어났습니다. 그는 자신이 어떻게든 절대적인 진리나 절대적인 체제를 정의할 능력을 가지고 있다고 생각할 수 있는 사고방식의 상당 부분을 취하게 되었습니다.

그것을 믿었던 철학자들도 있습니다. 자신들이 절대적인 종교나 절대적인 교리, 절대적인 체제를 정의할 수 있다고 생각하도록 오도된 아바타들이 있었습니다. 여러분도 보듯이 이러한 일이 계속해서 반복됩니다. 당연히 이러한 현상은 아바타에게 실제로 덫이 될 수 있는데, 그들에게는 이것을 인정하기가 너무 어렵기 때문입니다. 심지어 '예수와 함께했던 나의 생애들(My Lives)' 책에서도 이 문제를 살짝만 다루고, 아바타가 타락한 존재들과 깊게 얽힐 때 무슨 일이 일어나는지 상세하게 설명하지는 않았습니다. 아바타가 타락한 존재들에게 학대당하고 죽임당하고 고문당한 것에 대한 묘사는 있습니다. 하지만, 아바타가 절대적인 진리나 절대적인 체제를 향한 궁극의 탐구를 따르고 추구하는 여정을 따르도록 타락한 존재들에게 설득당할 때, 어떤 일이 일어나는지에 대한 설명은 실제로 없습니다.

이것을 인정하는 것이 아바타들에게 대단히 어려울 수 있습니다. 그럼에도 불구하고, 우리가 준 도구들을 정직하게 적용한다면, 실제로 여러분은 그것을 볼 수 있습니다. 무슨 일이 일어났건, 여러분이 여기 지구에서 무엇을 했건, 그 모든 것은 그저 분리된 자아였다는 것을 볼 수 있습니다. 그것은 여러분이 아니었습니다. 결코 여러분이 아니었습니다. 그것은 결코 여러분이 될 수 없습니다. 실제로 여러분은 그 분리된 자아가 여러분을 매우 제한되었다고 느끼게 하는 특정한 삶의 접근 방식에 가둔다는 것을 알게 됩니다.

그러므로 여러분은 분리된 자아가 어떤 문제가 있으며 그것이 해결되어야 한다고 투사하는 것을 알 수 있습니다. 예를 들면, 여러분은 궁극적인 진리를 찾아야 합니다. 하지만, 이것이 여러분을 가두는 것입니다. 이것을 놓아버리면, 여러분은 자유로워질 것입니다. 오직 그때에만 비로소 여러분은 자유로워질 것입니다. 이것을 알면, 다음과 같은 욕구와 충동이 저절로 일어나서 분리된 자아를 살펴볼 수 있습니다. "더 이상 문제를 해결하거나 해결하려고 애쓰지 않겠다. 나는 이 자아를 죽게 놔두겠다."

죽음은 자유를 향한 열쇠입니다

죽음은 자유를 위한 열쇠이지만, 크리스천들이 믿는 것처럼 더 높은 영역에서 부활하기 위해 물리적인 죽음이 필요한 것은 아닙니다. 분리된 자아의 죽음이 자유를 위한 열쇠입니다. 여러분을 가두었던 유일한 감옥은 분리된 자아입니다. 어떤 면에서는 '예수와 함께했던 나의 생애들' 책의 가장 중요한 가르침인데, 그 책 도입부에 뭐라고 쓰여 있었나요? 이렇게 쓰여 있습니다. "모든 사람은 전적으로 주관적인 경험을 하고 있습니다. 또한 지구에서 일어나는 문제의 유일한 원인은, 일부 사람이 자신의 주관적인 경험을 다른 이들에게 강요하여 그것을 보편타당한 것으로 만들려고 하는 것입니다."

이것이 타락한 존재들이 추락한 이후 줄곧 해온 일입니다. 또한, 이원성으로 들어간 많은 사람도 이런 일을 해왔습니다. 반면에 내가 말했듯이, 많은 사람은 창조적으로 되기를 포기했기 때문에 그러한 노력을 하지 않았습니다. 창조적인 추동력을 가지고 있던 이들은, 그들 자신이나 어떤 사상 혹은 막강한 실세가 정의 내린 어떤 기준에 따라, 자신의 주관적인 경험을 보편적인 것으로 만들려고 노력해 왔습니다. 여기 지구에서 기준을 정의하는 것이 가능하다고 그들은 생각합니다. 외면의 자아가 그 기준에 부합할 때 하늘나라에 들어갈 것이고, 열반에 들어가리라 생각합니다. 혹은 타락한 존재들이 믿는 것을 믿게 되면, 불멸의 존재가 되리라 생각합니다.

타락한 존재들은 자신들이 삶의 기회를 추가로 부여받아 살고 있음을 알고 있지만, 그들은 자신의 타락한 자아들을 불멸로 만들기 위해 노력합니다. 그들이 이해한 불멸의 길은 죽음을 막는 것입니다. 최신 기술과 최신 의학적 과학을 사용하여, 먼저 몸의 수명을 연장하고 심지어 몸을 냉동하기까지 하는 우스꽝스러운 시도들을 보세요. 몸을 냉동했던 사람 중 일부는 자신의 영혼이 다시 육화하는 것을 방해했습니다. 그들은 몸에 너무 집착한 나머지 몸을 떠나지 못했습니다. 자신의 몸을 냉동했던 다른 많은 사람은 몸을 떠난 후, 자신들의 방식이 어리석었다는 것을 알았습니다. 그래서 그들은 다시 육화했습니다. 그 영혼이 이전 몸으로 되돌아가는 것을 원하지 않았으므로, 몸을 부활시킬 필요가 없었던 것입니다.

그런데도, 사람들은 불멸을 위한 열쇠가 죽음을 막는 것으로 생각합니다. 사실상, 불멸을 향한 열쇠는 죽음을 포용하는 것이며, 필멸의 자아인 분리된 자아가 죽도록 허용하는 것입니다. 그럼으로써 여러분의 참된 정체성인 불멸의 영적인 존재로 되돌아가는 것입니다. 그것이 자유입니다. 여러분이 상승할 때, 여러분은 진정한 자유가 무엇인지 알게 될 것입니다. 나는 그것을 경험했기 때문에 압니다. 지금도 나는 그것을 경험하고 있습니다. 나는 이 구술을 듣고 있는 여러분에게 내 경험과 내 자유의 현존을 방사합니다. 또한 나는 여러분의 차크라들을 방송국으로 활용하여, 그것을 집단의식 속으로도 방사합니다.

사랑하는 이들이여, 그리스도교의 실제 오류 중 하나는 원죄라는 개념입니다. 그들은 인간이 태생적으로 결함을 가지고 있고, 결함을 지니도록 창조되었다고 말합니다. 불교의 참으로 심오한 측면 중 하나는, 모든 것이 붓다의 본성이고, 모든 인간이 내면에 불성을 가지고 있다는 사실을 아주 분명히 해두었다는 것입니다. 이 지구에서 여러분이 아무리 아래로 내려간다고 해도, 여러분은 붓다 본성을 잃지 못합니다. 여러분은 이를 다시 불러일으키겠다고 선택할 수 있습니다. 그럼으로써 여러분은 붓다 본성에 대한 깨달음으로 되돌아갈 수 있습니다.

그리스도교에 의해 왜곡되긴 했지만, 예수도 다른 단어들을 사용해서, 이것에 대해 가르쳤습니다. 다행히 불교에서는 그 정도로 왜곡되지는 않았습니다. 진실은 이것입니다. 의식하는 자아는 이 세상에서 만들어진 분리된 자아들로부터 스스로를 자유롭게 할 능력을 결코 상실할 수 없습니다. 의식하는 자아가 더 깨어있는 선택을 함으로써, 자신을 자유롭지 못하게 하는 선택을 할 경우가 절대로 없습니다.

세상은 상향나선 안에 있습니다

세상은 상향나선 안에 있습니다. 집단의식이 올라가고 있기 때문입니다. 이것은 우리가 이야기했던 압력을 만들었습니다. 이 압력 안에 인식의 전환이 있고, 이것은 돌파를 위한 준비가 됩니다. 여러분의 요청으로 그리고 자신의 의식을 높이고 있는 여러분 자신에 의해, 여러분은 이러한 많은 전환을 만들어내는 선구자들이 될 수 있습니다. 그럼으로써 사람들은 갑자기 깨어나 이전에는 보지 못했던 것을 볼 수 있습니다. 그들은 그것이 자명함을 봅니다. 미국 독립 선언문에서 말한 것과 같습니다. "우리는 이 진리들을 자명한 것으로 받아들인다." 의식이 전환을 이루면, 적어도 상위 10%의 사람들을 포함해서 점차 더욱 많은 사람이 이것을 분명하게 볼 것입니다. 여기에 진정한 가치가 있습니다. 여기에 여러분이 의식을 높이고 영적인 길을 걷고, 기원문과 디크리를 행하며 집단의식 속으로 빛을 방사하는 일의 진정한 가치가 있습니다.

사랑하는 이들이여, 우리는 많은 감사를 드립니다. 기꺼이 자신을 들여다보고, 기꺼이 자신의 인식을 높이고자 하는 여러분의 노력과 의지에 우리가 감사하고 있음을 여러분이 느끼고 알기를 바랍니다. 사랑하는 이들이여, 이로써 나는 주고 싶었던 것을 모두 주었습니다. 나는 여러분과 소통하는 것을 즐기므로 더 오랫동안 여러분과 머물고 싶습니다. 그러므로 나는 여러분과 함께하겠습니다. 물리적인 메신저를 통해서만이 아니라, 이 컨퍼런스 남은 시간 동안 내 현존을 정박하겠습니다. 여러분이 원한다면 나에게 조율할 수 있습니다. 여러분은 각자가 평소보다 더 커다란 기회를 얻게 될 것입니다. 나는 그런 면에서, 또한 내 현존을 이 구술의 기록과 이 구술의 녹음 안에, 그리고 이 구술을 기초로 한 기원문 안에 정박하겠습니다. 그럼으로써 이 구술을 듣고 읽을 때마다, 기원을 할 때마다, 사람들은 내 현존에 조율할 기회를 얻게 될 것입니다.

이것이 나의 선물입니다. 이것은 아낌없이 주는 내 선물이며, 여러분의 봉사에 대한 보답입니다. 이것은 진실로 내가 여러분과 함께하는 것을 즐기기 때문에 주는 것입니다. 또한 나는 나와 상호 작용하는 즐거움을 느낄 기회를 여러분에게 주고 싶습니다. 이것으로, 나는 여러분이 되고자 하는 존재가 되도록 여러분을 자유롭게 합니다. "사느냐 죽느냐"는 더 이상 여러분을 위한 질문이 아닙니다. 여러분은 이미 햄릿의 의식을 초월했습니다. 그것은 사느냐 죽느냐의 문제가 아닙니다. 그것은 어떤 존재가 되고 싶은가의 문제입니다. 이에 대해 우리가 전에 이야기했고, 여러분은 정말 자유로운 지점에 이르러 이렇게 말할 수 있습니다. "오늘 나는 어떤 존재가 되고 싶은가? 나는 오늘 나의 독특한 개체성 중에서 무엇을 표현하고 싶은가?" 그것은 자유입니다. 여러분은 육화 중이면서도 그 자유를 가질 수 있습니다. 여러분 모두가 그 자유를 누렸으면 합니다.

8

의식이 높아지면 다양한 선택을 할 수 있습니다

나는 상승 마스터 쉬바입니다. 힌두교에서 나를 쉬바라는 이름으로 숭배하는 수백만의 사람이 이 말에 반대할지라도 말입니다. 그들은 내가 상승 마스터가 아니라 신이라고 말할 것입니다. 그러나, 나는 상승 마스터이고 힌두교에서 신인 쉬바와 관련된 사무국을 맡고 있습니다. 진정으로 신 쉬바는 보편적인 원리이고, 세 가지 창조적 원리 중 하나입니다. 그 창조적 원리들이란 창조하고, 유지하고, 파괴하는 원리입니다.

오직 창조와 유지만 있다면, 경험이 부족한 공동창조자의 창조물은 빠르게 자신을 제한하기 시작할 것입니다. 어떻게 해야 이전의 창조물에서 벗어날 수 있을까요? 자, 여기에서 쉬바가 필요합니다. 최상이 아닌 구조들을 파괴하는 원리가 필요합니다. 힌두교에서 파괴라고 부르는 것이, 쉬바 배후의 원리에 대한 최상의 묘사가 아니라는 것을 알 수 있습니다. 이것은 진실로 이전 창조물로부터 해방될 수 있는 자유의 원리라고 말하는 것이 더 나을 것입니다.

자, 여러분이 공동창조자로서 거치는 진정한 과정은 무엇일까요? 그것은 마음의 네 수준을 통해 어떤 과정을 작동시킴으로써, 시간이 흐르면서 어떤 물리적 구현을 창조하는 것입니다. 이것은 여러분이 공동창조의 능력을 이용하는 것이며, 브라마의 원리입니다. 그런 다음에 비슈누의 원리가 이어받아, 여러분의 창조물을 물질계에서 일정 시간 동안 유지하게 합니다. 이것은 여러분이 자신의 창조물을 경험하고 평가할 기회를 주기 위한 것입니다.

이상적으로 일어나는 일은, 여러분이 마음에 매트릭스를 형성하고, 이것을 마터 빛에 투사하여 물리적인 상황으로 구현하는 것입니다. 그리고 그 상황을 보고 경험하면서, 여러분은 의식을 성장시킵니다. 이상적인 시나리오에서는 여러분이 무언가를 잘못했다고 생각하게 되어 있지 않습니다. 이상적인 시나리오에서, 옳고 그름의 개념은 공동창조와는 아무런 관련이 없습니다. 그것은 방정식에 들어가지도 않습니다. 무언가를 창조하고, 창조한 것을 경험하면서 여러분은 인식을 높입니다. 이제 어떻게 더 이상의 것을 창조할 수 있는지를 알 수 있게 된다는 의미입니다. 이미 창조해서 물리적으로 구현된 것을 여전히 가지고 있다면, 어떻게 더 이상의 것을 창조할 수 있겠습니까? 오직 자신이 창조한 것을 부수고 자신의 창조물에서 스스로를 자유롭게 할 수 있는 무언가가 있어야만 그렇게 할 수 있습니다.

죽음은 더 높은 곳으로 이동하기 위한 기회입니다

여러분은 타락한 존재들이 여러분에게 주어진 어떠한 영적인 가르침이든 왜곡하려 한다는 것을 알 것입니다. 심지어 그들은, 힌두교 안에서조차, 쉬바가 파괴자라는 개념을 만들었습니다. 그들은 여러분이 보아왔던 이러한 두려움 기반의 모든 이미지를 창조했습니다. 그러므로, 전 세계의 많은 사람이 죽음을 파괴의 한 형태로 생각해서 두려워하듯이, 힌두교에서도 많은 사람이 실제로 쉬바를 두려워합니다.

사랑하는 이들이여, 이렇게 자문해 보세요. 여러분은 현재의 육체 속에 영원히 있고 싶은가요? 그보다는 더 높은 의식을 가짐으로써 더 건강하고, 더 나은 외모, 더 나은 능력을 갖춘 육체로 환생하고 싶은가요? 지구의 현재 상황에서, 죽음이 실제로 파괴적인 과정인가요? 아니면 해방의 과정인가요? 여러분이 의식을 높이는 여정에 있지만, 아직 상승할 준비가 되지 않았다면, 육체의 죽음은 지금 여러분이 초월한 어떤 의식 수준의 결과인 육체가 해체되는 것일 뿐입니다. 그러므로, 여러분은 해방되어 더 높은 위상, 더 높은 수준의 몸으로 환생하게 됩니다.

타락한 존재들은 창조적인 과정과 연결이 끊어져 있으므로, 진실로 창조적이기를 바라지 않습니다. 그들은 자신이 우월하다고 느끼는 물리적 환경을 구현하면서, 이를 통제하고 그 상황을, 말 그대로, 영원히 유지하고 싶어 합니다. 그러므로, 타락한 존재들은 브라마와 비슈누에 대해 그다지 염려하지는 않지만, 쉬바에 대해서는 아주 우려합니다. 쉬바를 파괴자라고 왜곡한 이유가 이것입니다.

하지만, 사랑하는 이들이여, 내가 파괴적인 힘인가요? 타락한 존재들을 보세요. 그들은 오랜 세월에 걸쳐 혼돈과 파괴를 만들어왔습니다. 일부 타락한 존재들은 자신들은 단지 쉬바의 힘을 사용하고 있는 것이라고 말할 것입니다. 재생(renewal)이 있으려면 파괴해야 하므로, 자신들은 쉬바의 특사라고까지 말합니다. 그들은 물질계에서 이러한 파괴를 일으키면서 자신들이 쉬바의 원리에 따르고 있다고 말합니다. 물론 이것은 진실이 아닙니다. 타락한 존재들이 만든 파괴는 그냥 파괴이고, 그것은 파괴적입니다. 그들은 인간들이 창조한 모든 것을 붕괴시킵니다. 타락한 존재들은 여러분이 오늘날 보는 것보다 훨씬 더 질서정연했던 이전 문명을 붕괴시켰습니다. 타락한 존재들은 이 행성에 전쟁을 가져왔습니다. 몇몇 타락한 존재들은 전쟁을 미화하고, 파괴를 미화했지만, 그것은 확실히 파괴적인 힘입니다. "무리를 솎아낸다(culling the herd)"라는 말처럼, 그들은 심지어 그것을 필요한 것으로 보았습니다. 그들은 인류의 생존에 도움이 되지 않는, 자신들이 원하지 않는 인간들을 제거해야 합니다.

쉬바는 해방의 원리입니다

파괴에 대한 이러한 전반적인 의식은 쉬바의 참모습에 대한 왜곡입니다. 이것은 쉬바와는 아무런 관련도 없습니다. 나는 파괴자가 아닙니다. 나는 자유의지의 영역 안에서 일합니다. 나는 열역학 제2 법칙이 활성화되는 지점에 이를 때까지는, 여러분이 부수고 싶어 하지 않는 것을 파괴하지 않습니다. 제한된 상태를 무한정 유지하려고 할 때, 창조물이 스스로 파괴되도록 하게 하는, 자유의지 법칙의 한 측면이 있습니다. 이것은 의식이 상승한 존재인 쉬바가 와서 파괴한 것이 아닙니다. 여러분이 파괴하는 힘을 활성화한 것입니다. 여러분의 창조물이 내부에서 스스로를 파괴하는 것입니다.

그럼 쉬바의 진정한 본성은 무엇일까요? 사람들이 나를 초대하고 요청하면, 사람들의 창조물로부터 그들을 자유롭게 해줄 준비를 하는 것, 그것이 나의 본성입니다. 진실로 나는, 상승 마스터 학생들인 여러분이 이 컨퍼런스를 통해 여러 상승 마스터들이 준 인식을 이용하여, 내가 활동하도록 요청하라고 초대하고 있습니다. 지구 독재정권의 배후인 아스트랄, 멘탈, 정체성층에 있는 데몬들을 소멸하는 쉬바의 화염을 기원할 기원문이 곧 만들어질 것입니다. 여러분은 타락한 존재들에 대한 심판을 요청할 수 있습니다. 여러분의 요청에 따라 법칙이 요구하거나 허용하는 대로, 나는 그들을 결박하거나 소멸하거나, 적절한 무엇이든 행할 수 있습니다.

다른 정부를 선택할 수 있도록 사람들을 자유롭게 하기

이렇게 함으로써, 여러분은 인류가 자신의 눈을 멀게 하여 자신에게 선택권이 있다는 것을 실제로 볼 수 없게 하는, 이 최면 상태에서 사람들을 자유롭게 하는 데 봉사할 수 있습니다. 그들은 자신들이 어떤 종류의 정부를 원하는지 선택할 수 있습니다. 그들이 독재정권을 원할까요? 아니면 민주적인 형태의 정부를 원할까요? 민주주의 국가 사람들은 여전히 독재정권이 있는 세상을 원할까요? 아니면 독재로부터 자유로운 세상을 원할까요? 여러분이 이들 어둠의 세력들에 대해 요청하는 것은, 어둠의 세력들의 자유의지를 간섭하는 것이 아닙니다. 데몬들은 자유의지가 없고, 타락한 존재들도 더 이상 자유의지를 가지고 있지 않습니다. 타락한 존재들과 데몬에게 최면에 걸린 인간 역시 자유의지를 가지고 있지 않습니다.

여러분은 이들 어둠의 세력들에 영향을 받은 사람들을 자유롭게 함으로써, 그들의 자유의지를 되찾게 합니다. 자신들에게 실제로 선택권이 있다는 의식과 비전을 회복시킴으로써 사람들의 자유의지를 회복시키는 것, 이것이 쉬바의 전반적인 목적입니다. 사람들은 두 가지 이상에서 고를 수 있는 선택권을 가지고 있습니다. 독재정권을 창출하는 배후 추동력 중 하나는 무엇일까요? 그것은 한 사람 또는 소수 그룹의 사람들에게 절대적인 권위를 부여하고, 그 휘하의 사람들이 독재자에게 자신의 의지를 종속시키는 것입니다. 그들은 독재자 외에 다른 대안이 없다고 생각합니다. 그들은 자신을 자유롭게 할 수 없고, 나라를 떠날 수 없으며, 독재자에 반대할 수도 없고, 비판할 수도 없습니다. 아니면 그들은 살해당할 것입니다. 그들은 다른 선택권이 없다고 생각합니다. 물론 그들은 선택권을 가지고 있습니다! 여러분은 언제나 선택권이 있습니다. 여러분은 언제나 자신의 의식을 전환하고, 의식을 높이는 선택권을 가지고 있습니다.

이것은 사람들이 깨닫지 못하고 있는 것입니다. 독재 치하에 있는 많은 사람이 깨닫지 못하고, 심지어 민주주의 국가의 많은 사람조차 깨닫지 못합니다. 우리가 말했듯이, 유서 깊은 일부 민주국가 사람들이 정부에 대해 불만을 느끼면서도, 뭔가를 변화시키기에는 힘이 없다고 여전히 느끼는 이유가 무엇일까요? 그들은 체제가 교착상태여서 어떻게 변화시켜야 할지 정말로 알 수 없다고 느낍니다. 음, 그들이 자신들의 민주주의를 어떻게 변화시켜야 할지 알 수 없는 이유는, 스스로 변화하기를 원하지 않고, 기꺼이 의식을 높이려 하지 않기 때문입니다.

인간의 딜레마를 극복하기

여러분이 의식을 높였을 때, 지금은 볼 수 없는 것들을 볼 수 있습니다. 이것이 영적인 여정의 이면에 있는 전반적인 원리입니다. 의식을 높이는 데, 무엇이 필요할까요? 많은 사람이 믿고 있듯이, 타락한 존재들에게 통제되는 거짓 구루들이 사람들에게 약속하듯이, 어떤 마법의 공식이 있는 것일까요? "오, 이 명상을 하루에 20분씩 하면, 여러분은 어느 날 깨닫게 될 것입니다." "아, 이 만트라를 하세요. 이 챈팅을 하세요. 이것을 하고 저것을 하면 어느 날 자동으로 여러분은 자유로워질 것입니다." 사랑하는 이들이여, 이것은 완전히 거짓말입니다. 자유로워지는 유일한 방법은 자신을 살펴봄으로써 의식을 높이는 것입니다. 여러분 존재 안에 있는 매트릭스들, 자아들, 내면의 영체들, 그것을 뭐라고 부르건 여러분이 그것들을 창조했습니다. 이것을 인식함으로써 의식이 올라갑니다. 지구 상황의 결과로써 여러분이 그것들을 창조했습니다. 그런 많은 상황은 타락한 존재들이 조종했으며, 여러분은 자신에게 선택권이 없다고 생각하는 상황에 있었습니다. 그러므로 여러분은 그 상황을 다루기 위한 자아들을 창조했습니다.

그 자아를 극복하는 길은 의식을 높여, 자신이 선택권을 가지고 있음을 보는 것입니다. 여러분은 그 자아를 놓아버릴 선택권을 가지고 있습니다. 그 자아는 해결해야 할 문제가 있다고 투사하지만, 이것은 비실재이고 조종된 인위적인 문제임을 깨달을 수 있는 선택권이 여러분에게는 있습니다. 그러므로 여러분은 이렇게 선택할 수 있습니다. "나는 더 이상 내 관심과 내 에너지를 이 문제를 해결하는 데 두지 않겠다. 나는 문제를 해결하려는 노력을 놓아버리고, 그 자아를 죽게 하겠다."

성 저메인은 그의 구술에서, "죽느냐 사느냐"라는 영원한 질문에 대해 언급했습니다. 햄릿에 관한 영화를 볼 기회가 있었는지 모르겠습니다. 그는 타락한 존재들이 사람들의 자유의지를 조종한 결과로 나타난 현상의 전형입니다. 햄릿은 누군가가 그를 죽이고 싶어 한다는 것을 아는 상황에 내몰렸습니다. 질문은 이것입니다. "먼저 공격할 것인가, 그들이 공격할 때까지 기다릴 것인가." 그것이 그가 볼 수 있는 유일한 선택이었습니다. 이것은 성 저메인이 영감을 준 예로, 인간적 딜레마라고 부를 수 있습니다. 인간적 딜레마는 실제로 인간의 딜레마가 아닙니다. 그것은 타락한 존재들이 만들어낸 인위적인 딜레마입니다.

다시 말해서, 그것은 인간의 본성에 따른 딜레마가 아닙니다. 그것은 이원성 의식에서 나오는 것이며, 이원성 의식은 인간의 본성이 아닙니다. 우리가 준 모든 가르침을 가지고, 여러분은 그 분별을 할 수 있습니다. 이원성은 인간의 본성이 아니므로 이원성에서 야기된 문제들은 인간의 본성이 아닙니다. 그 문제들은 피할 수 없는 것이 아닙니다. 여러분은 이원적인 상태에서 창조되지 않았습니다. 그것은 여러분이 걸쳐 입은 무엇인가이고, 다시 벗어버릴 수 있는 것입니다.

타락한 존재들은 여러분이 제한된 선택권을 가진다고 생각하는 상황에 놓이도록 조종했습니다. 여러분은 '해도 욕먹고, 안 해도 욕먹는다'라는 것과 같은 상황에 놓입니다. 행하든 행하기를 거부하든, 그것은 불쾌한 결과를 만듭니다. 여러분이 상황을 그렇게 보는 이유는, 비전이 제한되어서 둘 혹은 몇 가지 이상의 선택권을 볼 수 없기 때문입니다. 여러분은 이렇게 해야 하거나 하지 않아야 한다고 생각합니다. 여러분은 대안을 보지 못하는데, 물론 그 대안은 항상 의식을 높이는 것입니다.

우리는 전에 '힐링 트라우마(Healing Your Spiritual Traumas)' 책에서 예시를 준 적이 있습니다. 여러분의 의식을 높이는 것은 1층에서 시작하여 전체 풍경을 볼 수 있는 전망탑의 꼭대기로 걸어 올라가는 것과 같은 것입니다. 1층에서는 숲만 볼 수 있습니다. 아니 더 정확히 말하면 여러분은 나무만 보고 숲을 보지 못합니다. 여러분이 일단 전망탑의 꼭대기에 올라가면, 나무들 너머에 무엇이 있는지 볼 수 있습니다. 특정한 의식 수준에 있을 때, 여러분은 오로지 문제만 보고, 해결책은 보지 못합니다. 여러분은 타락한 존재들이 보기를 원하는 선택권만 보게 됩니다. 일단 더 높은 의식 수준에 올라가면, 이러한 이원적 선택권과 이원적 극성 너머를 보게 되며, 언제나 대안이 있다는 것을 볼 수 있습니다.

여러분은 이렇게 말할지도 모릅니다. "하지만, 뭔가를 하라고 부추기는 자아가 있습니다. 아무것도 하지 말라고 부추기는 또 다른 자아도 있습니다. 뭔가를 하는 것과 아무것도 하지 않는 것 말고 무엇이 더 있을까요? 내게 어떤 선택권이 있을까요?" 음, 이것이 붓다께서 가르치신 중도의 전반적인 개념입니다. 행하거나 행하지 않는 것에 대한 대안이 있습니다. 자, 현대의 불교가, 역사를 통틀어 그 문제에 대해서는, 붓다 가르침에서 벗어난 점이 있습니다. 세상에서 바람직하지 않은 결과로 이끄는 뭔가를 하는 것에 대한 대안이 사찰에 은거하면서 불교적 수행과 의식을 행하는 것이라고 종종 생각한다는 것입니다. 붓다께서 의미한 진정한 중도의 개념은, 쌍을 이루는 이원적인 극성을 초월하라는 것이었습니다. 그러므로 행하거나 행하지 않는 것 이상의 선택권이 있습니다. 여러분은 이원성에 기초한 행위를 하지 않는 의식 상태에 도달할 수 있습니다. 따라서, 여러분은 타락한 존재들에 의해 조종된 이원적 선택이 아닌 다른 무언가를 할 수 있습니다. 다른 방식으로 행동할 수 있습니다.

카르마는 피할 수 없는 것이 아닙니다

힌두교는 카르마에 초점을 많이 두는데, 여러분이 어떠한 행위를 하든 카르마를 만든다고 생각합니다. 세계의 많은 사람, 심지어 많은 뉴에이지 사람조차 하나의 행위는 언제나 카르마를 만든다고 생각합니다. 그것이 좋은 카르마일 수도 있고, 나쁜 카르마일 수도 있지만, 어떤 행위를 할 때마다 카르마를 만들어냅니다. 그들이 카르마를 바라보는 방식은 사실 실재와 맞지 않습니다. 우리는 더 높은 수준에서 카르마에 대한 가르침을 주었습니다. 카르마는 여러분이 불가피하게 창조하는 무언가가 아닙니다. 카르마 일부는 여러분 자신의 의식 상태입니다. 여러분이 특정한 행위를 할 때, 실제로 그 행위는 특정한 분리된 자아에 기반을 둡니다. 행위를 하고 우주 거울에 의해 반사된 결과를 봄으로써, 여러분은 그 자아를 강화합니다. 이때 일어나는 일은, 여러분이 특정 분리된 자아에 의해 채색되고, 그 분리된 자아를 통해 행동하고, 이것이 그 자아를 강화한다는 것입니다. 반응이 우주 거울로부터 되돌아올 때, 여러분은 동일한 분리된 자아나 또 다른 분리된 자아를 통해 반응을 평가합니다. 그리고 그것이 분리된 자아를 강화합니다. 이것이 실제로 카르마입니다. 카르마는 여러분이 내보낸 것을 우주의 어떤 신비한 힘이나 법칙이 여러분에게 되돌려 보내는 무언가가 아닙니다. 그것은 여러분이 내면에서 창조한 무언가입니다.

진정으로 여러분에게 되돌아오는 것은, 분리된 자아를 통해 행하도록 자신을 계속 허용함으로써 여러분이 계속 창조했던 무엇인가입니다. 출생 트라우마나 지구 트라우마를 극복하는 지점, 혹은 이러한 분리된 자아를 놓아버리는 지점에 이르면, 세상에서 카르마를 만들지 않고도 행위를 할 수 있습니다. 여러분이 하는 행위는 분리된 자아를 통한 것이 아니고, 분리된 자아를 강화하지 않습니다. 여러분에게 반응이 되돌아올 때, 여러분은 또 다른 분리된 자아를 통해 그 반응을 평가하지 않습니다. 그러므로, 여러분은 행위를 할 때 자신의 분리된 자아들을 강화하지 않습니다. 그것은 여러분이 자유를 제한하지 않고 행할 수 있음을 의미합니다. 여러분은 붓다의 가르침처럼 행위의 결과에 집착하지 않습니다.

무집착은 오로지 분리된 자아를 없앰으로써 성취할 수 있습니다. 분리된 자아들이 집착을 만들어내기 때문입니다. 분리된 자아가 집착한다는 것이 아니라, 집착이 분리된 자아의 프로그래밍 결과라는 것입니다. 분리된 자아는 자신의 프로그래밍을 강화하고 싶어 하므로, 여러분이 분리된 자아를 통해 되돌아오는 것을 평가하면, 그것은 그 분리된 자아의 프로그래밍을 강화하는 것처럼 보일 것입니다. 그 분리된 자아를 놓아버릴 때, 여러분은 되돌아오는 것에 대해 완전히 중립적인 방식으로 평가할 수 있습니다.

그래서, 여러분은 담담하게 말할 것입니다. "내가 정말로 원했던 것이 이것인가? 내가 이것을 더 원하는가? 아니면 이것 이상을 원하는가?" 진정으로 원했던 것이 이것이 아니었다고 결정한다면, 여러분은 이것 이상을 원하게 됩니다. 그때 여러분은 의식을 전환합니다. 다른 말로 하면, 여러분이 분리된 자아들을 놓아버릴 때, 참된 공동창조의 과정으로 돌아옵니다. 여러분은 행위를 하고, 우주 거울에 자극을 보냅니다. 그것이 물리적 상황으로 되돌아올 때, 그것이 좋았는지 나빴는지, 옳은지 그른지, 죄책감을 느껴야 하는지, 불쾌해야 하는지, 부적절했는지, 여러분은 평가조차 하지 않습니다. 여러분은 단순히 이렇게 말합니다. "내가 이것으로부터 무엇을 배울 수 있을까?" 여러분은 그것에서 배우며, 새로운 자극을 내보냅니다. 그 새로운 자극은 더 높은 상황을 구현합니다.

행하는 것에 대한 두려움을 극복하기

여러분은 하나의 카르마에서 또 다른 카르마로 가지 않습니다. 여러분은 행해도 비난받지 않고 행하지 않아도 비난받지 않습니다. 여러분은 행하는 것과 선택하는 것을 두려워하지 않는데, 이는 어떤 선택을 하든 그것이 배우기 위한 하나의 기회임을 깨닫기 때문입니다. 그 기회는 더 높은 선택을 하도록 여러분에게 힘을 줍니다. 많은 사람, 심지어 많은 상승 마스터 학생도 무언가 하기를 두려워합니다. 왜냐하면, 나쁜 카르마를 만들고, 실수하는 것을 두려워하기 때문입니다. 그들은 다른 사람에게 비난받는 것, 상승 마스터들에게 비난받는 것, 자기 자신에게 비난받는 것을 두려워합니다.

여러분은 분리된 자아에게 비난받는 것이지, 자신에게서 비난받는 것이 아닙니다. 분리된 자아들을 놓아버리면, 창조적 과정과 관련된 두려움이 사라집니다. 결정하는 데 어떠한 저항이나 거리낌이 없습니다. 그냥 단순히 결정합니다. 여러분이 어떠한 상황에서 항상 성급한 결정을 한다는 말이 아닙니다. 여러분은 여러 가지 많은 상황에서, 그저 뒤로 물러날 필요가 있다고 말할지도 모릅니다. 사람들은 "나는 이것에 대해 생각을 해야 해"라고 할 테지만, 여러분은 분석적인 마음으로 그것을 생각하지 않습니다. 여러분은 실제로 중립적인 마음 상태로 들어가 상황을 살펴보고, 질문을 구상하며, 그 질문을 여러분의 아이앰 현존에게 보냅니다. 그리고 현존으로부터 자극이 되돌아올 때까지 그냥 기다립니다. 현존은 여러분이 무엇을 해야 한다고 말하지 않습니다. 단지 어떤 진동, 참조틀인 진동하는 어떤 매트릭스를 줍니다. 그러면 갑자기 명백해집니다. "아, 그래, 이것이 내가 할 일이야." 거기에는 두려움도 없고 망설임도 없습니다. 여러분은 공동창조가 즐거운 과정이 되는 지점에 도달할 수 있습니다.

이것이 상승 영역의 우리 모두가 우리 학생들에게서 보고 싶은 것입니다. 그래서 나 쉬바는 여러분이 기꺼이 자신의 분리된 자아들을 살펴보고, 마음속에 가지는 이들 구조와 믿음을 보려고 한다면, 기꺼이 여러분과 함께 일할 것입니다. 나에게 요청하고 그것들을 소멸해 달라고 하세요. 그래서 여러분은 햄릿처럼 "죽느냐 사느냐", "하느냐 마느냐", "이것을 할까 저걸 할까", "내가 이것을 해야 할까 저걸 해야 할까"라고 망설이는 대신, 더 많은 선택과 더 많은 선택권을 가지는 데 자유로워질 수 있습니다. 여러분은 외칩니다. "내가 무엇을 해야 하나요? 신이시여 도와주세요." 신이시여, 여기로 내려오셔서 내가 결정하지 않아도 되도록 어떻게 해야 하는지 말해 주세요."

음, 사랑하는 이들이여, 많은 사람이 왜 독재자의 지배를 받을까요? 그들이 이렇게 외쳤기 때문입니다. "누군가 내게 무엇을 해야 하는지 말해 주세요. 나는 스스로 선택하고 싶지 않아요." 타락한 존재들은 말합니다. "아하, 우리가 너희에게 무엇을 해야 하는지 말해 주는 독재자를 보내주겠다. 그냥 우리를 따라와." 사람들은 계속되는 재앙을 경험하다가 내면에서 어떤 자극을 받게 됩니다. "어쩌면 이 독재자들을 따르는 것보다 나 스스로 선택하면 더 잘할 수 있을지도 몰라. 아마도, 나 스스로 선택하는 것이 히틀러의 정신 나간 요구를 따르는 것보다 결과를 더 적게 초래할지도 몰라."

독재자를 넘어서기

사람들이 그러한 지점에 도달하면, 그들은 매우 점진적으로 아주 천천히 성장하기 시작합니다. 사람들이 그러한 결정을 한 후에는, 그리 오래지 않아 다음 육화를 민주주의 국가에서 하게 될 것이고, 자신이 무엇을 할지에 대해 말해 줄 어떤 절대적인 권력을 원하지 않고, 그들 스스로 더 많은 결정을 하기 위한 선택권을 가질 것입니다. 사랑하는 이들이여, 오늘날을 보세요. 정치적인 의미에서 스스로 자유롭다고 하는 많은 민주주의 국가들을 보세요. 비록 그들이 민주주의 국가에 살고 있고, 이런저런 것들에 대해 선택권을 가지며, 투표소에 가서 자신의 대표자들에게 투표를 할지라도, 그들은 삶의 특정한 측면에서 그들에게 어떻게 하라고 말하는, 타락한 존재들이 구축한 종교 중 하나에 여전히 속해 있습니다.

여러분이 알다시피, 사람들에게 무엇을 하라고 말하는 것은 정치적인 독재자뿐만 아니라 종교적인 독재자들 또한 그러합니다. 이것 또한 여러분이 요청할 수 있습니다. 그 요청으로 사람들이 자유로워져 스스로에 대한 책임을 질 수 있습니다. 그들은 깨닫습니다. "나는 기꺼이 나 스스로 선택할 것이다." 이것을 인식하는 것이 왜 중요할까요? 예, 바로 자유의지의 법칙 때문입니다. 각각의 인간은 개별적 존재입니다. 우리가 말했듯이, 각각의 인간은 독특한 아이엠 현존을 가지고 있습니다. 어떤 의식 수준에 있든 상관없이, 스스로 선택을 하는 것이 인간의 성장을 위해서 항상 더 낫습니다. 그것이 그들을 성장하도록 돕는 것입니다.

선택하기를 자진해서 멈추고, 맹목적으로 독재자를 따를 때, 여러분은 성장하지 못합니다. 여러분은 성장할 수 없습니다. 그러므로 여러분 스스로 선택하는 것이 항상 더 좋습니다. 내가 설명했던 다음과 같은 과정 때문입니다. 여러분은 선택하고 결과를 보며, 평가합니다. "어떻게 하면 내 의식을 높일 수 있을까?" 그러면 여러분은 더 나은 선택을 할 수 있습니다. 여러분이 스스로 결정을 할 때만 이렇게 할 수 있습니다. 물론, 그 결정들은 여러분이 지구에서 노출되어 온 것들에 의해 부분적으로 영향을 받을 것입니다. 그러나 결정함으로써, 여러분은 의식을 높일 수 있는 기회를 얻게 됩니다. 결정을 내리지 않을 때는 그 기회를 가질 수 없습니다. 여러분이 결정을 내리지 않을 때는 성장할 수도 없습니다.

많은 사람이 이렇게 말할 것입니다. "하지만, 내가 낮은 의식 상태에 있다면, 부정적인 카르마를 만들지 않도록, 결정하지 않는 편이 더 낫지 않을까요?" 아닙니다. 여러분이 어떤 의식 상태에 있든 그 의식 상태에서 결정을 내리면, 이것이 우주 거울에 의해 반사되어 돌아올 것입니다. 이것이 여러분에게 무엇을 할 기회를 주는 것일까요? 이 기회는 그 의식 상태의 한계를 보여주며, 그리하여 여러분은 그 의식을 초월할 수 있습니다.

사람들이 자신의 선택을 할 수 있도록 자유롭게 하기

그러므로 여기서 깨달아야 할 것은, 영적인 사람으로서 여러분이 다른 사람들이 이들 모든 데몬과 에너지적 부담, 타락한 존재들의 환영으로부터 자유로워지도록 요청을 할 때, 그들의 자유의지나 자유의지 법칙을 침해하는 것이 아니라는 것입니다. 여러분은 그들에게 자유의지를 회복하고, 성장할 기회를 주는 것입니다. 그들이 그 기회를 취하든 그렇지 않든, 여러분은 완전히 무집착으로 있어야 합니다. 여러분은 그들에게 기회를 주는 것에 만족합니다. 여러분은 그들이 자신의 삶에서 무엇을 해야 하는지에 대해 아무런 의도를 가지지 않습니다.

이것은 특히 여러분이 사랑하는 사람들을 위해 요청할 때 중요합니다. 여러분은 중립적인 마음 상태로 들어가야 합니다. 여러분은 그들에게 선택할 자유를 주고, 그들이 선택하도록 허용합니다. 심지어 그들이 무엇을 선택해야 하는지 의견조차 가지지 않습니다. 여러분은 그들에게 영향을 미치거나, 비난하거나, 그 어떤 것도 하려고 하지 않습니다. 그냥 의견을 가지지 않고 그들이 선택하도록 허용합니다. 여러분은 중립적인 마음 상태에 있습니다. 그렇지 않으면 여러분은 타인의 선택에 영향을 끼치려는 의도가 있으므로, 실제로 카르마를 만들 수 있습니다. 중립적으로 되세요. 여러분이 중립적인 마음 상태에 있으면, 사람들이 자신의 자유의지를 제한하는 것으로부터 자유로워지게 해달라고 요청할 때, 여러분은 다른 사람들의 자유의지를 침해하지 않습니다.

이것으로 구술을 마칩니다. 기꺼이 함께하면서, 자신의 오라와 차크라를 통해 집단의식 속으로 이 메시지를 방송해 준 여러분 모두에게 감사를 전합니다. 우리가 주는 기원문을 하고, 진정한 선택이 있다는 것을 집단의식 속으로 방출하기 위해, 이 기원문을 이용할 분들에게도 감사드립니다. 언제나 선택이, 진정한 선택이 있습니다. 그러므로 나는 쉬바입니다.

9

독재자들 뒤에 숨어 있는 어둠의 세력들

나는 상승 마스터 예수 그리스도입니다. 여러분이 기원한 내용에서처럼, 우리가 여러분에게 지구의 어떤 상황, 어떤 현상에 대해 그리스도의 심판을 요청하라고 요구했을 때, 그것의 의미는 무엇일까요? 그것은 인간의 판단을 멈추고 그리스도 마음의 비전에 따라 필요한 판단을 내리도록 요청하라는 의미입니다.

많은 경우 사람들은 인간적인 판단을 합니다. 물론 그런 판단은 지구의 어떤 상태에 대한 반응으로 만들어진 외면의 자아에서 옵니다. 상승 마스터 학생 중 대부분이 이해하는 것처럼, 이미 지구에 구현된 어떤 조건의 결과로서 하나의 자아가 만들어졌을 때, 그 자아는 그 조건을 초월할 수 없습니다. 그 조건 뒤에 있는 더 깊은 원인을 볼 수 없으며, 그리스도의 상위 비전을 볼 수 없습니다. 그러므로 그 자아는 단지 인간적인 판단만을 할 수 있습니다. 이것은 그 현상이나 그 현상 뒤에 있는 어둠의 세력들에 대한 심판을 불러오지 못하는 수준입니다.

인간적인 판단은 오직 갈등을 가져옵니다

지구에서 인간들 사이의 갈등의 원인으로 볼 수 있는 가장 일반적인 것이 무엇일까요? 그것은 한 사람이 어떤 문제에 대해서 한 가지 의견만을 가지는 것입니다. 다른 사람은 반대되는 의견 아니면 적어도 다른 의견을 가지고 있습니다. 그러나 양측 의견 모두 인간의 의견입니다. 물론 두 사람 모두 자신의 의견이 인간의 의견이 아니라 절대적인 진실이며, 따라서 상대방의 의견은 절대적인 거짓말이라고 주장할 수 있습니다.

오랜 시대에 걸쳐, 이런 현상에 의해 갈등이 또 다른 갈등을 일으켰음을 볼 수 있지 않나요? 다른 인간의 의견에 반대하는 또 다른 인간의 의견, 두 사람은 모두 자신의 의견에 대해서 인간의 것이 아닌, 더 높은 권위와 더 높은 진리가 있다고 주장합니다. 하지만, 그것이 무엇으로 이어졌습니까? 그것은 오직 갈등과 혼란으로 이어지게 되었습니다. 여러분은 그 둘 중 어느 것도 더 높은 진리가 될 수 없다는 것을 알 수 있습니다. 그것들은 단지 인간의 의견일 뿐입니다. 따라서 다른 인간의 판단에 대한 인간적인 판단은 변화를 가져오지 못합니다. 그리스도의 심판은 더 높은 수준인, 상위 비전에서 옵니다.

그것이 내가 2000년 전에, "심판받지 않으려면, 심판하지 말라"라고 말했던 이유입니다. 여러분이 인간적인 견해의 수준에서 판단하고 있을 때, 여러분은 우주의 거울 속으로 자극을 보내는 것입니다. 그러면 거울은 무엇을 하게 될까요? 여러분이 보내는 것을 그대로 반사합니다. 우주 거울은 그것을 어떤 방식으로 반사할까요? 자, 여러분이 특정한 문제에 대해 확고한 인간적인 판단을 하고 있다면, 우주 거울은 그와 반대되는 인간적인 판단을 가진 또 다른 인간을 여러분에게 보내줄 것이고, 이제 두 사람은 충돌할 수 있습니다.

　사랑하는 이들이여, 이것을 생각해 보세요. 우리는 양극단으로 향하는 극성이 항상 존재하는 이원성 의식에 대해서 이야기했습니다. 불교의 가르침에서 배울 수 있는 것은 붓다께서 "쌍(pairs)"이라고 부르는 것이 동시에 만들어진다는 것입니다(쌍을 이룸, 법구경 제1장 쌍서품 대구의 장 참고). 그것들은 극성 관계로 만들어집니다. 한 극성은 다른 쪽 극성이 없이는 존재할 수 없습니다. 지구에서 사람들이 믿는 것은, 그들의 의견이나 판단은 원래부터 존재했던 더 높은 진리이며, 후에 악마가 그 진리에 반대할 때 반대 의견이 나온다는 것입니다. 그들은 진실이 먼저 나왔고 반대가 나중에 나왔다고 생각합니다. 그래서 두 사람의 인간적인 의견이 이원성 의식에서 동시에 발생했다는 것을 보지 못합니다.

순수 과학은 순수한 종교에 반대하지 않습니다

　한 사회가 오랫동안 특정한 철학, 어쩌면 하나의 특정한 종교에 지배되어 온 상황들이 있습니다. 그러므로 사람들은 그 종교가 진리를 대표하고 다른 종교(또는 다른 관점)는 오류를 나타낸다고 믿도록 길들여져 왔습니다. 아마 반대 의견은 억압되었을 것입니다. 반대편의 이원적인 극성은 지배력을 얻은 다른 한쪽의 이원적 극성에 의해 억압되었습니다. 따라서 더 이상 사람들은 두 의견이 다른 한쪽이 없으면 존재할 수 없는, 동전의 양면과 같다고 보지 않습니다.

　예를 들어, 여러분은 천년 동안 가톨릭교회가 가톨릭 교리 이외에 다른 지식의 원천을 모두 어떻게 억압했는지 볼 수 있습니다. 그들은 가톨릭 교리가 유일한 진리를 대변한다고 주장했습니다. 그리고 많은 사람이 많은 생애 동안 이것을 믿도록 프로그래밍 되었습니다. 그래서 과학이 등장하여 가톨릭 교리에 의문을 제기하기 시작하면서, 사람들은 자연스럽게 교리는 진리라고 믿고, 과학이 교리에 의문을 가지는 것은 오류임이 분명하다고 생각하는 경향이 있습니다.

실제는, 순수한 과학적 관찰, 중립적인 과학적 관찰은 이원적 극단을 넘어섭니다. 지구는 태양을 중심으로 회전하며, 우주의 중심이 아닙니다. 그것은 인간적 의견의 문제가 아닙니다. 그것은 현실(reality)입니다. 여기서 여러분이 알아야 할 것은 여러 시대를 거쳐 절대적인 진리를 가졌다고 주장하는 어떤 사고체계, 종교, 정치 이데올로기, 철학이 어떻게 출현했는가 하는 것입니다. 그들은 모든 다른 관점이 오류라고 주장합니다. 역사를 통해 여러분이 보는 것은, 이 절대적 진리가 반대 관점을 가진 사람들과 충돌해 왔다는 것이고, 그 결과는 종종 오랫동안 진행되어 온 갈등이었습니다. 어떤 경우에는, 가톨릭교회에서 보듯이, 특정한 버전이나 특정한 분파가 잠시 지배하고 우위를 차지했습니다.

가톨릭교회가 거의 천년 동안 유럽을 지배했다는 사실을 살펴보세요. 이것이 평화를 가져왔습니까? 절대적 진리라고 생각되는 하나의 진리가 지배하는 것이 지구에 평화를 가져왔나요? 아닙니다. 그렇지 않았습니다. 그 천년 동안에도 갈등에 갈등이 거듭되었습니다. 가톨릭교회는 순결파(Cathars) 사건과 같이 그들 내부에서도 그리스도교 분파들과 싸웠습니다. 그들은 이슬람교도들과 싸웠고, 종교재판과 마녀사냥도 있었으며, 항상 싸워야 할 적이 있었습니다.

여러분도 알고 있듯이, 사람들이 더 높은 진리나 절대적인 진리를 가지고 있다면, 그 진리는 이원적이지 않습니다. 반대하는 다른 극성이 있을 수 없습니다. 그러므로 그 진리가 실제로 사회를 지배한다면, 갈등을 일으키지 않을 것입니다. 가톨릭교회와 가톨릭 교리가 평화를 조성한 것이 아니라 갈등에 갈등을 거듭 일으켰다는 바로 그 사실만으로도, 그것이 더 높은 진리가 될 수 없음을 알 수 있습니다. 그것은 하나 또는 여러 반대편을 가질 수밖에 없는 하나의 이원적인 극성이었습니다.

타락한 논리가 모든 것을 왜곡하는 방식

여러분은 이제, 인간적인 논리는 인간적인 논리일 뿐이라는 것을 인식할 것입니다. 이것은 타락한 존재들이 사람들을 혼란스럽게 하려고 지속적으로 사용해 왔던 것입니다. 방금 내가 한 말을 들어보세요. 가톨릭 교리가 지구는 우주의 중심이라고 말할 때가 있었습니다. 태양과 다른 모든 행성, 창공의 별들은 지구를 중심으로 회전합니다. 지구는 신에게 매우 중요하기 때문에, 신은 지구를 창조의 중심에 두었습니다. 인간은 신에게 너무 중요하여 신이 인간을 그의 창조의 중심에 두었다는 것입니다.

그리고 과학이 출현하였습니다. 과학은 우리가 설명했듯이, 중립적인 관찰을 바탕으로 한 것입니다. 세상이 실제로 어떻게 작동하는가? 행성들은 지구와 연관되어 어떻게 움직이는가? 그것은 지구에 관해 무엇을 보여주는가? 이것이 중립적 관찰입니다. 타락한 존재들은 사람들이 그러한 중립적인 진실, 우리가 객관적이고 더 높다고 말할 수 있는 진실을 알기를 원하지 않는다는 사실을 알겠나요? 그들은 이러한 이원적 논리를 이용해서 반대편을 만듭니다. 사실, 그들은 이미 잘못된 우주 관측을 바탕으로 가톨릭 교리를 확립함으로써 반대편을 만들어냈습니다. 문제는 잘못된 관찰이 아닙니다. 사람들이 지구가 우주의 중심이라고 믿는 것은 정말로 문제가 아니었습니다. 문제는 이것이 오류가 없는 교리라고 주장했다는 것입니다. 지구에서 유일하게 그리스도를 대표한다는, 오류가 없는 조직에서 무오류의 교리로서 말입니다.

이것을 의심의 여지가 없는 더 높은 권위에 의해 승인된 절대적 진리라고 주장함으로써, 타락한 존재들은 이미 갈등의 가능성을 설정해 놓았습니다. 그러므로 과학으로 세상의 작동 방식을 중립적으로 관찰을 했을 때, 그들이 과학적 관찰을 취해서 종교적 권위에 반대되는 물질주의 철학에 덧씌우기가 매우 쉽습니다. 이제 한동안 지배권을 가졌던 종교적 권위를 가진 기존 파워 엘리트가 존재합니다. 그리고 과학적 권위, 말하자면 절대적 진리를 가지고 있다고 주장하는 "과학적" 권위도 존재합니다. 실제로 중립적인 과학적 관찰의 결과는, 타락한 존재들이 만든 이원적 갈등 안에서 이원적인 극성이 되고 말았습니다.

과학은 타락한 존재들에게 강탈당했습니다. 이것 역시, 우리가 설명했듯이, 과학적 관찰만큼이나 중립적인 신비주의가 종교와 영성에서 일어났던 일입니다. 순수한 형태의 신비주의는 영적인 실재에 대한 이론과 교리를 배우는 것이 아니라, 영적인 실재를 경험하는 것입니다. 신비주의는 영적인 영역을 어떻게 생각하는가의 문제가 아니라, 스스로 영적인 영역을 체험하는 것입니다. 진정한 신비주의자로서, 여러분은 의식하는 자아(Conscious You)가 자신의 네 하위체 밖으로 벗어나는 체험을 할지라도, 그 체험 또한 절대적인 것이 아님을 인식해야 합니다.

신비 체험들과 진리에 대한 주장

우리는 의식의 144단계에 대해 이야기했습니다. 우리가 말할 수 있는 것은 여러분이 96단계 의식 수준에 있다면, 의식하는 자아는 96번째 수준에서 의식의 일상적인 상태를 가지겠지만 그것이 최고 수준은 아니라는 것입니다. 여러분은 여전히 필터와 환영을 통해서 보고 있습니다. 의식하는 자아는 그 의식 상태 밖으로 나갈 수 있고, 절대적인 실재로 느껴지는 신비 체험을 할 수 있습니다. 그러나 의식하는 자아가 네 하위체로 다시 돌아오자 마자, 의식하는 자아는 그 체험을 현재의 의식 수준과 아직 남아 있는 환영을 통해 해석합니다.

그 점에 관해서, 여러분은 의식의 144개 수준이 있는 척도를 설정할 수 있습니다. 그리고 더 상위 영역에서, 즉 감정, 멘탈, 정체성층, 심지어 영적인 영역으로까지 가서, 144 가지의 다른 수준을 체험할 수 있습니다. 여러분이 특정한 의식 수준에 있으면, 의식하는 자아는 여전히 일상적인 의식 상태에서 벗어날 수 있지만, 영적인 영역의 최고 수준으로 갈 수는 없습니다. 여러분이 지구에서 가능한 의식의 12단계 수준에 있다고 해봅시다. 여러분은 그 수준을 벗어난 신비 체험을 할 수는 있지만, 그것이 육화 중인 사람에게 가능한 144단계의 최고 수준의 신비 체험은 아닙니다.

알다시피, 상응(correspondence)이라는 것이 있습니다. 여러 시대에 걸쳐, 신비주의자들은 참된 신비 비전이라고 할 수 있는 다양한 비전을 가지고 있었지만, 그 비전은 꼭 최고의 비전이라고는 할 수 없습니다. 12단계의 의식에 있는 그 사람은 상당히 낮은 수준의 신비 체험을 하게 됩니다. 그럼에도 불구하고, 그 체험은 그 사람의 일상의 의식과는 다르므로, 그는 그것을 실재로서 경험합니다. 이 때문에 여러 시대에 걸쳐, 영적인 영역을 체험했다고 주장하는 신비주의자들을 볼 수 있는 것입니다. 신비주의자라고 생각되지도 않았던 사람조차 임사 체험을 하는 것처럼 말입니다. 그 체험이 너무나 실재처럼 느껴져서, 그들은 이것이 가능한 최고의 비전이고, 영적인 영역에서 가능한 최고 수준을 보았다고 확신합니다. 12단계에 있는 사람은 12단계의 신비적인 의식에서 비전을 볼 수는 있지만, 그것은 분명히 가능한 최고의 비전은 아닐 것입니다. 그리고 그 사람이 일상의 의식으로 돌아왔을 때, 그는 12단계의 의식 수준을 통해 그 비전을 해석합니다. 그것이 전달되자 마자, 그 비전은 그 수준에서 소통되는 것입니다.

사랑하는 이들이여, 그래서 많은 사람이 영성 서적에서 읽은 것처럼, 지구 내부에 지저(地底) 문명이 존재한다거나, 이런저런 신비 현상이 있고, 이런저런 세상도 있다는 주장을 발견할 수 있는 것입니다. 그 중의 다수는 의식하는 자아가 일상적인 의식 수준을 벗어나 신비 체험을 한 결과입니다. 그러나 그 체험의 수준은, 지구에서 가능한 신비 체험의 144단계에서 가장 높은 수준은 아니었습니다. 많은 시대에 걸쳐, 일상적인 의식 상태를 벗어나 신비 체험을 할 수 있었던 신비주의자들이 있을 것입니다. 그들은 어쩌면 감정층으로 갔을 수 있습니다. 아스트랄층을 말하는 것은 아닙니다. 아스트랄층은 감정층에서 하위 수준입니다.

　내가 진정한 신비 체험이라고 말하는 체험을 여러분이 할 때, 여러분의 의식하는 자아는 일상적인 의식 상태를 벗어납니다. 자, 여러분이 이런 종류의 체험을 살펴본다면, 이런 일이 다양한 방법으로 일어날 수 있다는 것을 알 것입니다. 예를 들자면, 때로는 사고와 같은 매우 충격적인 경험을 한 결과로써 이런 일이 일어납니다. 이것은 그 사람에게 쇼크를 주어 정상적인 의식 상태에서 벗어나게 합니다. 마약을 복용하여 정상적인 의식을 벗어난 체험을 강제로 하는 사람들도 있습니다. 그 체험을 강제로 하면 아스트랄층으로 갈 수 있습니다. 그 체험이 매우 실제적이고 매우 놀라울 수 있지만, 그것들은 신비 체험의 최고 수준은 아닙니다.

　여러분이 내가 말하는 진정한 신비 체험을 한다면, 그것은 의도적으로 강요한 결과가 아닙니다. 그것은 강제적이지 않은 다른 과정을 통해 일어나는 것입니다. 여러분은 여전히 그러한 체험을 할 수 있고, 감정층의 더 높은 단계로 가서 거기 존재하는 구조물들과 존재들에 대한 체험을 할 수 있습니다. 그것은 매우 실제처럼 느껴질 것입니다. 여러분은 멘탈층으로 들어가는 체험도 할 수 있고, 거기에서 여러분보다 의식이 더 높은 존재들을 만날 수도 있습니다. 그들은 의식이 더 높을 수 있습니다. 따라서 여러분은 그들이 실재하며, 여러분에게 어떤 궁극적인 진리를 준다고 생각할 수도 있습니다.

사람들이 신비 체험을 하게 만드는 아주 많은 영성 서적들이 있지만, 그들은 멘탈층에서 오는 지시를 받으며 멘탈층 수준으로 들어가는 것입니다. 그리고 정체성층의 낮은 수준으로 갈 수 있는 소수의 사람이 있으며, 그들은 거기에 거주하는 존재들로부터 무엇인가를 받습니다. 우리가 설명했듯이, 정체성층의 낮은 수준에도 타락한 존재들이 있습니다. 타락한 존재가 아닐 수도 있고 그렇게 악한 의도가 없는 존재들도 있기는 하지만, 그들 역시 자신들의 의식 수준에 기초해서 보는 것만을 여러분에게 줄 수 있습니다. 여러분이 육화 중일 때, 일상적인 의식 상태를 벗어나 자신보다 매우 진보된 것처럼 보이는 정체성층의 이러한 존재들과 접촉하는 경험을 하게 되면, 그것이 매우 실제적이라고 느껴질 수 있습니다.

이처럼 다양한 체험을 했다는 많은 사람을 볼 수 있는 이유가 바로 이것입니다. 감정, 멘탈층의 다양한 존재와 채널링을 할 수 있는 많은 채널러도 있고, 일부 소수는 정체성층의 존재들과도 채널링을 합니다. 많은 사람은 그 존재들이 어느 영역에 있는 존재인지 분별할 수 없습니다. 그들은 그것이 진실인지 아닌지 알 수 없습니다. 많은 사람은 그들이 감정층에 있는 존재들로부터 더 고등한 진리, 어쩌면 절대적인 진리까지도 얻고 있다고 믿습니다. 더 많은 사람이 분별력이 없으므로 멘탈층의 존재로부터 절대적인 진리를 얻고 있다고 믿습니다.

과학과 진리에 대한 주장

이제 과학의 영역을 봅시다. 사람들이 지구가 우주의 중심이라고 믿었던 때가 있었습니다. 이제 과학은 지구가 태양 주위를 돌고 있으며, 태양은 많은 태양 중 단지 하나라는 것을 발견했습니다. 그 태양들은 모두 은하계의 중심을 돌고 있었습니다. 이 은하계는 많은 은하계 중의 하나이고, 어디 있는지도 무엇인지도 모르는 어떤 것을 중심으로 돌고 있습니다. 하지만, 과학이 지금 발견한 것이 절대적 진리일까요?

뉴턴이 떨어지는 사과에 맞고 중력의 힘을 발견했을 때, 그가 절대적인 진리를 발견한 것인가요? 자, 사랑하는 이들이여, 어떤 의미에서는 지구가 중력이라 불리는 이 끌어당기는 힘을 만들어냈다는 생각이 타당하다고 할 수 있습니다. 그 개념은 지구에서 사물이 아래로 떨어지는 현상을 설명하는 한 가지 방법이고, 어쩌면 건설적인 방법이기도 합니다. 사과는 나무에서 떨어지면서 땅이나 나무 아래에 앉아있는 누구에게 부딪힙니다. 그것이 잘못된 설명이 아닙니다. 그러나 그것이 유일한 설명일까요? 아닙니다. 1905년 아인슈타인이 새로운 이론을 생각해 냈기 때문입니다. 일반 및 특수 상대성 이론에 따르면 중력에 대한 또 다른 설명이 있습니다. 그것은 반드시 힘이 아니라 아인슈타인이 시공간이라고 부르는 기하학의 결과입니다. 자, 그런데 그가 노벨상을 받았고 가장 위대한 천재 중 한 명으로 여겨지고 있음에도 불구하고, 그것이 지금 절대적인 진실인가요? 아닙니다. 양자물리학은 이미 그것을 넘어섰기 때문입니다.

사랑하는 이들이여, 지난 백 년 동안의 놀라운 과학 발전을 보세요. 그리고 500년 후의 미래를 생각해 보세요. 정말로 과학이 지금 상태로 여전히 정체해 있으리라 생각하나요? 1800년대에, 선구적 과학자들이 이미 주요한 발견들을 모두 했다고 주장했던 시기가 있었습니다. 그러나 그 이후로 얼마나 많은 발견이 있었는지 보세요. 정말 과학자들이 이미 모든 중요한 발견들을 해서, 과학이 앞으로 500년 동안 발전하지 않을 것이라고 생각합니까? 나는 과학이 진보할 것이라고 장담할 수 있습니다.

　지금 과학적 진보를 막고 있는 것은 무엇입니까? 그것은, 과학이 어떤 절대적인 진리를 발견했는데 물질우주 너머에는 아무것도 없고 물질우주에서 일어나는 모든 현상은 물질우주에 있는 원인과 결과로써 설명할 수 있다는 물질주의에 따라 만들어진 주장입니다. 가톨릭교회가 2000년 전에 내가 준 가르침과 예시에 대해 순전히 인간적인 해석을 강요한 것처럼, 물질주의는 순수한 과학적 관찰에 대해 인간적 해석을 강요했습니다. 가톨릭교회는 "무오류"의 교리를 만들었습니다. 물질주의는 "무오류"의 과학적 교리를 만들어냈습니다. 여러분이 무오류라고 믿는 교리가 있다면, 그것은 즉시 성장을 멈추게 할 것입니다. 왜냐하면, 무오류 주장을 받아들이는 사람들은 교리를 넘어서 보지 않을 것이기 때문입니다. 그런 식이라면, 어떻게 진보가 일어날 수 있을까요?

우리는 분리된 자아들을 통해 카르마를 만듭니다

　다시 말하지만, 어떤 현상에 대해 그리스도의 심판을 요청한다는 것은, "이 현상에 대한 심판을 요청하지만, 인간적인 판단이 아니라, 그리스도 마음의 더 높은 심판을 요청합니다."라고 말하는 것입니다. 이 때문에 우리는 여러분이 인간적인 판단, 아마도 인간적인 화나 분노 상태에서 기원을 함으로써 카르마를 짓지 않도록 그리스도의 심판을 요청하도록 합니다.

　여기에서 카르마에 대한 더 깊은 이해를 주고 싶습니다. 예를 들어 여러분이 소아성애증의 사례와 같은 특별한 현상을 알게 되었다고 해봅시다. 여러분은 분명히 이것이 옳지 않다고 생각합니다. 이것이 계속되어서는 안됩니다. 이런 일이 벌어지는 것 때문에 여러분이 지금 매우 화가 났다고 합시다. 예를 들어, 여러분은 아이들을 학대하는 소아성애자인 가톨릭 사제들에게 화를 냅니다. 그것은 정상적인 인간의 반응입니다. 이제 이것에 대한 심판을 끌어내기 위해 어떤 기원문이나 디크리들을 하기로 결정합니다. 디크리들을 하는 동안, 여러분은 자신이 느끼고 있는 인간의 분노에 채색됩니다.

이전의 상승 마스터 시혜에서, 인간의 분노에 채색되어 디크리나 기원, 요청을 한다면, 여러분은 카르마를 만드는 것이라고 말했습니다. 그것은 단지 일어나는 일을 설명하는 한 가지 예일 뿐입니다. 오늘 여러분에게 줄 수 있는 것은 이것에 대한 더 높은 설명입니다. 여러분은 왜 그런 인간적인 분노를 가지고 있을까요? 왜 그런 인간적인 판단을 할까요? 음, 그것은 내가 말했듯이, 여러분이 분리된 자아를 가지고 있기 때문입니다. 카르마가 무엇입니까? 뭔가를 하고 카르마를 만들 때, 실제로 일어나는 것은 무엇일까요? 자, 여러분이 소아성애자에 대해 화가 나서 디크리를 하고 있다면, 외면의 자아가 만드는 카르마는 그리 많지 않습니다. 진짜 문제는 여러분이 그 분리된 자아를 강화한다는 것입니다. 여러분이 분리된 자아를 통해서 특정한 현상을 보고 있다면, 여러분은 그 현상과 관련해서 행동하는 그리스도가 될 수 없습니다. 인간적 자아를 통해 보고 인간적인 분노에 물들어 있다면, 여러분은 소아성애자와 관련하여 육화 중인 살아 있는 그리스도가 아닙니다.

육화 중인 살아 있는 그리스도는 어떠한 인간 현상에도 완전히 중립적입니다. 이렇게 말할 것을 압니다. "음, 예수님, 당신이 환전상의 탁자를 뒤엎었을 때 매우 화가 난 것처럼 보였습니다." 하지만, 내가 완벽하다고 주장했던 적이 있습니까? 아닙니다. 내가 완벽했다고 주장한 것은 가톨릭교회입니다. 나는 그런 주장을 하지 않았습니다. 여러분은 나의 예로부터 무엇을 해야 하고, 무엇을 하지 말아야 하는지의 두 가지 방식을 배울 수 있습니다.

진실은 재판에서 내가 당국에게 어떻게 화를 내지 않았는지를 볼 수 있다는 것입니다. 중립적인 마음 상태에 있었기 때문에 나는 그들이 하고 싶은 일을 하도록 내버려두었습니다. 중립적인 마음 상태를 가질 때, 여러분은 그리스도의 심판을 위한 도구가 됩니다. 여러분을 보호하기 위해서, 우리는 여러분이 이렇게 말할 것을 요청합니다. "나는 ~에 대해 그리스도의 심판을 요청합니다." 여러분이 실제로 어떤 수준의 그리스도 의식에 도달하면, 이것을 말할 필요도 없습니다. 사실, 여러분은 항상 요청할 필요가 없습니다. 어떤 현상에 주의를 기울이고 중립적인 마음 상태에 들어가서, 관찰하는 것만으로 충분합니다. 인간적인 분석은 없습니다. 인간적 평가도 없고, 인간적인 판단도 없습니다. 여러분은 완전히 중립적인 마음 상태에서 그 현상을 단지 관찰하고 있습니다.

극단적인 감정을 통한 조종

사이클로피아는 감정, 멘탈 및 정체성층에서 타락한 존재들이 기만을 목적으로 이러한 완벽하게 갖추어진 전체 기관, 이 시스템을 만들어냈다는 사실에 대해 이야기했습니다. 전체 시스템의 목표는 물론 육화한 인간에게 영향을 끼쳐서, 그들이 정상적으로는 하지 않을 일을 하게 만드는 것입니다. 그러한 것들은 타락한 존재들의 명분과 지구에서의 목적(agenda)에 기여합니다. 감정층에는 매우 공격적이고 매우 강압적이며 육화한 사람들의 감정체를 차지하려고 하는, 우리가 흔히 데몬이라고 부르는 존재들이 있습니다.

아돌프 히틀러가 군중 앞에서 연설했을 때, 군중들이 모두 "하이, 히틀러"라고 외치던 집회들을 보면, 그들이 이 데몬들, 즉 증오의 데몬들에게 점령당했음을 알 수 있습니다. 여러분은 감정체가 데몬들에게 점령되어 눈에서 분노가 번뜩이는, 더 극단적인 무슬림 운동의 한 분파인, 현대의 이슬람교도들을 볼 수 있습니다. 여러분은 역사를 통해, 두 집단 또는 두 군대 사이에서 일어났던 전투를 여러 번 봐왔습니다. 그들은 소리를 지르며 서로를 향해 달려들었습니다. 다시 말하지만, 그들은 적을 향한 이러한 증오에 이끌린 것입니다.

그리고 이것은 감정층에서 거짓 계층(false hierarchy)이 사람들에게 영향을 미치려고 하는 방식입니다. 거짓 계층이 사람들의 감정체를 점령하면, 그들은 매우 강한 감정을 지니게 됩니다. 그것은 두려움일 수도 있고, 완전한 공황일 수도 있고, 분노일 수도 있고, 증오라고 부르는 분노보다 훨씬 더 강한 형태가 될 수도 있습니다. 그것은 질투일 수도 있습니다. 탐욕이나 욕망일 수도 있습니다. 그 지점에 이르면 사람들은 경험으로 알고 있는 사실, 즉 물질계에서, 모든 것에는 결과가 따른다는 사실을 갑자기 잊어버리게 됩니다. 여러분이 하는 모든 것에는 대가가 있습니다. 지금은 좋게 느껴지는 뭔가를 할 수도 있지만, 나중에 지불해야 할 대가가 있습니다. 카페에서 추가로 케이크를 먹을 수 있습니다. 그러나 여기에는 지불해야 할 비용이 있고, 집으로 돌아와 체중계에 올라서면 다시 살이 찐 것을 볼 것입니다. 여러분은 육화한 모든 사람이 무슨 일을 하든 결과가 발생한다는 어려운 방식으로 배우고 있음을 알아야 합니다.

감정층의 거짓 계층이 능란하게 하는 일은, 사람들의 감정체를 휘젓는 것입니다. 감정이 격동하면, 감정은 의식하는 자아의 초점을 감정체로 끌어내립니다. 그러면 의식하는 자아는 멘탈체와의 연결을 잃어버립니다. 멘탈체는 이렇게 평가할 수 있습니다. "하지만, 네가 이것을 하면, 결과는 이럴 텐데, 이것이 정말로 네가 원하는 거야?" 그러나 이제 그 평가는 물건너 가버렸습니다. 사람들은 결과를 전혀 생각하지 않고 단지 행동합니다. 이것이, 자신들이 다치거나 죽을 수도 있다는 사실을 잘 아는 전쟁으로 그렇게 많은 사람을 데려가게 만들었던 방식입니다. 적을 죽여야 하므로, 그런 평가는 더 이상 중요하지 않게 됩니다. 여러분은 국가를 지켜야 하고, 그리스도교 신앙을 방어해야 합니다. "내가 죽더라도, 하늘나라에서 더 좋은 지위를 얻을 것이므로 그만한 가치가 있다."라고 생각합니다.

사상을 통한 조종

여러분이 하늘나라에서 더 나은 지위를 얻을 것이라는 생각은 어디에서 올까요? 자, 그것은 감정층이 아니라 멘탈층에서 옵니다. 감정적인 것은 결과를 생각하지 않고 행동하는 원초적인 감정입니다. 신자가 아닌 사람들을 죽이고 하늘에서 처녀 70명을 얻을 것이라는 생각도 멘탈층에 존재합니다. 이것이 멘탈층의 거짓 계층이 사람들에게 영향을 미치는 방식입니다.

그들은 또한 사람들이 물질 영역에서 하는 모든 일은 물리적인 결과를 초래한다고 생각하게 하고 그러한 지식을 보류하게도 합니다. 사람들이 그 물리적인 결과를 능가할 수 있는 더 큰 보상이 있다고 생각하게 함으로써 그렇게 합니다. 또는 어떻게든 결과를 피할 마법의 방법이 있다고 생각하게 만듭니다. 중세 가톨릭을 보면 지옥을 굳게 믿는 사람들이 있었습니다. 이들은 많은 경우에 다른 사람을 죽이면 지옥에 간다고 믿었습니다. 이제 똑같은 사람들이 갑옷을 착용하고, 빨간 십자가가 앞에 그려진 흰옷을 입었습니다. 그들은 칼을 들고, 중동의 한 마을로 들어가 크리스천이 아니라는 이유로 남자와 여자, 아이들을 죽입니다. 그들은 무슬림입니다. 크리스천을 죽이면, 지옥에 가지만, 무슬림을 죽이면, 하늘나라에 갑니다.

자, 어떻게 이런 일이 누군가에게 논리적인 것이 될까요? 음, 그것은 단지 그들이 정상적인 논리를 유보했기 때문입니다. 세상이 작동하는 법에 대한 관찰에 근거한 정상적 논리는, 내가 어떤 것을 공중으로 던지면, 그것은 아래로 떨어질 것이라고 말합니다. 돌을 공중에 던지면, 그것이 떨어져 내 머리에 맞을 수 있습니다. 그렇게 되리라는 것을 여러분은 압니다. 위로 무엇을 던지든 상관없이, 그것은 떨어져 머리에 맞을 것입니다. 일단 어느 정도 경험하고 나면, 여러분은 물건을 공중에 던지는 것을 멈추게 됩니다. 그러한 방식으로, 사람들은 다른 사람들을 죽이면 결과가 온다고 믿습니다. 그들은 자신이 어떤 인간을 죽이든, 그것이 결과를 가져오리라는 것을 압니다. 하지만, 여기 거짓 계층들이 와서, 신(God)을 반대하는 나쁜 사람들, 잘못된 부류의 사람들을 죽이면 지옥에 가지 않고, 하늘나라에 들어가는 보상을 받을 것이라는, 뱀의 논리를 주입합니다. 다시 말하지만, 이것이 '항상 결과가 발생한다'라는 우주가 작동하는 방식에 대한 과학적 관찰을 중단하게 하는 타락한 존재들의 수법입니다.

어둠의 세력들에 대한 사람들의 취약성

그들은 또한 사람들로 하여금, 누구라도 칼을 휘두르면, 칼에 죽을 것이라는 직관적인 감각을 보류하게 했습니다. 왜냐하면, 여러분이 그런 낮은 인간의 의식 상태에 있다면, 하늘나라에 갈 수 없기 때문입니다.

여기에서 여러분은 인간 의식 수준의 척도를 144단계로 설정할 수 있습니다. 여러분은 의식의 하위 단계에 있는 사람들이 아스트랄층의 데몬들에게 자신의 감정체를 지배당하는 데 대단히 취약함을 알 수 있습니다. 의식이 일정한 수준 이상으로 높은 사람들은 감정체에 대해 더 많은 통제력을 가지고 있지만, 멘탈층에는 매우 취약할 수 있습니다. 더 높은 수준에서는, 사람들이 논리를 사용하고 적용하는 데 더 능숙하고 더 직관적으로 되었지만, 이제는 정체성층의 거짓 계층에 취약하게 됩니다.

이제 정체성층의 거짓 계층은 어떤 방식으로 작업할까요? 자, 멘탈층과 감정층에서 여러분이 보는 것과 상당히 같은 방식입니다. 다시 말하지만, 여러분은 뉴턴이 공식화한 것처럼 '모든 작용에는 동등한 반작용이 있다'라는 정상적인 관찰을 했습니다. 이것은 또한 카르마의 법칙에 대한 설명입니다. 여러분이 무엇을 하든 카르마를 만들고, 거기에는 어떤 결과가 있습니다. 우리는 전에 이렇게 말했습니다. 여러분이 만약 어떤 결과도 없는 일을 한다면, 자신이 무엇을 했는지 어떻게 알 수 있을까요? 여러분이 어떤 선택을 했다는 것을 어떻게 알겠습니까? 결과가 없다면 여러분이 어떻게 자유의지를 행사할 수 있을까요?

거짓 계층이 정체성층에서도 하려는 것은, 이러한 상식적인 관찰을 유예시키는 것입니다. 정체성 수준에서 그들은, 무엇이 옳은지에 대한 사람들의 직관적인 감각과 비전을 파괴하고 모호하게 하며, 왜곡하는 것에 대해서 매우 관심이 높습니다. 이것을 다른 방법으로 표현할 수 있습니다. 예를 들어, 물질우주에 적용되는 직관의 수준이 있다고 여러분은 말할 수 있습니다. 물질우주 너머에 적용되는 직관의 수준이 있습니다.

과학적 원리 가운데 하나는 여러분이 특정한 관찰을 하는 것입니다. 돌을 공중에 던지면, 그것은 떨어집니다. 또 다른 돌을 던지면, 그것도 떨어집니다. 여러분은 이것을 여러 번 반복합니다. 여러분은 무한히 계속 이것을 할 수 있지만, 무언가를 공중에 던질 때마다 그것이 떨어지기 때문에, 이제 결론을 내릴 시점이 옵니다. 따라서 여러분은 공중에 무언가를 던지면서 나머지 인생을 낭비하지 않아도 됩니다. 여러분은 추론할 수 있습니다. 결론을 이끌어 낼 수 있습니다. '이런 방식이구나'라고 추론하고 귀납적인 추론을 할 수 있습니다. 그것을 자연의 법칙으로 설명할 수도 있고, 아니면 이렇게 말할 수도 있습니다.

"좋아, 물건을 공중에 던지는 것에 질렸어, 이제 다른 것을 할 거야."

이것은 어떻게 보면 직관입니다. 여러분은 남은 생애 동안 물건을 계속해서 공중에 던지고, 그것이 계속 떨어지는 것을 관찰하지 않습니다. 무언가를 공중에 던졌는데 다시 떨어지지 않는 이상 현상이 항상 없으리라는 것을 이론적으로는 알 수 없습니다. 여러분이 샌드위치를 공중에 던지고, 갈매기가 와서 그것을 물고 가서 그것이 다시 떨어지지 않을 수도 있습니다. 또는 샌드위치가 블랙홀에 들어가 다른 우주에 나타나는 양자 터널링 효과가 있을지도 모릅니다. 그럼에도 불구하고, 여러분은 직관적인 능력을 이용해서, "아, 똑같은 일이 계속 반복되겠군" 하고 예상할 수 있으므로, 무언가를 공중에 계속 던질 필요가 없습니다.

물리적인 결과 너머에 있는 직관

직관의 또 다른 측면은, 반드시 물리적인 결과를 가져오지 않는 뭔가를, 물리적인 감각으로 관찰할 수 없다는 것을, 직관적 능력을 사용해 알게 되는 것입니다. 이 능력이 바로 다른 사람들에게 행한 것이 자신에게 돌아온다는 진리를 내면에서 알 수 있게 해줍니다. 타인을 해치면 여러분에게 무슨 일이 일어납니다. 꼭 지금 당장은 아니지만, 미래에는 어떤 결과가 있을 것입니다. 이것은 여러분을 지구에 묶어 놓는 의식의 특정한 상태가 있음을 알 수 있게 해줍니다. 오직 그런 의식 상태를 넘어서야만, 여러분이 끌어 올려지고 지구에서 상승할 수 있습니다. 이것이 인류가 여러 세대를 거쳐 지구에서의 쾌락이나 고통을 무한히 경험하는 것을 원하지 않는다고 추론하고 알 수 있었던 방식입니다. 사람들이 그 너머로 오르기를 원합니다. 그들은 그 위로 올라가는 유일한 방법이 자신의 의식을 바꾸는 것임을 알 수 있습니다.

정체성층의 거짓 계층은 이런 유형의 판단을 어떻게 조작하거나 왜곡할 수 있을까요? 자, 그들은 두 가지 방법으로 그렇게 합니다. 우선 여러분은 자신이 뭔가를 하면 결과가 있다는 것을 알고 있습니다. 그런데 거짓 계층들은 특별한 범주에 속하는 특정한 사람들이 있다는 이러한 개념을 오랜 세월에 걸쳐 만들었습니다. 이런 사람들의 정체성 때문에, 그들은 매우 특별해서 대부분의 사람이 받는 결과를 받지 않고도 뭔가를 할 수 있습니다. 다른 말로 하면, 그들은 피해 갈 수 있습니다. 사람들에게는 공짜 점심이 없지만, 엘리트들을 위한 공짜 점심이 있다고 주장합니다.

여러분은 여러 시대를 거쳐, 이러한 특권 엘리트들이 어떻게 존재해 왔는지를 볼 수 있습니다. 여러분은 중세 가톨릭 성직자들이 어떻게 이런 특권적 지위에 있었는지 알 수 있습니다. 그들은 보통 사람들이 빠져 나갈 수 없는 일들을 모면할 수 있었습니다. 심지어 현재 가톨릭 사제들이 교회의 보호를 받음으로써 오랫동안 소아성애자로 지낼 수 있었다는 것을 볼 수 있습니다. 여러분은 과거에 귀족 계급이 있었고, 사회에 법이 있는 것을 봐왔습니다. 여러분이 뭔가를 훔쳤다면, 여러분은 손이 잘렸을 것입니다. 그러나 귀족 계급은 그들이 원하는 것은 무엇이든 할 수 있었고, 그들은 처벌받지 않았습니다. 지금도 전 세계에, 부패를 통해 처벌을 모면하거나 평범한 사람들은 누릴 수 없는 특권을 가진 특권 엘리트가 있는 사회들을 볼 수 있습니다. 여러분은 타락한 존재들이 사람들의 정체감을 어떻게 왜곡해서 특정한 사람들에게 이렇게 느끼도록 만들었는지 볼 수 있습니다. "아, 나는 특별한 범주에 속해 있어. 나는 법 위에 있어. 나는 평범한 인간이 아니야. 그러니까 내가 무슨 일을 해도 카르마가 돌아오지 않아."

타락한 존재들은 카르마를 피할 수 있습니다

자연법칙은 모든 사람에게 적용되기 때문에, 이것은 물론 완전한 넌센스입니다. 카르마의 법칙은 모든 사람에게 똑같이 적용되기에, 여러분은 카르마를 만들 것입니다. 그러나 아돌프 히틀러 같은 독재자의 경우에는 예외가 있습니다. 그는 모든 독일 국민이 그를 따르고 그의 이념을 받아들이도록, 적어도, 강요하지는 않았습니다. 우리가 말했듯이, 나치 이데올로기를 믿은 사람들이 있었고, 심지어 그중에는 고등교육을 받은 사람들도 있었습니다. 그들은 유대인들이 우주의 어떤 더 높은 계획을 펼치는 데 위험한 존재들이기 때문에, 그들을 죽이는 것이 충분히 정당하다고 실제로 믿었습니다. 이들 열등한 인간 종족을 정화하는 것이 그들의 의무였습니다. 그들은 실제로 이것을 믿었습니다. 여러분은 아돌프 히틀러가 이 전반적인 광기를 일으킨 사람이기 때문에, 그가 카르마를 지은 사람이어야 한다고 말할 것입니다.

사람들이 독재자를 믿게 되면, 그들은 카르마의 일부를 스스로 떠맡게 됩니다. 그래서 여러분은 역사를 통해, 타락한 존재들인 어떤 엘리트들이 끔찍한 잔학행위를 벌인 많은 사례를 볼 수 있습니다. 사람들은 의식적으로 알지 못한 채, 자발적으로 지도자들을 믿고 따름으로써 카르마의 일부를 떠맡았습니다. 이 사람들이 궁극적으로는 카르마를 모면할 수 있다는 말이 아닙니다. 이 말은 그들이 카르마를 확산했다는 의미입니다. 여러분은 지금도 가톨릭 사제들이 아이들을 침해하면서 어떻게 카르마를 만들고 있는지 볼 수 있습니다. 그러나 사실 교회와 교회 기구의 중요성과 신성함을 진정으로 믿는 모든 가톨릭 신자들이 그 카르마의 일부를 떠맡고 있습니다. 그 신자들은 교회를 유지하는 것이 매우 중요하기 때문에 소아성애를 용서할 수 있고, 적어도 소아성애 문제로 교회가 붕괴되는 사태가 일어나서는 안 된다고 믿고 있습니다. 비록 이것이 드러나야 하고 다루어져야 할 필요가 있을지라도, 교회의 무오류성이나 신성함, 중요성은 이러한 행위들로 인해 의문시되어서는 안됩니다.

그래서 가톨릭 신자들은 이렇게 말하지 않을 것입니다. "로마 교황청 안에 부패가 있습니다. 우리는 가톨릭교회에 체계적인 변화를 가져와야 합니다." 그들은 이렇게 말할 것입니다. "자, 여기 약간의 문제가 있다. 우리는 교회의 중요성과 무오류성에 대해서는 의심하지 말고 그 문제만 다룬다." 이것이 실제로 타락한 존재들이 떠맡아야 하는 카르마를 그들이 떠맡게 되는 방식입니다.

물론 성직자들은 그런 행위를 홀로 하는 것이 아닙니다. 그들은 아스트랄 영역의 데몬들에게 감정체를 장악당했습니다. 그러므로 사제들은 아이들에게 하는 성폭행이 잘못이라는 것을 알면서도, 결과를 겪지 않을 것이라고 믿는 어떤 명분이 있다고 추론할 수 있습니다. 또한 어떤 경우에는, 데몬들에게 너무 장악되어서 그 결과에 대해 생각하지 않는 예도 있습니다. 그러다가, 그들이 더 이상 감정층의 데몬들에게 장악되지 않게 되었을 때, 그들은 멘탈체로 들어가 자신이 어떤 일을 저질렀는지 깨닫습니다. 이때가 바로 멘탈층의 존재들이 그들에게 이러한 추론을 주기 시작하는 때입니다. "오, 그것은 그렇게 나쁘지도 않고, 교회가 보호할 것이기 때문에 당신은 모면할 수 있어." 심지어 정체성층에도, "나는 가장 중요한 교회에 속한 성직자이니까, 어찌 되었든 이것이 받아들여질 수 있는 행동이야"라고 느끼게 해줄 존재들이 있습니다.

우리가 말했듯이, 사람들이 빠지는 거의 최면 같은 상태가 있습니다. 아이들을 학대하는 성직자는 이러한 최면 상태에 빠져 있습니다. 이 문제를 인식하게 될 주교들과 추기경들 역시 최면 상태에 빠져 있습니다. 왜냐하면, 교회의 신성함에 어떤 의문도 제기해서는 안 되기 때문입니다. 이 사실을 알게 될 평범한 가톨릭 신자 역시 최면 상태에 빠져 있습니다. 그들은 외부의 기관에 충성합니다. 그렇다면 그리스도에 충성하는 것은 어떤 것일까요? 내가 "너희가 내 형제 중 가장 작은 자에게 한 것이, 곧 내게 한 것이다."라고 한 말을 깨달으세요. 지상의 모든 것을 뛰어넘는 그리스도의 원리, 그리스도의 실재에 충성하는 것보다 세속적인 종교 기구를 유지하는 것이 더 중요할까요?

여러분은 무엇을 원합니까? 지구에서 그리스도를 대표하는 가장 높은 교회의 구성원이 되고 우월함을 느낌으로써 지구에서 보상을 원합니까? 아니면 하늘에서 나와 함께 있는 보상을 원합니까? 두 가지를 동시에 가질 수는 없습니다. 여러분은 무엇을 원합니까?

특별하다고 느끼고 싶은 욕구를 통한 조종

사랑하는 이들이여, 감정층과 멘탈층 그리고 정체성층에 있으면서, 사람들을 이용하려는, 이 모든 거짓 계층들을 보세요. 의식하는 자아가 또는 어떤 사람이 자신의 네 하위체 밖으로 나갑니다. 갈 수 있는 수준 아래의 어디든지 갑니다. 그는 신비 체험을 하며, 세 영역에서 이러한 존재들과 접촉하게 되고, 그 존재들은 그 사람이 이제 궁극적인 체험을 했다고 믿도록 만듭니다.

이것은 성 저메인께서 말한, 타락한 존재들이 특별해지고 싶어 하는 사람들의 욕망을 이용했다는 것과 관련이 있습니다. 오랜 시대에 걸쳐, 얼마나 많은 사람에게 특별해지고 싶은 욕망이 있었는지 보세요. 그들은 일종의 특이한 경험을 했습니다. 이제 그들이 일상의 의식 상태로 돌아오면, 자신이 한 체험의 실재와 그 체험의 감각을 사용하여 다른 사람들에게 말하는데, 기본적으로는 이렇게 말합니다. "내가 이런 체험을 하다니, 내가 얼마나 특별한지 보세요. 이는 정말 내가 아주 특별하다는 의미에요." 여러분은 여러 시대를 걸쳐 이것을 반복해서 보아왔고, 지금도 보고 있습니다.

얼마나 많은 채널러가 자신을 특별하게 느끼는지 보십시오. 유체이탈을 경험한 많은 사람이 자신을 특별하다고 느끼는 것을 보세요. 진행되고 있는 이 모든 일을 보세요. 상승 마스터 학생들인 여러분은 우리가 준 도구를 사용하여 이것을 넘어설 수 있습니다. 나는 여러분 중 많은 사람이 자신의 삶을 되돌아보며, 자신이 그 단체에 소속되어 있었고, 그 구루를 잘 따랐으며, 그 책을 얼마나 열심히 읽었는지 살펴보리라는 것을 압니다. 이것은 모두 여러분 여정의 일부입니다. 하지만, 지금 여러분은 이것을 돌아보면서, 이제 생각하니 가능한 최고 가르침이 아닌데, 그것에 자신이 관여했었다는 사실 때문에, 자신을 비난할 필요가 없는 여정의 한 지점에 와 있습니다. 여러분은 그것을 건설적으로 사용하여 말합니다. "그때는 분명히 좋은 분별력이 없었어. 그렇다면 세 상위층의 거짓 계층에게서 오는 것과 상승 영역에서 오는 것을 구별할 수 있도록 그리스도 분별력을 얻으려면 무엇이 필요할까?"

그리스도 분별력을 얻는 방법

여러분 중 한 명이 질문했던 것처럼, 그 분별력을 어떻게 얻을까요? 다시 말하지만, 분별력을 얻는 궁극적인 방법은 원초적 자아를 해결하고, 다른 모든 자아를 해결하는 것입니다. 여러분이 자아들을 해결하면, 반응 패턴에 끌려가지 않습니다. 그것이 무슨 의미일까요? 이것은 이제 여러분이 중립적인 마음속으로 들어갈 수 있음을 의미합니다. 중립적인 마음으로 있으면서, 이런 모든 인간적인 의견과 판단을 멈추었을 때, 바로 그때가 분별력을 가지는 때이며, 오직 그때에만 여러분은 분별력을 가지게 될 것입니다.

많은 사람이 특정한 상황과 특정한 이슈에 관련되어 있는데, 그들은 중립적인 마음 상태로 들어가 이 영역들에서 훌륭한 분별력을 가질 수 있습니다. 하지만, 그들이 삶의 다른 영역에서는 반응 패턴으로 끌려 들어갈 수도 있습니다. 그들은 삶의 그런 특정한 측면에 대해서는 분별력을 가지지 못한 것입니다. 여러분이 자신에게서 이것을 본다면, 여러분은 이렇게 인식합니다. "내가 어떤 영역에서 분별력을 가지고 있다는 사실은 내가 분리된 자아들의 일부를 극복했음을 의미한다. 그러나 분별력이 없고, 특정한 영역에서 어떤 반응을 보일 때는, 아직도 남아 있는 분리된 자아를 가지고 있기 때문이다. 이제 그 자아들에 대해 작업하겠다."

특별해지고 싶은 욕망은 영적인 진전을 중단시킵니다

사랑하는 이들이여, 특별해지고 싶은 욕망이 여러분의 영적인 진보를 왜곡하고, 나아가 중단시킬 수 있는 방식에 대해 말하겠습니다. 많은 상승 마스터 학생과 다른 많은 영성인, 종교인에게 일어나는 일은, 여러분이 어떤 혼란 상태에서 성장한다는 것입니다. 진리나 또는 발견해야 하는 뭔가를 아직 찾지 못했다는 것을 아는 데, 여러분은 갑자기 뭔가를 발견합니다. 이제 여러분은 개종 경험을 하고 그리스도교나 무슬림, 불교, 또는 뉴에이지 모임이나 상승 마스터 가르침에 들어갑니다. 여러분은 갑자기 "이제 내가 찾아야 했던 것을 찾았어. 이제 나는 우월하고 이것 때문에 특별해"라고 느낍니다. 우리가 말했듯이, 많은 상승 마스터 학생이 자신들을 지구에서 가장 진보한 영적인 학생들이라고 느끼면서 "여러분은 행성에서 가장 뛰어난 영적인 학생들입니다."라는 말에 반응했습니다. 자, 그 느낌은 어디에서 왔을까요? 그것은 사람들의 감정, 멘탈, 정체성체를 왜곡하는 정체성층의 거짓 계층으로부터 왔습니다. 학생들은 갑자기 느낍니다. "나는 상승 마스터 학생들이기 때문에 특별해." 또는 "나는 그런 특별한 경험을 했기 때문에 특별해."

여러분이 이 특별해지고자 하는 욕망을 가질 때, 분별력을 가질 수 없습니다. 여러분은 중립적인 마음 상태에 있지 않습니다. 여러분이 하는 모든 일은 개인적인 것입니다. 가톨릭 신자들의 전반적인 관심사가 교회의 신성함을 파괴하는 것이 아닌 것과 같습니다. 여러분의 전반적인 관심사는 "나는 특별하다."는 감각을 없애는 것이 아닙니다. 그래서 여러분이 하는 모든 일, 심지어 여러분이 영적인 여정에서 하는 모든 일도, "나는 지금 내가 가진 특별한 존재라는 감각을 훼손해서는 안 된다."라는 필터를 통해서 봅니다.

그런 이유로 상승 마스터 가르침에 관여하는 사람들이 많이 있습니다. 그들은 거기에 앉아, 우리 구술에 귀 기울이고, 구술을 읽고, 공부합니다. 그들은 그것을 지적으로 이해합니다. 하지만 정체성체를 통해서 정체성층으로 가지는 않습니다. 그냥 멘탈층에 머물러 있습니다. 이러한 학생 중 다수가, 여러분이 해야 할 모든 것은 지적인 이해라고 말하는 멘탈층의 거짓 계층들에게 묶여 있습니다. 그러나 영적인 학생으로서, 상승 마스터 학생들로서 필요한 일은 먼저 자신이 하는 물리적인 행동을 살펴보고, 영적인 성장에 해가 되지 않도록 행동들을 개선하는 일입니다. 여러분은 마약을 하지 않습니다. 의식을 잃을 정도로 술을 마시지 않습니다. 법을 위반하거나 다른 사람들을 침해하거나 그들에게서 훔치지도 않습니다. 여러분은 외적인 행동을 개선합니다.

그러면 여러분은 자신의 감정체를 지휘하게 됩니다. 이것이 우리의 디크리와 기원문을 사용하는 방법입니다. 미카엘 대천사와 아스트레아께 아스트랄층과의 연결에서 벗어나 자유롭게 해달라고 요청하세요. 그러면 감정체에서 어느 정도 평온함을 회복하게 됩니다. 그런 다음 우리가 준 가르침을 이해하고, 진리와 거짓의 차이를 이해함으로써 자신의 멘탈체에 대한 지휘권을 가집니다. 하지만, 거기에서 멈출 수는 없습니다. 수년 동안 상승 마스터 가르침과 다른 영적인 가르침을 공부하며 방대한 영적인 지식과 지적인 이해를 하고 있지만, 자신들의 심리는 변하지 않은 학생들을 볼 수 있습니다. 그들은 여전히, 변화를 시작하지도 않았고, 아직 다루지 못한 심리의 특정한 부분들을 가지고 있습니다. 그 이유는 이 학생들이 자신의 정체감을 바꿀 수 있는 정체성층으로 들어가는 과정을 거치지 않았기 때문입니다. 출생 트라우마를 극복하고 그 원초적 자아와 특정한 다른 자아들을 놓아버릴 때, 바로 그때 여러분은 자신의 정체성에 대한 감각을 바꿀 수 있습니다. 지구에서 일어나는 일에 초점을 맞춰 반응하는 상태에서 전환할 수 있습니다.

그때가 특별해지고자 하는 욕망이 단지 분리된 자아로부터 온 것임을 볼 수 있는 때입니다. 여러분은 특별해지고자 하는 욕망이 영적인 여정을 어떻게 왜곡시켰는지 볼 수 있습니다. 여러분은 그 욕망이, 자신이 잘못되었다고 판명이 나는 것을 피하고자 얼마나 자신을 속박해 왔는지 볼 수 있습니다. 그 욕망이 여러분 안에 엄청난 긴장을 일으키고 있는 것을 볼 수 있습니다. 여러분은 끝임없이 평가하고 있습니다. "내가 무엇을 잘못하는 것일까? 내가 잘못이라고 판명이 날까? 어쩌면 내가 거짓 가르침이나 거짓 스승을 따르고 있진 않을까? 지금 잘못된 뭔가를 하고 있는 것일까? 자신이 우월하므로 옳다는 그 감각이 잘못된 것으로 판명날 가능성에 의해 항상 위협받기 때문에, 여러분은 항상 위험에 처해 있습니다.

자신의 여정을 객관화하기(depersonalizing)

여러분이 이러한 긴장을 보면, 이 모든 것이 여러 분리된 자아에서 나온다는 것을 알 수 있습니다. 그것들을 놓아버릴 때, 여러분은 우리가 말한 것을 해낸 것입니다. 여러분은 자신의 삶을 객관화 (depersonalize)했습니다. 여러분은 영적인 여정을 객관화한 것입니다. 바로 그때, 여러분은 자신을 더 높은 단계로 데려갈 어떤 것을 할 수 있습니다. 여러분은 우리 가르침을 받아들일 수 있으며, 거울을 보고 이렇게 말할 수 있습니다. "나에게 이 가르침이 어떻게 적용되지? 이 것은 내가 극복해야 하는 것을 보여주고 있다. 내가 극복해야 할 분리된 자아들은 무엇인가?" 여러분이 여전히 우월감과 특별함을 느끼는 상태에서, 잘못되었음이 판명되어 파괴되는 것을 원하지 않는 마음 상태에 있을 때, 여러분은 우리 가르침을 진정으로 살펴볼 수 없습니다. 여러분은 그것들을 지적으로는 이해할 수는 있습니다. 그러나 지적인 마음은 항상 그 가르침이 자신에게 적용되지 않는 이유를 찾을 수 있습니다. 여러분은 다른 사람들이 그 특정한 문제를 어떻게 겪고 있는지 볼 수 있지만 이렇게 여깁니다. "그것이 내게는 적용되지 않아. 나는 이미 이것을 극복했어."

바로 이런 메커니즘으로 인해 사람들이 수십 년 동안 가르침을 공부하였지만, 그들의 심리에는 변하지 않은 어떤 측면이 있습니다. 자신의 심리를 보지 않았기 때문입니다. 그들은 특별해지는 것에 너무 열중해서, 바뀌어야 할 어떤 것을 자신의 심리에서 본다면 자신의 잘못이 판명이 날 것이라고 생각하기 때문에, 그것을 보지 않았습니다. "나는 결국 완벽하지 않았고, 그러므로 난 특별하지 않아. 어쩌면 마스터들은 더 이상 나를 좋아하지 않을 거야." 마치 특별한 것을 원했던 이 모든 가식을 그 동안 우리 마스터가 꿰뚫어 보지 못했다고 여러분이 생각하는 것처럼 말입니다.

여러분에게 특별해지고 싶은 욕망이 있더라도 우리는 여러분을 사랑합니다. 하지만, 여러분은 우리의 사랑을 느낄 수 없습니다. 특별해지고 싶은 이 욕구를 극복해야만 우리의 사랑을 느낄 수 있습니다.

왜냐하면, 그 욕구를 극복할 때 우리와 연결되고 우리가 말한 것을 실제로 받아들일 수 있기 때문입니다. 우리는 여러분을 있는 그대로 조건 없이 받아들입니다. 여러분이 자신의 여정을 객관화할 때, 여러분은 자신을 살펴보는 것이 두렵지 않은 지점에 도달합니다. 여러분이 뭔가를 보고 그것이 자신을 제약하고 있음을 안다면, 그 제약을 없애는 것이 여러분을 더 자유롭고, 더 평화롭게 느끼게 해줄 것입니다.

이 메신저는 영적인 여정의 처음 20년 동안은, 자신이 특별하다고 느끼고 인정받으려는 욕망으로 완전히 물들어 있었음을 기꺼이 인정합니다. 몇 시간이고 디크리를 하는 열정의 대부분은 자신이 매우 특별하다는 감각을 강화하려는 욕망에서 생겨났습니다. 그러나 그가 그 욕망을 보고, 그것에서 나와, 그것을 볼 수 있는 지점이 왔습니다. 그때 그는 메신저가 되도록 나에게 훈련을 받을 수 있었습니다. 그 이후로 그는 자신의 봉사와 삶을 점점 더 객관화하는 단계를 거쳤습니다. 또한 또 다른 분리된 자아를 보는 데 저항하지 않는 지점에 이르렀습니다. 그는 자신이 상승하지 않았고, 144번째 수준에 있지 않음을 받아들였습니다. 그는 자신의 현재 수준에서 144번째 단계로 도달하는 방법을 받아들였습니다. 그것은 그 의식 수준에 해당하는 나머지 분리된 자아들을 놓아버리는 것이었습니다.

예수님의 도움으로 자아를 놓아버리기

여러분은 어떻게 자아를 놓아버릴 수 있을까요? 오직 그것을 직시할 때 가능합니다. 그러면 여러분은 어떻게 진보할까요? 무언가를 보며 그것에 대한 저항을 극복하면서 진보합니다. 사랑하는 이들이여, 여러분은 자신이 특별해지려는 그 욕구를 극복하고, 자신을 볼 수 없게 하는 것을 극복할 때에만 진보할 수 있습니다. 그리고 이렇게 말할 수 있습니다. "마스터께서 말하는 것이 정말로 나에게도 해당될까?"

여기서 잠시만 솔직해지세요. 여러분은 여기 앉아있습니다. 어디에 앉아있든, 여러분은 여기 앉기로 선택했습니다. 여러분이 이것을 듣고 있든, 읽고 있든, 여러분은 상승 마스터 예수 그리스도에게서 오는 가르침을 받기로 자발적으로 선택했습니다. 그러니 자신에게 솔직해지세요.

내가 말하는 것이 여러분에게 적용되고 있습니까? 거울을 보세요. 중립적으로 되고, 기꺼이 그것이 여러분에게 어떻게 적용되는지를 보세요. 그것은 여러분 모두에게 해당됩니다. 어떻게 이렇게 말할 수 있을까요? 여러분은 지금 육화해 있지 않나요? 그러므로 여러분은 상승하지 않았습니다. 그러므로, 여러분은 144번째 수준에 있지 않습니다. 그러므로, 여러분은 여전히 놓아버려야 할 분리된 자아들을 가지고 있습니다. 그러니 지금 다루고 있는 분리된 자아, 다시 말해 다음 의식 단계로 가는 것을 방해하고 있는 자아가 무엇인지를 기꺼이 살펴보세요. 그리고 이렇게 말하세요. "예수님, 내가 그것을 보도록 도와주세요" 그러면, 나는 그렇게 할 것입니다.

그러므로 사랑하는 이들이여, 여러분은 특별하지만, 세속적인 의미에서 특별한 것이 아닙니다. 거짓 계층이 여러분이 특별하다고 느끼기를 원하는 방식으로 여러분이 특별한 것이 아닙니다. 여러분은 그리스도의 진리에 열려 있으므로 특별합니다. 사랑하는 이들이여, 무엇이 여러분이 분리된 자아를 볼 수 있게 도와줄까요? 그것은 분리된 자아를 넘어서는 그리스도의 마음, 그리스도의 진리, 그리스도에 대한 더 높은 관점입니다. 그것이 분리된 자아를 보는 유일한 길입니다.

여러분이 분리된 자아 안에 있을 때는 그것을 볼 수 없습니다. 오직 그 자아 밖으로 나왔을 때 볼 수 있습니다. 그리스도의 마음을 통해서만 여러분은 그 밖으로 나갈 수 있습니다. 만약 여러분이 열려 있지 않다면, 그 자아를 보는 데 열려 있지 않다면, 여러분은 그것을 볼 수 없고 그 밖으로 나갈 수 없으며, 그리스도 마음의 그 관점을 가질 수 없습니다. 144 단계의 각 단계에는 그 수준에 해당하는 분리된 자아를 보도록 도울 수 있는 그리스도 마음의 한 측면이 있습니다. 기꺼이 그 과정을 통과하려는 지점에 도달하세요. 그러면 여러분은 거짓 계층의 영향에서 벗어날 것입니다.

거짓 계층의 사칭자들(imposters)

우리가 전에 언급했던 거짓 계층의 한 측면은, 우리가 거짓 계층의 사칭자라고 불렀던 것입니다. 예를 들어, 저기 밖의 채널러들을 보면, 일부는 들어본 적이 없는 이름을 가진 존재들을 채널링하는 것을 볼 수 있습니다. 그 존재는 어떤 다른 행성계나 다른 은하계 또는 어떤 다른 곳에서 왔다고 주장할 수도 있습니다. 그러나 그는 지구인에게 정체가 드러나지 않는 이름을 가지고서, 가르침을 줍니다. 그 존재는 멘탈층에 있다고 말할 수 있습니다. 그리고 어떤 의미에서는 그 존재는 완전히 정직합니다. 그는 그냥 이야기할 뿐입니다. "나는 여기 있어요. 나는 나로 있는 존재이고(I am the being I am), 이것이 내가 주는 가르침입니다." 그 존재는 이것이 가능한 최고의 가르침이라고 반드시 주장하지는 않습니다. 상승한 존재가 아니라는 의미에서 그 존재는 거짓 계층의 일부이지만, 정말로 부정직한 것은 아닙니다.

그리고 세 상위층에는, 지구상의 사람들에게 알려진 이름이나 지위를 가졌다고 주장할 다른 존재들이 있습니다. 예를 들어, 신으로부터 받았다는 내용의 책을 보세요. 그 책은 궁극적인 신이라고 주장하는 멘탈층에 있는 존재로부터 채널링된 것입니다. 그 존재는 궁극적인 신이 아니므로 거짓 계층의 사칭자입니다. 우리가 말했듯이, 창조주는 매우 높은 의식 수준에 존재하므로 인간에게 직접 말할 수 없습니다.

창조주는 상승한 존재들의 상승 계보(ascended hierarchy)를 통해 무언가를 줄 수 있습니다. 이것은 가능한 일이지만, 분명히 한 번만 일어나는 일은 아닙니다. 물론 상승 마스터라는 개념이 발표된 후에, 자신이 상승 마스터라고 주장하는 존재들도 있습니다. 그러나 그들은 멘탈층과 낮은 정체성층에 있는 존재들입니다.

　여러 시대를 거쳐, 멘탈층과 정체성층에 있는 다양한 존재가, 자신들이 사람들에게 영향을 끼쳐온 어떤 신(Deity, god)이라고 주장해 왔습니다. 저기 밖에는 채널링을 해서 쓰여진 책들을 찾아볼 수도 있는데, 그들은 책 내용이 상승 마스터들이 준 것이라고 주장합니다. 하지만 주의 깊게 살펴보면, 이것을 평가할 때 사용할 수 있는 어떤 외적인 특징이 있다는 것을 알 수 있습니다. 실제로, 이것을 어떻게 알까요? 멘탈층에 있는 이들 존재들은, 여러분의 지적인 마음이 옳고 그름을 쉽게 가려낼 수 없는 지적인 주장과 추론, 가르침들을 주는 데 매우 능합니다. 가려낼 수는 있지만 어려운 경우가 많습니다. 그래서 여러분 중 대부분이 여정의 초기 단계에 이러한 책들에 이끌렸던 것입니다.

　이것을 어떻게 분별할까요? 자, 여러분은 그리스도 마음을 통해서 분별합니다. 물질우주를 초월하는 더 높은 직관적 능력을 통해 분별하는 것입니다. 여러분은 진동을 읽음으로써 분별하고 의도를 읽습니다. 그리고 이렇게 자문할 수 있습니다. "상승 마스터라고 주장하는 이 존재들이 원하는 것이 무엇이지? 내 에너지를 원하는 것인가? 그들은 경배나 숭배 받기를 원하는가? 내가 복종하기를 원하나? 내가 자신들이 말한 것을 맹목적으로 따르기를 원하는 것일까?" 이것들은 일종의 외적 수단들인데, 실제로는 모든 것이 "여러분은 진동을 읽을 수 있습니까" 하는 것으로 귀결됩니다. 분리된 자아를 통해서는 진동을 읽을 수 없습니다. 이러한 분리된 자아들과 원초적 자아를 제거할 때, 여러분은 진동을 읽을 수 있습니다. 그렇게 하면 여러분은, 내가 상승 마스터 예수 그리스도인지 아니면 거짓 계층의 사칭자인지 알 수 있습니다. 진동을 읽어야만 알 수 있습니다. 내가 여러분에게 뭔가를 원할까요? 아니면 단지 여러분을 자유롭게 해주고 싶어 할까요?

독재자들은 특별하다고 주장합니다

지구상에서 독재정권의 기반은 무엇인가요? 그것은 독재자가 자신은 특별하고, 사람들에게 없는 어떤 능력을 가졌다는 주장입니다. 그것은 스탈린과 마오쩌둥에게서 본 노골적인 폭력이나 살육 의도, 또는 레닌에게서 본 지적 능력이나 다른 것일 수 있습니다. 지구에서 가장 은밀하고 위험한 독재체제의 형태는, 여러분과 신 사이 즉, 여러분과 영적인 영역 사이에 자신들이 있다고 주장하는 존재들입니다. 그것은 가장 위험한 독재 형태이기에, 우리는 당연히 여러분이 요청해 주기를 바랍니다. 여러분은 상승 마스터들의 진동을 읽을 수 있는 위치에 있기 때문입니다. 여러분은, 영적인 존재로 내세우지만 상승하지 않았기에 여전히 어떤 의도를 가진, 거짓 계층의 사칭자들에 대해 그리스도의 심판을 불러올 수 있는 위치에 있습니다. 그들은 인간에게서 필요로 하는 뭔가를 여전히 가지고 있습니다.

사랑하는 이들이여, 여러분도 알다시피, 지구 인간들에게 접근하는 감정, 멘탈, 정체성층의 존재들을 보면, 그들은 인간에게서 무언가를 필요로 합니다. 그들은 에너지가 필요합니다. 그들은 왜 에너지가 필요할까요? 나는 상승한 존재이기 때문에 여러분의 에너지가 필요하지 않습니다. 나는 내 위에 있는 창조주까지 올라가는 상승한 존재들의 계층 구조에서 내가 필요로 하는 모든 에너지를 얻습니다. 내가 왜 낮은 영역의 에너지가 필요하겠습니까? 나는 그렇게 하지 않습니다. 하지만, 여러분이 알다시피, 타락한 존재이거나 감정, 멘탈, 정체성층에 있는 상승하지 못한 존재가 이원성으로 들어가면, 음, 그들은 위에서 오는 에너지 흐름으로부터 단절됩니다. 이 때문에 그들은 여러분 수준에 있는 에너지가 필요한 것입니다.

이것은 여러분이, 그들이 무엇이고 어떤 존재인지 드러내기 위해 사용할 수 있는 또 다른 척도입니다. 나는 여러분의 에너지가 필요 없습니다. 분별력이 있다면 여러분은 느낄 수 있습니다. 나는 이 구술을 하는 동안 여러분에게서 아무것도 가져가지 않았고, 어떤 것도 취하지 않습니다. 나는 에너지를 주었습니다. 여러분에게 에너지를 방출했습니다. 여러분이 열려 있었다면 그것을 흡수했을 것입니다. 만일 열려 있지 않았다면, 여러분은 그것을 느낄 수 없을지도 모릅니다. 그러나 앞으로 이 구술을 듣거나 읽는 사람은 누구나 내가 이 구술에 넣어 둔 에너지의 흐름을 활성화시킬 수 있습니다. 그 흐름을 방출하기 위해 나는 언제나 거기에 있을 것이고, 그 사람은 언제든지 에너지를 흡수할 수 있습니다.

에너지 흐름을 읽을 수 있는 사람들에게는, 이것이 내가 상승한 존재라는 증거입니다. 나는 나보다 아래인 영역에서 오는 어떤 에너지도 필요 없습니다. 나는 외부에 있는 어떤 근원으로부터 에너지를 필요로 하지 않습니다. 나는 내 안에서 나의 창조주와 나의 근원과, 에너지 흐름이 연결되어 있습니다.

우리는 처음부터 이 메신저가 여러분과 상승 마스터들 사이에 있지 않음을 분명히 했습니다. 그는 대부분의 사람은 할 수 없는, 우리가 물질 영역에서 말하기 위한 열린 문입니다. 그러나 그는 여러분이 자신을 숭배하거나 순종하기를 요구하지 않습니다. 그는 자신이 특별하다거나 여러분과 마스터들 사이에 있다고 생각할 필요가 없습니다. 그가 여전히 메신저인 이유는, 그가 어떤 사람과 상승 마스터들 사이에 자신을 개입시킨 적이 결코 없었기 때문입니다. 그러므로 메신저는 여러분의 개인적 성장을 촉진하기 위해서 여러분이 사용하는 도구일 뿐입니다.

　여러분은 이 메신저를 통해 가르침을 받습니다. 하지만, 이 가르침의 전반적인 목적은 여러분이 자신의 내면에서 상승 마스터들과의 직접적인 접촉을 확고히 구축하도록 돕는 데 있습니다. 메신저가 충분히 알고 있듯이, 메신저가 하는 일의 궁극적인 성공은 여러분이 더이상 그를 필요로 하지 않는 것입니다. 그는 기꺼이 자신의 능력이닿는 한 완벽하게 봉사하고 여러분을 자유롭게 해줄 것입니다. 지금여기 있는 여러분이 자신의 신성한 계획의 측면들을 성취하기 위해모두 밖으로 나가서, 아무도 여기 앉아있지 않는다 하더라도, 메신저에게는 문제가 되지 않을 것입니다. 그는 그냥 상승하거나, 이런 컨퍼런스에 참석할 준비가 되지 않은 사람들을 위해 우리의 다른 가르침을 줄 수 있는 다른 방식으로 봉사할 것입니다. 이런 이벤트는 일상적인 활동에서 벗어나려는 자발성을 필요로 하고, 주의력을 집중시키기를 요구하는, 집중이 많이 필요한 활동입니다

　나는 오랫동안 이야기를 했습니다. 나는 그것을 느낄 수는 없습니다. 메신저도 느끼지 못하고, 여러분 중 다수도 느끼지 못합니다. 하지만 그럼에도 불구하고, 컨퍼런스는 꽤 오랫동안 앉아서 귀를 기울일것을 요구합니다. 우리는 여러분이 일상생활을 기꺼이 제쳐두고, 여기물리적으로 참석해서, 방송국 역할을 기꺼이 감수하는 것에 경의를표합니다. 민감한 사람들은 나에게 에너지를 받았음을 느낄 수 있습니다. 그러나 여러분이 의식의 특정한 수준에 있다면, 여러분은 에너지를 모두 흡수하지 않고, 자신의 차크라가 그것을 집단의식에 방출하도록 허용했습니다. 이것이 사람들이 모이는 진정한 장점 중 하나입니다. 여러분은 서로를 증식하고 우리가 여러분을 통해 방송할 수있는 것을 증식했습니다.

나는 이 컨퍼런스가 집단의식으로 방출되는 대단히 강력한 에너지를 증폭했다고 확신할 수 있습니다. 그것은 여기 한국과 북한에서, 그리고 그것을 훨씬 넘어서 전 세계에 엄청난 영향을 미쳤습니다. 우리가 드러냈고 앞으로도 드러낼 독재의 다양한 주제는 중대한 영향을 미쳤고 뭔가를 전환했으며, 사람들이 이 도구들을 사용함에 따라 더욱 강화될 상향 흐름을 만들었습니다. 그리하여 이것은, 우리가 자주 말했듯이, 사람들이 갑자기 변화가 있는 것을 보게 될 때까지, 물 위의 동심원처럼 감정, 멘탈, 정체성층으로 퍼져나갈 것입니다. 사람들은 그리스도의 마음으로 보고, 따라서 거짓 계층의 사칭자들이 벌거벗었음을 알 것입니다.

10

타인을 바꾸려 하지 말고
자신의 분리된 자아를 보세요

나는 상승 마스터 관음입니다. 우리는 오늘 여러분에게 가치 있다고 판단한 몇 가지 사안에 대하여 신성한 어머니의 관점을 전해주고자 합니다. 먼저, 한국의 상황에 관해 말하고 싶습니다. 이번 컨퍼런스는 특별히 한국에 초점을 두지 않았지만, 한국의 상승 마스터 학생들은 친절하게도 이 컨퍼런스를 유치해 주었습니다. 하지만 북한을 이웃에 두고 있다는 점을 고려하면, 사실, 이 컨퍼런스는 한국의 상승 마스터 학생들과 특별한 관련이 있습니다.

우리는 이전의 컨퍼런스를 통해, 특히 한국의 상황에 대한 구술을 많이 주었습니다. 그 구술들은 여전히 한국과 관련이 있지만, 한국 학생들이 작업해야 할 유일한 이슈는 아닙니다. 당연히, 여러분은 자유롭게 한국이 처한 상황을 관찰하고, 요청하고 싶은 다른 사안이 있다면, 그 사안에 대한 기원문이나 디크리를 할 수 있습니다. 이전 컨퍼런스에서 우리가 한국에 관해 몇 가지 주제들을 선택한 이유는, 한국에 변화를 가져올 수 있는 복합적인 기하학 구조를 보았기 때문이고, 이에 기반해서 우리는 한국의 미래에 가장 큰 영향을 미칠 수 있는 주제들을 주었습니다.

한국의 대기업들

이제 내가 다루고 싶은 또 하나의 주제가 있습니다. 이전에도 언급했던 적이 있지만, 한국에 몇몇 재벌 기업이 출현하도록 허용했던 상황에 관한 내용입니다. 이러한 상황이 나타난 것은 한국에 특별한 상황이 있었기 때문입니다. 여러분도 알고 있듯이 한국 전쟁 후 나라를 재건해야 할 실질적인 필요가 있었고, 정부는 이것을 가능한 한 빨리 목표를 달성할 수 있는 실용적이고 현실적인 조치로 보았습니다. 이로 인해 이러한 기업들이 생겨났고, 정부는 감시하지 않고 그 기업들에게 무제한의 자유를 주었습니다. 그 기업들에게 주어진 과업은 오직 '국가를 재건하고 일자리를 창출하라'라는 것이었습니다.

실질적인 필요성이 있었습니다. 물론 유일한 방법은 아니었지만, 그것은 하나의 방법이었고, 상대적으로 효과적이었습니다. 여기에는 이들 대기업과 관련된 어떤 힘의 요소가 있었습니다. 이 기업들은 상대적으로 빠르게 서로 경쟁하기 시작했습니다. 이들 대기업 가운데 한두 개가 서로 우월한 지위에 오르기 위해 세력 다툼을 벌였습니다. 이 과정에서 우리가 집단적 야수(collective beasts) 또는 집단적 데몬(collective demons)이라고 부르는 것들이 생겨났습니다.

이들 대기업은 각각 감정, 멘탈, 그리고 심지어 낮은 정체성층에도 특정한 야수들을 만들었습니다. 우리가 설명해 온 것처럼 데몬과 엔터티들은 의식하는 존재가 아닙니다. 이들은 자기-인식(self-aware)을 하지 못합니다. 그것들은 의식 없이 어떤 프로그램을 수행하는 프로

그래밍된 존재입니다. 그 프로그램은 특정한 대기업을 확장하면서, 무슨 수를 써서라도 그 기업이 살아남도록 하는 것입니다.

이런 대기업의 배후에 있는 사람들은 목적이 수단을 정당화할 수 있다는 의식에 빠져 있었고, 그들은 여전히 대부분의 분야에서 존재하고 있습니다. 당시에는 나라를 재건할 수만 있다면, 개인에 대한 배려 없이 어떤 일이든, 사람을 희생시켜서라도 할 수 있는 것은 무엇이든지 할 수 있다는 관점이 있었습니다. 이것이 이후에는 회사가 성장하고 살아남아 경쟁사를 무너뜨릴 수 있다면 어떤 것이든 받아들여질 수 있다는 생각으로 바뀌었습니다. 이것은 물론 재벌 기업들이 특권적 지위를 활용해서 한국의 집단의식에 영향을 끼친 것입니다. 대부분의 국민이 이러한 재벌 기업이 필요하고 유익하며 한국과 한국 경제는 그들 없이는 살아남을 수 없다고 여기게 되는 상황이 만들어졌습니다.

다른 말로 하자면, 이것이 한국에서 비즈니스를 하는 유일한 방법이라는 사고방식이 만들어졌습니다. 이것이 경제가 생존하고 번영할 수 있는 유일한 방법이라는 것입니다. 이전에 말했듯이, 다른 대안들이 물론 존재합니다. 하지만 대부분의 사람은 이것이 한국의 모델이라고 생각하며, 지금까지 효과가 있었는데 미래에도 효과가 없을리 없다면서, 대안을 찾는 데 열려 있지 않습니다. 게다가 한국 사람들에게는 이들 대기업에 대한 충성심도 생겨났습니다.

한국에서의 새로운 기업 모델의 필요성

한국이 진정으로 번영하고 한국 경제가 미래에도 성장하려면, 점점 더 많은 사람이 열려서 다른 경제 모델도 있다는 것을 인식할 필요가 있습니다. 그 뿐만 아니라 정부도 점차 변화해서 다른 기업들을 쉽게 설립할 수 있게 하고, 더 나아가 대기업들과 경쟁할 수 있는 환경을 조성해야 합니다. 그렇지 않으면, 한국 경제는 미래에 활력을 잃게 되고 통일의 부담을 감당하지 못할 것입니다.

이러한 의식의 전환을 가져오려면, 대기업에 대한 특혜와 충성을 요구하는 이들 거대한 데몬이나 야수의 최면 상태에서, 사람들이 깨어나 자유롭게 되기를 요청해야 합니다. 사랑하는 이들이여, 여러분도 알다시피, 예컨대 한국에는 대기업에 대한 특별한 인식이 있습니다. 국민 사이에서는 이 대기업 제품 또는 적어도 한국산 제품을 사야 한다는 인식이 있습니다. 새로운 세탁기를 사야 할 한국의 주부는 이렇게 생각합니다. "오, 나는 훌륭한 한국 국민이어야 하고, 그러면 한국 대기업의 세탁기를 사야 해." 그런데 이 대기업은 규모가 너무 커져서 세탁기나 기타 제품을 한국에서만 판매해서는 살아남을 수 없다는 점을 인정해야 합니다.

대기업은 거대한 다국적 기업으로 전 세계 거의 모든 국가에서 세탁기를 판매합니다. 한국인들의 대기업을 향한 충성심과 이 대기업이 정부로부터 특혜를 받고 특권을 가질 자격이 있다는 느낌만으로는 이 대기업의 생존을 보장할 수 없습니다. 이 대기업의 미래는 다른 나라에서 이 회사 제품을 사는 소비자들에게 달려있습니다. 예를 들어 덴마크에 사는 주부가 새로운 세탁기를 사려고 할 때, 이 주부는 이 대기업에 대한 충성심이 없습니다. 그녀는 한국 제품을 사야 할 필요성을 느끼지 않습니다. 만약 이 대기업에 대한 국제적 인식에 변화가 생긴다면, 소비자들은 이 대기업의 실상을 갑자기 알게 되고, 오래지 않아 세계적으로 집단의식에 전환이 올 수 있습니다. 예를 들자면, 노동자들이 공정한 급여를 받지 못한다거나 적절한 대우를 받지 못한다는 것을 알게 되면, 소비자들이 이렇게 말할 수도 있습니다. "노동자들을 더 잘 대하고 공정한 급여를 주는 다른 기업들이 있는데 내가 왜 이 기업의 세탁기를 사야 하지? 다른 회사 제품을 대신 골라야 하겠다."

여러분은 한국에 있는 S기업이나 H기업 혹은 다른 대기업에 대한 충성심이 대기업들의 생존을 보장하지 않음을 알 수 있습니다. 따라서 영적인 사람인 여러분이 대기업에 대한 한국인의 의식이 변화하여, 사람들이 좀 더 국제적인 관점을 취하고, 한국 기업들이 세계적으로 일어나는 일들을 살피며, 해외 소비자들의 태도와 인식의 변화를 살펴봐야 할 필요가 있음을 이해하도록 요청해야 합니다.

고용자들을 잘 대우할 필요성

따라서 그들은 서구기업들이 고용인을 어떻게 대하고, 급여는 어떻게 지급하는지 살펴보고 이를 적용할 필요가 있습니다. 예를 들자면, 기업 이익의 얼마가 주주에게 돌아가고, 근로자에게는 어떤 비율로 배분되는지를 보아야 합니다. 그렇게 하면 한국의 기업들은 변화하면서 국제적 비즈니스의 풍토를 따르고 이를 적용하며, 이 거대한 야수들이 만들어낸 최면 거품에 머물러 있지 않게 될 것입니다. 다시 말해 여러분은 한국의 기업 풍토가 이런 야수들로부터 자유로워지고, 심지어 대기업도 자유로워져서 변화하는 시대에 부응하며 성장하고, 나아가 황금시대 비즈니스 모델을 적용할 수 있도록 요청할 수 있습니다. 기업들이 황금시대에 맞게 변화하지 않는다면, 어떻게 황금시대에 살아남을 수 있겠습니까?

우리 상승 마스터들은 한국이 비즈니스뿐만 아니라 다른 분야에서도 황금시대로 전환하는 나라의 본보기가 되기를 바랍니다. 이런 것들이 여러분이 할 수 있는 요청이고, 큰 영향을 끼칠 것입니다.

이제 여러분은 정부와 재벌 뒤에 감추어진 것에 대해서도 드러나도록 요청할 수 있습니다. 한국 전쟁 이후 한국에는 상류층, 재벌 기업의 지도자인 부자, 특별 계층이 생겼습니다. 일반 사람들 사이에서 이렇게 아주 부유하고 권력을 가진 사람들이 특별한 계층이기에 거의 완벽하고 비판의 대상이 될 수 없다는 인식이 생겼습니다. 여러분은 부적절한 행동, 불법행위, 부패 그리고 특별한 거래가 드러나도록 요청할 수 있습니다. 한국이 이런 아주 강력하게 보이는 재벌가에 대한 우상숭배가 사라진 새로운 기업 모델로 전환하기 위해서는 여러분의 요청이 필요합니다. 이런 재벌가 사람들의 개인적인 실수와 잘못들이 드러날 필요가 있습니다. 그러면 한국인들이 깨어나 재벌 역시 다른 사람들처럼 잘못을 범할 수 있는 평범한 존재라는 인식으로 전환할 수 있습니다. 그들은 특권을 가지거나 특별대우를 받을 자격이 없고, 지구를 돌아다니는 신처럼 존경받을 자격도 없습니다. 사랑하는 이들이여, 신(God)은 신사복 정장을 입지 않는다고 장담합니다. 이러한 이슈들이 한국에서 여러분이 요청할 수 있는 것들입니다.

한국의 상승 마스터 학생들

이번 컨퍼런스에서 제기된 한국의 상승 마스터 학생 커뮤니티 사안도 간략하게 언급하고 싶습니다. 당연히, 이렇게 짧은 시간 동안 한국 커뮤니티가 놀랍도록 발전한 것을 보면서 우리는 정말 행복하고 매우 기쁩니다. 많은 가르침이 번역되었고, 많은 책이 번역되고 출판되었으며, 여러 모임이 생겼습니다. 많은 양의 기원을 했고, 컨퍼런스를 열었습니다. 우리는 이러한 변화를 볼 수 있어서 매우 기쁩니다. 여기에 함께 했던 여러분 모두는 인정받을 만합니다. 상승 마스터들로서 우리는 특정한 개인들을 칭찬하거나 치켜세우지 않습니다. 여러분 모두는 이러한 변화의 일부였고, 여러분 모두는 변화를 만들 뭔가의 일원이었다고 느낄 만한 자격이 있으며, 여러분은 변화를 만들고 있습니다.

이제 여러분은 기원을 하고 모임을 하고 가르침을 번역하며, 이러한 컨퍼런스를 개최하는 등 여러분이 해온 모든 일이, 남한과 북한에서는 물론이고, 행성적인 차원에서, 어둠의 세력들에게는 엄청난 위협으로 보인다는 것을 알아야 합니다. 어둠의 세력들은 늘 하던 방식으로 대응할 것이라는 점도 알아야 합니다. 그들은 여러분의 활동과 단체 안에 침투하여 조화를 깨뜨리려 할 것입니다. 어떤 방식으로 할까요? 분열을 만드는 방식으로 합니다. '분할 정복 전략'은 어둠의 세력들에게는 영원한 혹은 적어도 아주 오래된 전략입니다.

영적이고, 종교적인 혹은 뉴에이지 단체나 심지어 상승 마스터 커뮤니티들을 살펴보면, 그 전략은 여전히 효과적임을 알 수 있습니다. 우리는 이전 상승 마스터 시혜에서, 분열이 생겨 몇몇 소그룹이 나타나고 서로 대립하는 이러한 경향을 보아왔고, 이는 항상 분할로 이어졌습니다. 이것은 한 영적인 운동이 지닌 잠재력을 충족시킬 수 없게 합니다. 여러분 안에 두려움 기반의 반응을 만들려는 것은 아닙니다. 우리는 여러분이 두려움에 기반하여, "오, 우리는 위협받고 있으며, 어떤 식으로든 분열을 막아야 해, 따라서 우리는 어떤 형태로든 비판하거나 자유롭게 토론하는 것을 억눌러야 해"라는 식으로 접근하는 것을 바라지 않습니다. 과거 상승 마스터 단체에서 비판을 억압하고 자유로운 토론을 피하려 했지만, 그것은 오히려 더 큰 긴장만 낳았습니다. 우리가 여러분에게 요청하고 있는 것은, 이번 시혜에서 여러분이 받은 가르침들을 활용하는 것입니다.

사랑하는 이들이여, 타락한 존재들과 어둠의 세력들의 '분할 정복 전략'에도 유지될 수 있는 상승 마스터 단체를 만들려면, 모든 회원이 영적인 여정을 걷는 데 전념해야 합니다. 전에도 언급했듯이, 영적인 여정은 본질적으로 자신의 분리된 자아를 극복하는, 그 한 가지에 관한 것입니다. 특히 분리된 자아들로 이루어진 구조물의 가장 밑바닥으로 내려가서 원초적 자아를 찾아내는 것입니다. 여러분이 아바타이든 지구 행성의 원거주민이든, 타락한 존재들에게 반응하는 과정에서 원초적 자아를 만들었습니다. 사랑하는 이들이여, 여기에서 간단한 논리를 볼 수 있나요? 어떤 단체가 어둠의 세력들의 공격 아래에 있고, 그들이 분할 정복을 구사하고 있다면, 무엇이 침투 통로가 될까요? 그것은 분리된 자아들이고, 특히 원초적 자아입니다.

원초적 자아는 타락한 존재들에게 반응하는 과정에서 생겼습니다. 타락한 존재들에게 반응할 줄만 아는 그 자아는, 여러분이 타락한 존재들의 영향에서 자유로워지는 데 아무런 도움도 줄 수 없습니다. 그 자아는 여러분이 타락한 존재들의 의식을 초월하는 데 결코 도움을 줄 수 없습니다. 이것은 정말 단순한 논리입니다.

상승 마스터 학생 단체가 장기적으로 살아남는, 유일하고도 현실적인 방법은, 회원 중 가능한 많은 사람이, 그리고 확실하게는 리더 중에서 많은 사람이 원초적 자아를 해결하는 데 전념하는 것입니다. 일단 여러분이 원초적 자아를 극복하면, 상승 마스터들이 지금까지 말해 왔고 어제 메신저가 말하였듯이, 여러분은 영적인 여정을 객관화(depersonalize)할 수 있습니다. 이는 여러분이 다른 사람들과 더불어 일하면서 상승 마스터 단체에 있을 수 있고, 어떠한 견해의 차이나 다양한 의견의 불일치가 있을 때라도, 그것을 개인적으로 받아들이는 것을 피할 수 있다는 뜻입니다.

단 5분 안에 세상을 구하기

이전의 상승 마스터 단체들에서 우리가 보았던 것은 무엇일까요? 성 저메인과 예수께서도 언급했던, 우리는 바로 그 특별해지고 싶은 욕망으로 움직이는 사람들을 보았습니다. 심지어 이 메신저도 젊은 시절에 상승 마스터 단체에 처음 왔을 때 그랬다고 인정했듯이, 그 사람들은 뭔가 특별하고 결정적인 일을 함으로써 스스로가 특별한 존재라는 감각을 더 강화하고 싶은 마음으로 영성 단체에 들어왔습니다. 이것은 조급함으로 이어집니다. 메신저가 말했듯이, 그는 어렸을 때 이 세상을 단 5분 만에 구하고 싶어 했습니다. 물론 그렇게 할 수는 없습니다. 우리는 여러분이 그렇게 하라고 요구하지도 않습니다. 그렇게 말했던 적도 없습니다.

여러분은 알아야 합니다. 이러한 의견 차이가 생기고, 여러분이 이런 의견 차이를 개인적으로 받아들이면, 이것이 긴장의 원인이 됩니다. 이는, 양쪽 모두 또는 적어도 어느 한쪽의 감정체에 에너지가 쌓이기 시작한다는 의미입니다. 그들은 점차 강렬해지는 에너지를 축적하기 시작하고, 동요를 느끼기 시작합니다. 자신이 거절당했으며 사람들이 자기 말을 들어주지 않는다고 느끼기 시작합니다. 분노를 느끼고 때로는 다른 사람들과 의견을 주고받으면서 이런 감정 에너지를 더 키우기도 합니다. 그러면 멘탈체에서도 어떤 에너지가 축적되기 시작하고, 이제 지적인 논쟁과 추론으로 들어가기 시작합니다. "이것은 그런 식으로 하면 안 돼, 이 사람들은 옳지 않은 일을 하고 있어. 마스터께서 이렇게 말했으니 우리는 이것을 해야 해." 모두 이러한 지적인 수준에 머무릅니다. 이제 여기서 일어나는 일은, 단지 의견의 차이였던 것이 양극화의 원인이 되고, 대립과 개인적 갈등, 심지어 개인적인 권력투쟁의 원인이 됩니다.

우리는 상승 마스터 단체들에서 이런 모습을 너무도 많이 보아왔기에, 상승 마스터들이 역겨워서 토할 수 있다면, 정말 많이 토했을 것입니다. 당연히 우리는 어떤 것에도 집착하지 않습니다. 우리는 여러분이 어떤 과정을 겪고 있든, 여러분을 사랑하고 포용합니다. 하지만 다른 한편으로, 여러분이 일단 어떤 에너지를 계속 쌓아두는 상태로 들어가면, 이것은 자신의 직관적인 능력들을 닫는 것이기 때문에, 많은 경우에 우리는 물러서야만 합니다. 우리는 여러분에게 도달할 수 없고, 여러분도 우리에게 도달할 수 없습니다. 많은 경우에, 학생들은 잠재의식적으로 이렇게 말하는 마음 상태로 들어갑니다. "오, 마스터시여, 물러나세요. 저는 이 상황을 다 이해했어요. 10년 전 당신이 말씀하신 가르침을 받았고, 그걸 이해했어요. 그러니까 내가 맞고 저 사람들은 틀렸어요. 그리고 지금 와서 다른 얘기는 하지 마세요. 지금은 듣고 싶지 않습니다. 저는 지금 다른 사람들이랑 싸워서 제가 맞다는 것을 입증하고 싶거든요." 사랑하는 이들이여, 그래도 우리는 여러분을 여전히 사랑합니다. 하지만, 여러분이, "너무 가까이 오지 마세요"라고 하므로 우리는 여러분에게서 멀리 떨어져서 사랑할 수밖에 없습니다.

자신의 독특한 창조력을 표현하기

이 모든 것이 우리가 전에 했던 이야기입니다. 여러분 각자에게는 절대적으로 독특한 존재인 아이엠 현존이 있으며, 신의 다이아몬드를 이루는 하나의 독특한 단면입니다. 여러분의 가장 큰 욕망이자 원동력은, 자신의 아이엠 현존과 함께 공동창조자가 됨으로써 자신의 개체성(individuality)을 표현하는 것입니다. 그런데 수많은 생애 동안, 그 창조성은 어쩌면 억압되어 왔습니다. 이제 여러분은 공명하는 어떤 상승 마스터 가르침을 발견했고 이렇게 생각합니다. "내가 창조적으로 존재하면서 나의 개체성을 표현할 기회를 만났다."

물론 그렇게 될 수 있습니다. 하지만, 성 저메인과 예수께서 설명했듯이, 이 세상에서 특별해지고 싶은 욕망과 분리된 자아를 통해 특별해지려는 욕망은 여러분의 창조적인 노력을 왜곡시킵니다. 이번 컨퍼런스에서 성 저메인과 예수께서 주신 구술을 여러분이 받아들인다면, 이런 모든 역학을 극복하고 자신의 최상의 잠재력과 상승 마스터 단체의 최상의 잠재력을 충족시킬 수 있는 핵심 열쇠를 받을 수 있습니다. 사랑하는 이들이여, 알다시피 여러분이 진정으로 창조적이 되려면, 먼저 분리된 자아들과 원초적 자아를 정화해야 합니다. 이렇게 하면, 여러분은 자신의 삶을 객관화하는 지점에 올 수가 있습니다.

이제 여러분은 모든 사람이 독특한 인격과 개성을 가지고 있다는 것을 볼 수 있습니다. 여러분은 자신만의 고유한 아이엠 현존과 독특하고 창조적인 표현을 가지고 있습니다. 갈등과 긴장, 대립의 원인으로 차이를 보는 대신, 그 차이가 서로를 실제로 보완해 줄 수 있음을 알 수 있습니다. 따라서 혼자서는 누구도 할 수 없는 일들을 여러분은 함께 해낼 수 있습니다. 하지만, 그룹 내에서 임계치 이상의 구성원들이 분리된 자아들과 원초적 자아를 극복하기 전까지는, 이렇게 될 수 없습니다. 여러분은 자신의 영적인 여정과 개인적인 삶, 개인적 심리를 객관화(depersonalize)해야 합니다. 예수께서 말했듯이, 분리된 자아가 나타나면, 항상 그 자아를 기꺼이 들여다보려는 지점에 와야 합니다. 여러분은 분리된 자아를 방어하려 하지 않습니다. 여러분은 분리된 자아를 들여다보는 데 열려 있습니다. 분리된 자아가 보이면, 어떤 식으로든 스스로를 비난하지 않고, 그저 이렇게 말할 뿐입니다. "아, 여기 있었네. 이제 너는 죽었어."

사랑하는 이들이여, 여러분이 그 상태에 있을 때, 타락한 존재들은 어떻게 해야 할지를 모릅니다. 그들은 이렇게 말할 수밖에 없습니다. "어떻게 된 거지? 왜 갑자기 이 사람들이 우리 손아귀에서 벗어난 거지? 우리가 쏘는 화살들이 어떻게 그냥 통과해 버리지? 반응하지도 않고, 결과를 만들지도 않네. 그들이 서로 싸우게 할 수 없다면 이제 무엇을 할 수 있지?" 그래서 타락한 존재들은 우두커니 서 있습니다. 한번 통제력을 잃었기 때문에, 그들은 자신들이 통제하지 못하는 상황에 놓였다는 것을 깨닫습니다. 여러분은 타락한 존재들에게 취약한 의식 수준을 초월했기 때문에, 더 이상 그들을 걱정할 필요가 없는 지점에 올 수 있습니다. 예수께서 말했듯이 이 세상의 왕자가 오더라도 내 안에서 가져갈 것이 아무것도 없게 됩니다. 내 안에는 그에게 반응하도록 강요할 수 있는 자아가 없습니다. 이런 상태는 물론 한국뿐만 아니라 전 세계 상승 마스터 학생들을 위한 목표입니다. 우리는 이것을 이전 상승 마스터 단체에서도 보고 싶었습니다. 하지만 이전 시혜에서는 주어질 수 없었고, 이번 시혜를 통해 주어진 깊은 심리적인 가르침들에 그들이 열려 있지 않다면, 그것이 어떻게 가능하겠습니까?

사랑하는 이들이여, 지금까지 여러분에게 중요한 점들을 몇 가지 이야기했습니다. 이번 컨퍼런스에서 나온 구술을 받아들이고 그 메커니즘을 진정으로 이해한 뒤에, 예수께서 말했듯이 이것을 기꺼이 살펴보는 것이 중요합니다. "이 가르침이 내게 어떻게 적용될까? 내 분리된 자아는 무엇일까?"

상승 마스터 단체들 안에 있는 파벌

과거 상승 마스터 단체를 살펴보면, 그 단체를 발견하고 일찍 들어온 사람 중에, 자신들이 그 단체에서 오래 있었기 때문에 새로운 학생들보다 의식 수준이 높다고 느끼기 시작하는 경향이 있었습니다. 한국에서 이것이 큰 문제라고 말하는 것이 아닙니다. 이것은 단지 우리가 보아온 패턴이고, 여러분이 경계할 필요가 있다는 것입니다. 단체에서 오래된 사람들은 다른 사람들이 자신의 말을 들어야 하고, 자신들을 따라야 하며 반대하거나 다른 제안을 제시하면 안 된다고 느낄 수가 있습니다. 과거 단체에서, 단체 안에 한 개 혹은 그 이상의 파벌이 형성되었고, 자신들의 뜻에 순응하지 않는 어떤 사람들을 비판적이라고 느끼는 것을 보았습니다. 여기에서 여러분은, 인간의 의식은 우리 상승 마스터들의 말 중 무엇이든지 가지고 가서 자신을 정당화하거나 다른 사람들이 틀렸음을 입증하는 데 사용할 수 있다는 것을 인식해야 합니다.

내가 말했듯이, 여러분은 다른 사람들이 왜 틀렸는지 항상 추론하고 주장할 수 있습니다. 이전 시혜에서, 일부 근본주의 크리스천들이 바이블을 인용하면서 서로 옳다고 주장하는 것과 비슷한 상황이 일어났습니다. 상승 마스터 학생들이 맥락을 고려하지 않은 채 구술 중 특정한 부분을 인용하며 말했습니다. "자, 엘 모리야께서 이렇게 말했으니 당신은 틀렸고 내가 말하는 대로 해야 해." 여러분에게 하고 싶은 말은, 여러분은 가르침을 받았고, 도구를 받았으며, 이런 상황을 피할 수 있다는 것입니다. 여러분은 물병자리 시대의 영성 운동이 펼쳐지는 방식을 만들어갈 수 있습니다. 분명히, 물고기자리 시대에 했던 방식은 물병자리 시대에 작동할 수 없습니다. 물론 물고기자리 시대에도 타락한 존재들과 어둠의 세력들, 그리고 사람들의 에고 때문에 영성 운동이 대체로 작동하지 못한 경우가 많았던 것이 사실입니다.

여러분에게는 이러한 반응을 피할 기회가 있습니다. 그것은 아주 단순합니다. 메신저가 말했듯이, 그는 자신이 육화해 있는 동안은 분리된 자아들을 가질 수밖에 없다는 사실을 깨달았습니다. 분리된 자아를 다루는 데 있어서 도전은, 항상 분리된 자아를 볼 수 있어야 한다는 점입니다. 여러분이 이 사실을 알고 받아들인다면, 항상 내면에서 무언가를 보는 것에 열려 있는 것입니다. 누군가 다가와서 어떤 것을 지적할 경우, 여러분은 그 말을 경청합니다. 그리고는 이렇게 자문합니다. "이 말이 나와 관계가 있을까? 내 안에 아직 발견하지 못한 분리된 자아가 있는 것일까?" 여러분은 상승 마스터에게, "이 분리된 자아를 볼 수 있도록 도와주세요"라고 요청할 수도 있습니다. 여러분은 그저 열려 있고 중립적입니다. 사람들이 말하는 것을 중립적인 마음의 틀로 받아들입니다. 만약 거기에 어떤 진실이 있다는 것을 보게 되면, 여러분은 그 분리된 자아에 대해 작업합니다. 여러분이 어떤 진실도 보지 못하고, 자신의 내면에서 어떤 반응도 느끼지 못한다면, 여러분은 계속 나아갑니다.

여러분은 이 사람들이 어떠한 마음의 틀 안에 있더라도 그들을 허용합니다. 만약 다른 사람들이 여러분에게 화를 낸다면, 이에 대해 무엇을 할 수 있을까요? 사실상, 여러분이 기꺼이 자신을 살펴왔다면, 어떤 것도 할 필요가 없습니다. 다른 사람들을 설득할 필요도 없고, 그 사람들이 잘못됐고 자신이 옳다는 것을 보게 할 필요도 없습니다. 자신을 방어할 필요도 없습니다. 단지 여러분은 이렇게 말할 수 있습니다. "당신이 말한 것을 생각해 봤지만, 내 안에서 어떤 것도 볼 수 없습니다. 그러므로, 나는 가던 길을 계속 가겠습니다." 그리고 나서 그 사람들이 어떤 식으로 반응하더라도 그들을 허용합니다.

사랑하는 이들이여, 내가 말하려는 것은 이것입니다. 이들 가르침에 기반을 둔 어떤 단체에서든, 구성원들과 리더들 모두 그들이 육화해 있는 한, 누구라도 분리된 자아가 있다는 것입니다. 따라서 여러분은 다른 사람들에게 배울 점이 있습니다. 여러분은 다른 사람들과 관계를 맺는 어떤 상황에서든, 자신을 살펴보아야 합니다. 먼저 살펴봐야 할 것은 항상 이런 것입니다. "내가 반응하고 있는가? 어떤 감정이 느껴지는가? 내가 위협받는다고 느끼는가? 내가 긴장을 쌓고 에너지를 쌓아가기 시작하는가? 내가 저 사람이 말하는 것을 반박하려고 하는가? 나 자신을 방어하고 있는가?" 이런 것들을 살펴보고, 그 반응을 본다면, 이 메신저도 기꺼이 수없이 그래왔던 것처럼, 그 반응 뒤에는 분리된 자아가 있음을 알게 됩니다. 반응이라는 것이 분리된 자아가 아니면 도대체 어디에서 나오겠습니까? 그 반응은 여러분의 아이앰 현존으로부터 오지 않습니다. 그리고 우리가 여러분이 보도록 도왔던 것처럼, 그것은 의식하는 자아에게서 온 것이 아닙니다. 의식하는 자아는 중립적인 관찰자이기에, 그것은 반응하는 분리된 자아에서 온 것입니다.

영적 단체는 기쁨의 원천이 될 수 있습니다

사랑하는 이들이여, 여러분이 이 도구들을 취하고, 자신의 여정을 객관화하는 전환을 이룬다면, 여러분은 상승 마스터 활동이나 단체에 관여하는 것이 기쁨의 원천이요, 성장의 원천이 되어간다는 사실을 발견할 것입니다. 여러분은 위협받는다거나, 취약하다거나 공격당하며, 비난받고 거부당한다고 느끼지 않게 되므로, 다른 사람들을 비난할 필요도 없어집니다. 투쟁이 사라집니다. 항상 반응하는 원초적 자아와 다른 분리된 자아들을 초월하면, 다른 사람과 함께 일하는 것이 기쁨의 원천일 수 있습니다. 이미 한국 커뮤니티의 많은 구성원이 이렇게 해왔음을 알고 있습니다. 나는 단지, 남아 있는 어떤 분리된 자아들이든 여러분이 계속 작업해 나갈 수 있다고 말하고 있습니다. 그러면 기쁨이 점점 더 충만해지고 점점 더 평화로워질 것입니다.

메신저가 깨달았던 것은 과거 상승 마스터 가르침에 막 입문했을 때, 스스로가 특별하다는 것을 증명하고 싶어 하는 마음이 있었기에 강한 열정으로 무언가를 하는 데 열심이었다는 것입니다. 그는 자신이 훌륭한 학생이라는 것을 입증하고 싶었습니다. 수많은 학생이 이와 같은 추동력을 가지고 있었고, 이것이 잘못이라고 하는 것이 아닙니다. 이런 모습은 단지 여정의 한 단계일 뿐이며, 우리는 열정적인 학생들을 보면 언제나 기쁩니다. 하지만, 그들의 열정이 갈등의 패턴으로 빠져들고, 많은 경우 사람들이 낙담하거나 화가 나서 상승 마스터 단체를 떠나거나 심지어 상승 마스터 가르침에서 멀어지는 상황은 별로 반갑지 않습니다.

우리는 다른 사람들과 갈등하면서 너무 화난 나머지 남은 생애 동안 영적인 여정을 포기한 사람들을 보았습니다. 그중 어떤 사람들의 경우에는 이번 생애 이후에 상승할 가능성이 있었음에도, 수많은 과거 생에서 갈등했던 사람과 또다시 갈등함으로써 상승을 향한 여정을 남겨두고 떠났습니다. 물론, 우리는 이런 상황이 다시 반복되는 것을 바라지 않습니다.

여러분과 마스터들 사이에 아무것도 끼어들게 하지 마세요

메신저가 아주 젊었을 때 한 가지 깨달았던 점이 있는데, 여러분에게도 도움이 될 만한 내용입니다. 그는 상승 마스터들과 상승 마스터의 가르침과 상승 마스터 단체가 근본적으로 높은 의식 수준에 있음을 아주 빨리 깨달았습니다. 이 사실은 메신저가 자신의 현재 의식 수준으로는 상승 마스터들이 특정한 상황에서 어떻게 행동하거나 반응할지 알 수 없다는 것을 깨달았습니다. 그 당시 메신저는 우리가 절대 반응하지 않는다는 점을 충분히 이해하지는 못했지만, 그가 성장하려면, 상승 마스터들이 무엇을 하거나 무엇을 말할지 안다고 생각해서는 안 된다는 것을 알았습니다. 그는 항상 더 높은 이해에 열려 있어야 했습니다. 그는 자신이 영적인 여정에 있으면서 상승 마스터들과 조율하려면, 자신의 현재 의식 수준 너머를 기꺼이 보려고 해야 한다는 것을 인식했습니다. 또한 상승 마스터들은 인간의 의식 수준 너머에 있으므로, 상승 마스터들과 자신 사이에 지구에 있는 어떤 것도 들어오도록 해서는 안 된다는 것을 깨달았습니다.

특정한 개인들과 갈등이 생겼을 때, 그 사람들이 자신과 마스터와의 조율 사이에 끼어들도록 허용해서는 안 된다는 것을 깨달았습니다. 그는 또한 자신이 화가 나거나 부조화의 상태로 들어가면서, 동시에 상승 마스터들과 조율된 상태로 있을 수 없다는 것도 깨달았습니다.

따라서 그는 선택해야만 했습니다. 자신이 옳고 다른 사람들은 틀렸다는 것을 계속 입증하려 할 것인가? 아니면, "그게 너와 무슨 상관이 있느냐, 너는 나를 따르라"라고 했던 예수의 말을 이해했기에, 에고를 기꺼이 떠나보낸 학생들에 대한 엘 모리야의 핑크빛 사랑을 그들이 경험했던 것처럼, 그 역시 이 모든 것을 내려놓고 상승 마스터들과 조율할 것인가?

이것은 여러분도 모두 계발할 수 있는 것입니다. 여러분은 이렇게 말할 수 있습니다. "이 세상에 있는 어떤 것도 나와 상승 마스터들, 그리고 나와 상승 마스터들 사이의 내적인 조율을 방해하도록 허용하지 않겠다. 어떤 외적인 단체도 나와 상승 마스터 사이에 개입하도록 허용하지 않겠다." 이 메신저는 한 단체의 회원이었고, 우리가 설명했듯이 그 단체는 물고기자리 시대 사고방식을 가진 사람들을 위해 특별히 만들어진 곳이었습니다. 이 메신저는 그 그룹에 해당하지 않았습니다. 그는 물고기자리 시대 사고방식을 대체로 초월한 상태였고, 이미 물병자리 시대의 사고방식에 있었습니다. 그는 이 단체에서 이러한 요소들을 보았지만, "나와 마스터 사이에 이것이 들어서는 것을 허용할 수 없다. 나는 이런 사고방식과 싸울 수 없고, 이 단체의 변화를 위해 싸우려고 하면서 나의 내적인 조율과 조화를 빼앗아가도록 하지 않을 것이다."라고 생각했습니다. 심지어 그는 이전의 메신저를 살펴보고, 자신이 이해할 수 없는 것들과 심지어는 그렇게 하는 것이 일을 할 수 있는 유일한 방법이 아니라는 것을 직감적으로 알았습니다. 하지만, 그는 또한 말했습니다. "나는 메신저가 나와 상승 마스터들과의 조율 사이에 끼어들도록 허용하지 않겠다."

여러분이 상승 마스터들과 조율하면서 그 어떤 것도 끼어들지 못하도록 하는 이런 태도를, 여러분 모두가 배우고 적용해야 합니다. 상승 마스터들과 여러분 사이에 무언가가 들어선다는 것이 무슨 뜻일까요?

그것은 무엇인가가 여러분을 조율에서 벗어나게 한다는 뜻입니다. 사랑하는 이들이여, 우리가 어디에서 조율이 되나요? 바로 내면에서, 여러분의 가슴, 가슴 차크라에서 조율됩니다. 조율하려면 무엇이 필요할까요? 우리가 말했듯이, 중립적인 마음 상태로 들어가야 합니다. 주의가 외부로 끌어당겨지고 부조화와 갈등과 논쟁 등 이런저런 것에 끌려다니면서, 동시에 내면에서 조율할 수는 없습니다.

전 세계 다양한 문화권에서 이런 상황을 설명하는 다양한 말이 있습니다. 미국에서는 이렇게 말합니다. "케이크를 먹으면서 동시에 가지고 있을 수는 없다." 메신저의 나라인 덴마크에서는 "입에 밀가루를 가득 넣은 채 휘파람을 불 수는 없다."라고 합니다. 가루를 입 밖으로 불어버릴 테니까요. 이처럼 많은 문화권에, 행성 지구의 물질층에서는 항상 선택해야 한다는 사실을 강조하는 말을 찾아볼 수 있습니다. 예를 들자면, 여러분에게 두 가지 선택권이 있더라도, 둘을 동시에 가질 수는 없습니다. 다른 사람과 갈등하거나 세상을 바꾸려고 외부에 주의를 기울이면서, 동시에 상승 마스터들을 향해 내면으로 향할 수는 없습니다.

여러분이 항상 주의를 내면으로 돌려야 한다고 말하는 것은 아닙니다. 여러분은 일상생활에서 분명히 다루어야 할 일들이 있습니다. 내가 말하려는 것은, 많은 학생이 마음이 동요된 상태로 들어가서, 자신이 가진 문제나 갈등에 대해 항상 생각하면, 주의력이 외부로 끌리게 된다는 것입니다. 그들은 한순간도 내면으로 들어갈 시간이 없습니다. 만약 그들이 내면으로 들어가면 무슨 일이 일어날까요? 음, 우리가 말했듯이, 마스터들이 하늘에서 우렁찬 목소리로 갑자기 나타나 이렇게 말하는 것이 아닙니다. "이것을 해라! 저것은 하지 마라!" 우리는 여러분에게 우리의 현존을 드러내서, 여러분이 우리의 진동을 느끼도록 합니다. 이때 여러분은 상승 마스터 진동이 여러분이 다른 사람들과의 갈등의 결과로 축적한 에너지 진동과 다르다는 것을 느낄 수 있습니다. 그러면 여러분은 말합니다. "아, 나는 그런 에너지를 원하지 않아. 나는 관음에게서 느끼는 이 에너지를 원해." 그러면, 여러분은 선택할 수 있습니다. 이제 참조틀이 생긴 것입니다. 여러분은 분리된 자아의 밖에 있는 어떤 것을 경험했습니다. 그것이 그 자아로부터 여러분을 분리하기 위한 첫 번째 단계입니다. 그렇게 계속 그것에 대해 작업하다 보면, 분리된 자아 뒤에 있는 믿음을 보게 되고, 분리된 자아가 해결되어야 한다고 보이는 그런 문제를 보게 됩니다.

영적인 가르침을 오용한 카르마 만들기

이러한 개인적인 갈등에서 많은 경우, 여러분은 상승 마스터 단체가 어떤 특정한 방식으로 운영되어야 하고, 다른 방식으로는 운영될 수는 없으며, 그 단체가 잘못되었다고 생각하는, 어떤 분리된 자아를 가지고 있습니다. 다른 사람들이 자신과 다른 방식으로 일을 하는 것을 보면, 이들의 마음을 바꾸어야 하는 것이 갑자기 서사적으로 중요한 일이 됩니다. 그들이 여기에 저항하여 긴장이 쌓이게 되고, 이제 여러분은 하향나선에 들어갑니다. 여러분은 하향나선에 붙잡혀 있고, 그 분리된 자아는 결코 그 나선에서 빠져나올 수 없습니다. 거기에서 빠져나오는 유일한 방법은 여러분이 대안(代案)의 진동을 경험하는 것입니다.

사랑하는 이들이여, 우리는 상승 마스터 학생들이 이런 식으로 갈등에 처하고, 뭔가를 바꾸려 하고, 심지어 세상에 있는 어떤 것들을 변화시키려고 하는 것을 보았습니다. 그들은 이 의식에 매우 편향되어, 항상 뭔가 잘못된 것을 찾아내야 합니다. 그들은 상승 마스터 학생들로서 더 잘 알고 있으므로, 모든 상황에 비판적이어야 합니다. 그리고 항상 세상으로 나가 세상이 자신의 비전에 순응하게 만들려고 합니다. 이 모든 것은 분리된 자아로부터 나옵니다. 사랑하는 이들이여, 그들의 이런 모든 노력이 어떤 결과를 낳을까요? 이는 그 분리된 자아를 더 강화하게 되고, 그 분리된 자아에게 에너지를 공급하게 되며, 여러분은 이 분리된 자아가 옳다고 확신하게 됩니다.

우리가 무엇이라 말하였나요? 상승의 열쇠는 분리된 자아를 극복하는 것이고, 분리된 자아를 강화해 나가는 것은 실제로 카르마를 만드는 방식입니다. 우리는 상승 마스터 가르침을 이용해서 또는 그 가르침을 나름대로 해석해서 분리된 자아를 강화하고 실제로 특별한 종류의 카르마를 만드는 학생들을 봐 왔습니다. 밖에 나가서 누군가를 죽이는 카르마를 만드는 것은 아니어도, 영적인 가르침을 오용함으로써 특별한 종류의 카르마를 만듭니다. 여러분은 영적인 가르침을 가지고 다른 사람들을 상대로 무기로 사용하는 것입니다. 이것이 물리적인 무기를 다른 사람에게 사용하는 것만큼 심각하지는 않더라도, 전혀 잘못이 없다고 할 수 있는 것이 아닙니다.

이것은 분리된 자아를 더욱 강화합니다. 예수께서 말했듯이, 이때 여러분은 심리 안의 특정한 문제를 드러내고, 이를 자신에게 적용해야 하는 가르침의 한 측면을 볼 수 없습니다. 자신의 외부에 있는 것을 바꾸는 데 너무 정신이 팔린 나머지, 이 모든 가르침이 다른 사람들에게만 적용된다고 생각합니다. "저 사람을 보니 성 저메인께서 말했던 바로 그 문제를 가지고 있어. 기회가 되면 꼭 그걸 말해 주어야겠어!" 여러분은 거울을 바라보면서 말하는 것을 잊어버립니다. "맙소사, 나에게 그 문제가 있네, 내가 저 분리된 자아를 가지고 있으니, 진전을 이루고 자유로워지려면, 저 분리된 자아를 놓아버려야 하는구나. 그것을 죽게 해야 해."

사랑하는 이들이여, 우리는 상승 마스터 단체에서, 초기에 들어온 사람들이 어떻게 해왔는지를 봤습니다. 그들은 가르침을 적용하고 단체에 봉사하면서 성장했습니다. 어느 수준까지는 매우 빠르게 성장했습니다. 그러다 돌연, 그들은 단체 안에서 자신의 지위를 유지하는 것을 염려하게 되면서, 이제 성장을 멈추었습니다. 새로운 사람들이 단체로 들어와 가르침을 따르고 그들 자신들에게 적용하면서, 기존 그룹보다 의식 수준이 실제로 더 높아지는 것을 보았습니다. 그런데 이것은 특별한 분노를 만듭니다. 말하자면, 기존 학생들은 새로운 학생들이 자신들 너머로 올라갔음을 느끼고, 이 사실에 분노한 것입니다. "음, 나도 나 자신을 돌아봐야겠어"라고 말하는 대신에, 그들은 새로운 학생들을 어떤 식으로든 제한하고 통제하고 싶어 합니다. 이런 패턴이 되풀이되지 않았으면 좋겠습니다.

그렇다고 해서 새로운 학생들이 지금 이 가르침을 이용해서 "오, 이것이 바로 우리 리더들에게 일어났던 일이고, 그래서 우리는 그들을 비판해야 하고 이들을 바꿔야 해"라고 말하는 것도 원하지 않습니다. 여러분은 여기에서도, 인간의 의식은 우리가 말한 어떤 가르침이든 자신의 행동을 정당화하는 데 이용할 수 있음을 봅니다. 하지만, 사랑하는 이들이여, 케이크를 먹으면서 동시에 그것을 들고 있을 수는 없습니다. 다른 사람에게 손가락질하면서 동시에 그 손가락을 자신에게 향하게 하여 자신을 살펴볼 수는 없습니다. 다른 사람이 얼마나 잘못되었는지는 중요하지 않습니다. 다른 사람들이 틀렸다는 것을 찾아내는데, 여러분이 얼마나 잘하는지도 중요하지 않습니다. 그렇게 해서는 결코 성장할 수 없습니다.

사랑하는 이들이여, 나는 상승 마스터이기에 이렇게 여러분에게 손가락질할 수 있습니다. 다른 사람에게 손가락질하는 것으로는 결코, 절대로, 절대로 여러분은 성장할 수 없습니다. 다른 누군가를 바꾸려는 것으로는 절대로 성장할 수 없습니다. 오직 자신을 살펴보고 자신을 변화시키는 것만이 여러분을 성장할 수 있게 해줍니다.

사랑하는 이들이여, 이것이 내가 여러분에게 주고자 했던 메시지입니다. 나는 여러분이 내 가슴 깊은 곳에서 나오는 사랑의 선물로 이 가르침을 받아주기를 소망합니다. 다른 사람을 변화시키려 애쓰지 않고, 상황을 개인적으로 받아들이지 않으며 자신을 너무 심각하게 다루지 않는 중립적인 마음 상태에 이르는 것, 이것이 바로 여러분이 다른 사람들에게 보여줄 수 있는 궁극적인 자비의 상태입니다.

11
타인을 향한 손가락질의 영적인 의미

나는 상승 마스터 고타마 붓다입니다. 관음의 담화와 함께 이 담화를 경험할 때, 여러분은 남성과 여성 사이의 완전한 평등함이 어떻게 상승 영역에 존재하는지 깨닫게 됩니다. 남성과 여성 사이의 절대적 평등이 지구에 존재해야 하는 이유도 알 수 있습니다. 관음께서 우리의 결합된 담화에서 오메가 측면을 주셨으므로, 나는 나머지 알파 측면을 주도록 하겠습니다. 관음께서 여러분에게 준 메시지를 언급하면서, 나는 이 담화를 '손가락질' 담화로 헌정하고 싶습니다.

타락한 존재들이 인간을 조종하기 위해 사용해 온 그들의 주된 무기가 무엇일까요? 바로 손가락질하는 것입니다. 신약의 요한계시록을 보면, "우리의 신 앞에서 밤낮으로 우리 형제들을 비난하는" 자들이 있었다는 구절이 있습니다. 그리고 형제를 비난하는 자들이 쫓겨났을 때 하늘에서 크게 기뻐했다고 합니다. 이 문장은 정확한 표현은 아닌데, 왜냐하면, 그 존재들은 하늘이 아니라 처음으로 추락했던 첫 번째 구체의 존재들을 뜻하는 것이기 때문입니다. 그들은 추락하기 전에 자신 이외의 모든 사람과 신에게 손가락질했습니다. 말 그대로 주변의 모든 사람을 비난했습니다. 그들은 자신들이 변할 수는 없다고 결정했으므로, 남은 유일한 선택은 다른 사람들이 변해야 하고, 우주와 신, 날씨까지도 변해야 한다고 여겼습니다.

사랑하는 이들이여, 여러분이 여기에서 보는 타락한 사고방식의 본질은 어떤 의미에서는, 자신을 보려고 하지 않기 때문에 누군가에게 손가락질하는 것임을 깨달을 수 있습니다. 우리는 인간들을 조종하고 속이기 위해 설치된 정체성층과 감정층에 있는 어떤 구조와 시스템에 관해 이야기했습니다. 이것은 현재에도 존재하고 역사를 통해서도 봐왔던 모든 독재체제의 기반입니다. 이러한 구조의 핵심은 외부의 누군가에게 손가락질하는 그 의식입니다.

다른 사람들을 해치는 데는 항상 명분이 있습니다

믿기 힘들 수도 있겠지만, 아스트랄층에는 사람들의 마음을 사로잡아서 무분별하게 살인을 하게 만드는 데몬들이 있습니다. 쇼핑몰에 가서 총기를 난사하는 최악의 사이코패스나 자기도취증 환자도 자기 행동에 대한 초보적인 수준의 어떤 추론이나 타당한 이유가 있음을 알아야 합니다. 그 정당성은 어디에서 올까요? 그것을 상식의 관점이나 보통 인간의 의식 수준에서 살펴볼 때, 여러분이나 보통 사람들은 아마 그 정당성이라는 것을 전혀 이해할 수도 없고 비논리적이며 비정상이라고 말할 것입니다. 하지만, 거기에는 나름의 초보적인 추론과 어떤 수준의 정당성이 있습니다. 그것은 어디인가 무엇인가가 잘못되어 있다는 것으로 압축됩니다. 즉, 이 사람의 삶에 뭔가 잘못이 있거나, 다른 사람들이 뭔가를 잘못했다는 것입니다. 그리고 잘못을 저지른 사람은 절대로 자기 자신이 아니라는 것입니다.

다시 말하지만, 밖으로 손가락질하는 원리는 인간의 어떠한 행동도 정당화할 수 있습니다. 이 말을 잠시 숙고해 보세요. 자신의 밖을 향한 손가락질은 인간의 어떠한 행동도 절대적으로 정당화할 수 있습니다. 그리고 역사를 살펴보세요. 사람들이 얼마나 끔찍한 잔혹 행위들을 저질렀는지, 그들은 항상 그것들을 정당화할 수 있었습니다. 그 행위들을 정당화하는 방식은 외부의 무언가가 잘못되었다고 지적하는 것이었습니다. 그들이 잔혹한 행위를 했던 이유가 바로 그것 때문이었습니다.

사랑하는 이들이여, 알다시피 손가락질하면, 아주 쉽게 손가락을 구부리고 방아쇠를 당겨서 누군가를 죽일 수 있습니다. 지적하는 손가락에서 방아쇠를 당기는 손가락으로 이동하는 것은 순식간입니다. 타락한 존재들은 누군가가 먼저 손가락질을 하게 한 다음, 그 손가락을 구부려 방아쇠를 당기게 하는 데 전문가이며 이것을 수도 없이 계속 반복해 왔습니다. 내가 계속 얘기할 필요가 있을까요? 그들은 이러한 패턴을 지속해 왔고, 사람들은 계속 그것에 빠져 있습니다. 내가 이것을 반복해서 말할 필요가 있을까요?

세상에 고통이 있는 이유

악순환을 끊을 수 있는 방법이 무엇일까요? 무엇이 그것을 깨뜨릴 수 있을까요? 불성(佛性)이 그것을 깰 수 있습니다. 심지어 완전히 광분한 상태에 빠져서, 손가락질하면서 방아쇠를 당기는 사람들조차 내면에 불성이 있습니다. 무엇이 그들을 불성에 연결되게 하여 남에게 향한 손가락을 자신에게 향하게 할 수 있을까요? 자, 그 때문에 이 세상에 고통이 있는 것입니다.

일단 사람들이 이원성에 들어가서 밖을 향해 손가락질하기 시작하면, 그들은 고통을 받습니다. 사랑하는 이들이여, 왜 그들이 고통받을까요? 문제(잘못, 실책)의 원인이 외부에 있다고 생각하면, 그 즉시 자신을 변화시킬 힘을 잃게 되기 때문입니다. 불성에서 분리된 것으로 자신을 보게 하는 분리된 자아들을 일단 만들기 시작하면, 여러분은 고통받게 됩니다. 분리된 자아는 오직 고통만 받을 수 있습니다. 설령 그 분리된 자아가 지구에서 완벽한 힘을 얻고, 원하는 것은 무엇이든지 할 수 있다고 느끼게 되더라도, 여전히 긴장이 있으므로 여전히 고통을 받습니다. 비록 여러분이 지구상의 모든 힘을 얻더라도, 거기에는 여전히 가져야 할 힘이 또 남아 있을 것입니다. 여전히 여러분의 힘을 잃게 만들 수 있는 위협이 존재합니다. 여러분이 잠시 행복에 빠질 수는 있겠지만, 진정으로 고통에서 해방될 수는 없습니다.

일단 고통받는 상황에 들어가게 되면, 여러분은 불성과의 연결을 잃게 됩니다. 여러분은 자신의 직관적인 능력을 아주 빠르게 잃게 됩니다. 다른 사람에게 손가락질하면서 여러분이 어떻게 분별력을 가질 수 있겠습니까? 그렇게 되면, 무엇이 여러분을 일깨울 수 있겠습니까? 우리 상승 마스터들은 여러분에게 다가갈 수 없습니다. 영적인 가르침도 여러분에게 닿을 수 없습니다. 나의 사랑하는 형제인 예수께서 설명했듯이, 여러분이 이러한 마음 상태에 들어가면, 직관력을 잃게 됩니다. 중립적인 상태에서 관찰하고 추론하는 능력을 잃게 됩니다. 여러분은 문제가 항상 외부에 있다고 규정하는 분리된 자아를 통해서 봅니다. 따라서 자신이 평화롭게 되기 위해 바꾸어야 할 사람은 다른 누군가라고 규정하게 됩니다.

내가 2500년 전에 무엇을 가르쳤나요? 예수께서 2000년 전에 무엇을 가르쳤나요? 고통을 피하기 위한 열쇠는 자신 안으로 들어가서, 고통을 유발하는 조건을 바꾸는 것입니다. 여러분이 손가락질할 때 무슨 일이 일어날까요? 여러분은 고통의 원인이 자기 바깥에, 외부

조건들이나 다른 사람들에게 있다고 생각합니다. 여러분은 자신이 경험하는 고통이 저 바깥 산꼭대기나 자신의 적이라고 여기는 사람들 사이에 있지 않다는 사실을 보지 못합니다. 여러분의 고통은 내적인 경험이고 내적인 경험은 오직 내적인 원인에서 생깁니다. 이러한 내적인 원인은 어쩌면 외부의 상황들이 촉발했을지 모르지만, 그 원인은 외부의 상황이 아닙니다. 원인은 내면에 있습니다.

여러분이 손가락질하기 시작하면, 잘못된 방향을 보고 있는 것입니다. 여러분은 고통에서 벗어나기 위해서 외부의 무언가를 바꾸어야 한다고 생각합니다. 처음에 여러분은 저 사람이 바뀌어야 한다고 생각할 수 있습니다. 아마 여러분은 누군가를 죽이면 자신의 고통이 끝나게 될 것이라고 극단적으로 생각할지도 모릅니다. 타락한 존재들은 그들 외부의 무언가를 바꿈으로써 자신의 고통을 줄이려는 시도를 아주 오랫동안 해왔습니다. 그들은 아주 오래전에 개인적인 수준을 넘어섰습니다. 이제 그들은 자신의 고통을 완화할 수 있는 유일한 방법이, 그들 주변의 환경 모두를 바꾸는 것으로 생각합니다. 주변의 모든 것을 바꾸기 위해서는, 그들 주변의 모든 것에 대해 힘을 가질 필요가 있고, 주변의 모든 것을 통제할 수 있어야 합니다. 타락한 존재들은 항상 맹목적으로 통제력과 힘을 얻으려고 하며, 이로써 외부 상황을 강제로 변화시키려고 합니다.

지구의 궁극적인 독재자

타락한 존재가 히틀러, 스탈린 혹은 마오쩌둥 같은 독재자의 위치에 오르게 되면 어떻게 될까요? 음, 그는 자신의 고통이 사라지지 않는 것을 경험합니다. 이것은 그 생애에 정신이상을 유발할 수 있습니다. 그 생애 이후에 일어나는 일은 타락한 존재가 많은 경우 다음 생에 육화할 수 없다는 것입니다. 그는 한동안 아스트랄층으로 가서 어쩌면 거기에서 자신의 분노를 표출할 것입니다. 일부 타락한 존재들은 아스트랄층의 노골적인 분노를 초월했고, 멘탈층이나 낮은 정체성층으로 올라갑니다. 거기에서도 그들은, '내가 한 단계 더 높은 수준의 통제력을 가지게 되면, 고통이 사라질 거야'라고 생각하면서, 통제를 추구하고 있습니다. 혹은 자신이 처한 환경에서 궁극적인 통제권을 가진다면 고통이 사라지리라 생각합니다. 심지어는 신에 대한 통제력을 얻고, 신 또는 자유의지를 주는 신의 뜻을 바꿀 수 있다면, 자신의 고통이 사라지리라 생각합니다.

감정, 멘탈, 정체성층에 있는 인간을 조종하려는 이러한 전반적인 시스템 뒤에는, 그 세 층에 있는 아주 제한된 수의 타락한 존재들이 인류를 통제하고 지구상의 삶의 모든 측면을 통제하려는 목적으로 작업하고 있습니다.

우리는 이러한 가르침을 이전에 강조한 적은 없지만, '예수와 함께 했던 나의 생애들(My Lives)'에서 어둠의 마스터라고 서술한 어떤 타락한 존재가 이러한 구조의 꼭대기에 있다는 개념을 주었습니다. 타락한 존재들의 구조를 따라가 보면, 여러분은 정말로 한 존재가 이러한 구조의 꼭대기에 있는 것을 보게 됩니다. 지구의 궁극적인 독재자는 누구일까요? 자, 그것은 어둠의 마스터입니다. 그는 물질층은 물론 아스트랄, 멘탈, 정체성층의 다른 타락한 존재들을 통제하고 있습니다. 그는 절대적으로 통제하고 있습니다.

이제 여러분은 생각할 수 있습니다. 이 존재가 지구와 관련된 모든 타락한 존재들을 절대적으로 통제하는 위치로 올라간 이유가 무엇일까요? 그가 특별히 강력해서 그런 것일까요? 특정한 능력들이 있어서 그런 것일까요? 특별히 현명하거나 똑똑한 것일까요? 자, 그가 그렇다고 말할 수도 있겠지만, 그는 어떻게 다른 타락한 존재들을 통제하고 있을까요?

추측하건대, 여러분은 타락한 존재들 사이에서 진정한 협력이란 없다는 것을 알고 있을 것입니다. 우리 상승 마스터들은 정기적으로 회합을 하고 위원회를 열어 함께 모입니다. 완벽한 조화 속에서, 그리고 우리 계층 구조에서 각자의 위치를 존중하는 평등함 속에서, 우리는 자유롭게 협력할 수 있습니다. 타락한 존재들은, 그들이 비록 위원회를 열지라도 우리가 가지고 있는 분위기를 만들어 낼 수 없습니다. 그들은 실제로 협력하지 않습니다. 공통의 목표를 가질지는 모르나, 그들은 진정으로 협력하지 않습니다. 그들에게는 꼭대기에서 명령하는 한 사람이 있어야 하고 그 존재가 나머지를 통제해야 합니다. 어떻게 그가 나머지를 통제할까요? 바로 서로에게 손가락질하게 만드는 것입니다. 어떻게 그렇게 할까요? 그가 나머지 모두를 향해 손가락질하는 것으로 그렇게 합니다.

타락한 커뮤니티에서의 권위

관음께서 말했듯이, 나는 상승 마스터이기 때문에 여러분에게 손가락질할 수 있습니다. 그것은 여러분에 대해 어떤 판단도 하지 않는다는 뜻입니다. 따라서 나는 문제가 내 외부에 있다고 투사하기 위해 여러분에게 손가락질하는 것이 아닙니다. 나는 여러분이 자기 자신을 바라보고 여러분을 자유롭게 하려고 여러분에게 손가락질하는 것입니다. 여러분은 한발 더 나아가 이렇게 물을지도 모릅니다. 상승 마스터는 어째서 자기 자신을 보는 것을 거부하지 않으면서 동시에 우리에게 손가락질할 수 있는 것일까? 무엇보다, 여러분이 상승 마스터가 되기 위해서 자기 자신을 살펴보아야 하지만, 상승한 마스터로서 나는 여러분 모두를 나와 분리된 존재로 보지 않습니다. 나는 지구의 모든 인간을 아우르는 확장된 존재를 봅니다. 내가 여러분에게 손가락질할 때, 나는 동시에 나 자신, 나 자신, 나 자신, 나 자신, 그리고 나 자신에게 손가락질하는 것입니다.

타락한 존재들은 이렇게 하지 않습니다. 그들은 자기 자신을 보지 않기 위해서 다른 사람들에게 손가락질합니다. 다른 타락한 존재들을 통제하는 어둠의 마스터는 그 타락한 존재들 모두에게 손가락질하고 있습니다. 자, 다른 타락한 존재들은 왜 동일한 반응으로 어둠의 마스터에게는 손가락질하지 않는 것일까요? 이 존재는 그 누구의 비난도 수용하지 않는 절대적인 부인의 상태에 들어갔기 때문입니다. "타락한 커뮤니티" 안에서 그가 주장하는 권위는 무엇일까요? 그것은 그의 부인(denial)이 다른 타락한 존재들의 부인보다 더 크다는 것입니다.

지구적인 관점에서 볼 때, 어둠의 마스터가 지구의 그 무엇도 살펴볼 필요가 절대적으로 없다고 믿는다는 점에서, 여러분은 그가 절대적이라고 할 수 있습니다. 어둠의 마스터는 지구의 모든 존재가 자신보다 열등하므로, 지구의 그 무엇도 자신에게 손가락질할 수 없다고 생각합니다. 심지어 그는 타락한 존재들 모두가 자신보다 열등하다고 생각합니다. 이쯤 되면, 그가 인간을 얼마나 열등하게 여기는지 상상할 수 있을 것입니다. 그러므로 여러분은 그 존재가 스스로를 돌아보게 할 수 없습니다. 여러분이 지구와 관련된 타락한 존재들의 계층 구조의 꼭대기를 살펴본다면, 자기 자신을 살펴보는 것에 대한 완전한 부인, 완전한 거부의 상태가 있음을 알 수 있습니다.

독재자들이 비판의 대상이 아닌 이유

이제 이것을 적용해서, 지구에서 여러분이 보았던 독재자들을 살펴보세요. 더 "위대한" 독재자일수록, 더 강력한 독재자일수록, 그들 권력 뒤에 있는 것이 부인(denial)이라는 것이 보이지 않나요? 그들이 더 강력해 보일수록, 그들은 자신에 대해 더 강력하게 부인합니다. 우리가 말했듯이, 독재자의 위치에 있었지만 완전한 부인의 상태에 들지 않았던 많은 사람이 오랜 세월 존재해 왔습니다. 부인(denial)과 망상(delusion) 사이에는 차이점이 있습니다.

망상은 거짓된 무언가를 믿고 있지만, 어느 정도 그것이 거짓임을 보게 되면 변할 수 있습니다. 부인은 자신이 믿고 있는 것을 살펴보는 것 자체를 거부하기 때문에, 그 무엇도 그 믿음이 잘못되었음을 보게 할 수 없습니다. 그는 그것의 실체, 진실, 타당성을 부인할 것입니다. 따라서 망상의 상태이지만 완전한 부인은 아닌 상태에 있는 독재자들이 있습니다. 낮은 확률이지만, 그래서 그들이 실제로 변할 수 있습니다.

우리는 카자흐스탄 대통령이 최소한 어떠한 변화들을 만들었다고 말했습니다. 그 나라 국민 대다수가 볼 수 있듯이, 그가 여전히 자신을 신격화하려는 망상의 상태에 있기는 하지만, 적어도 부인의 상태는 아니었습니다. 마찬가지로, 김정은 역시 완전한 부인의 상태에 있지 않습니다. 그는 강력한 망상에 사로잡혀 있지만, 여전히 변할 가능성은 있습니다. 마오쩌둥 주석은 망상의 상태였지만, 그는 또한 대단히 강력한 부인의 상태에 있었습니다. 히틀러, 스탈린, 그리고 레닌도 마찬가지입니다. 여러분은 역사를 통해서 이러한 독재자들이 저질렀던 가장 크고 참혹한 잔혹 행위들이 자신의 외부로 손가락질을 하는, 이러한 부인의 상태 때문에 벌어진 일임을 알 수 있습니다.

사람들이 독재자에게 압도되는 이유

이제 그 어떤 독재자도 혼자서 한 나라를 통치할 수 없다는 것을 생각해 봅시다. 그에게 기꺼이 복종하려는 사람들이 있어야 합니다. 그들은 독재자를 따르고 그가 자신이 가지지 못한 뭔가를 가지고 있으며, 그가 자신들보다 더 강하거나 옳다고 여깁니다. 마오쩌둥 주석과 마르크시즘이 옳다고 생각했던 사람들이 있었던 것처럼, 무엇이 사람들로 하여금 독재자가 옳다고 믿게 만드는 것일까요? 아니면 그들은 레닌이 옳다고 생각했을까요? 아니면 히틀러의 이념이 옳았다고 생각했을까요? 그것은 독재자가 아주 강한 망상 상태에 있었고, 그 망상을 다른 이들에게 잘 전파하였고 사람들은 그의 망상이 실재에 기반한 것이라고 믿었기 때문입니다. 사람들은 그것이 망상이 아니라 실재라고 생각한 것입니다.

무엇이 사람들에게 독재자가 어떤 궁극적인 힘을 가지고 있다고 믿게 했을까요? 자, 그것은 독재자의 부인(denial)입니다. 그는 마치 자신이 완벽하거나 비판을 초월해 있거나 절대적으로 옳다는 듯이 행동합니다. 그것은 그가 그렇게 믿기 때문이고, 자신이 그렇다고 투사하기 때문입니다. 자신은 나약하고 감히 진리를 알 수 있을 만큼 현명하지 않다고 생각하는 사람들은 이러한 힘, 이러한 완전한 부인에 압도될 수 있습니다. 그들은 이것이 부인이 아니라고 믿게 됩니다. 그들은 이것이 그 독재자가 가지고 있는 신비한 힘이라고 생각합니다.

마오쩌둥이나 히틀러를 만나고 이들에게서 뿜어져 나오는 것에 압도된 사람들이 있었습니다. 이것은 그들이 감지할 수 있을 정도로 그 부인(denial)이 아주 절대적이었기 때문입니다. 이것은 그들 내면의 불안정함과는 대조적이어서 그들은 이 "위대하고 강력한 사람"에게 종속되었습니다. 여러분은 여러 시대를 통해 소위 강력한 많은 사람에게서 이것을 봅니다. 그들이 다른 사람들을 압도하게 만들 수 있었던 것은 단순히 그들이 부인하는 정도가 얼마나 강한가였습니다. 따라서 사람들은 어떠한 비판적인 평가도 하지 않고 자신을 그에게 종속시켰습니다.

다시 말하지만, 어떻게 이렇게 될 수 있을까요? 도대체 어떻게 독재자가 통치할 수 있을까요? 자, 그들은 항상 자신을 잘 다스리는 것도 아니며, 또한 혼자서 통치하는 것도 아닙니다. 그들은 감정, 멘탈,

정체성층에 있는 타락한 존재들을 위한 열린 문입니다. 다시 말하지만, 이것은 모든 사람이 다른 모든 사람에게 서로 손가락질하는 것에 기반을 두고 있습니다. 타락한 존재들이 만든 거짓 계층에게 사람들이 복종하지 않는 한 말입니다.

그러한 관점에서, 어둠의 마스터는 다른 모두를 향해 손가락질하고 있다고 말할 수 있습니다. 그의 아래에 있는 존재들은 절대로 어둠의 마스터에게 손가락질하지 않지만, 서로에게는 손가락질합니다. 그들 아래에 있는 모든 사람에게 손가락질합니다. 여러분은 인간 독재자들에게서 이것이 반복되는 것을 볼 수 있습니다. 아무도 감히 히틀러에게 손가락질하려고 하지 않았습니다. 심지어 히틀러 휘하 고위 장교 중 일부는 독일의 전쟁 패배가 확실해졌을 때에도, 이것을 감히 말하려 하지 않았습니다. 왜냐하면, 히틀러가 전쟁은 이길 것이라고 선언해 버렸기 때문입니다. 총통을 반박하는 것은 총통을 비난하고 손가락질하는 것이 됩니다. 누구라도 총통에게 손가락질하면, 자신과 자신의 가족들도 잡혀간다는 것을 알고 있었기에, 아무도 감히 히틀러에게 상황이 어떻게 돌아가는지 알리려고 하지 않았습니다.

나치 계층 구조에서 히틀러 바로 밑에 있던 사람들은, 자신들 밑에 있던 모두에게 손가락질하고 있었습니다. 하지만, 그들은 또한 서로에게도 손가락질하면서, 그들 중에서 누가 가장 큰 권력을 가졌는지, 위대한 총통으로부터 누가 가장 총애를 받을지 경쟁하고 있었습니다. 여러분이 실제로 나치 세력이 만든 이러한 계층 구조를 전체적으로 살펴보면, 모든 사람이 다른 모두에게 손가락질하는 것을 볼 수 있습니다. 이것은 그들이 압도적인 두려움을 가졌기 때문입니다.

적합하지 않을지도 모른다는 두려움

그 두려움은 올바른 사람이자 지배 민족의 일원인 자신이, 나치에 의해 정의된 이 매트릭스에 적합하지 않을 수도 있다는 것이었습니다. 사랑하는 이들이여, 알다시피 어떤 면에서는 나치가 사람들에게 자신들은 지배 민족의 일원이기 때문에 우월하다고 느낄 수 있게 해주었습니다. 그 우월감으로 그들이 치른 대가는, 자신이 어떤 식으로든 잘못되었음이 판명되면 지배 민족에서 제외될 수도 있다는 궁극적인 두려움이었습니다. 일단 여러분이 지배 민족의 일원이라는 것을 받아들이면, 여러분의 약점과 신념의 흔들림, 어떤 의심, 자신보다 위에 있는 사람들의 지시를 맹목적으로 수행하는 것에 대해 거리낌이 있는지를 찾아보려는 손가락질이, 끊임없이 여러분을 향하게 됩니다. 왜냐하면, 만약 잘못을 찾아내려고 줄기차게 움직이는, 자신을 향한 그 손가락질이 자신을 가리킨다면, 여러분에게 최악의 일이 일어날 것입니다. 여러분은 지배 민족에서 제외될 것입니다.

알다시피, 모든 사람들이 잘못되었다고 판명나는 이 두려움을 가지고 있었습니다. 그것이 무엇을 야기했을까요? 그것은 대중에게 희생양이 필요하게 만들었습니다. 전적으로 외부에 존재하는 자로 정의하면서 손가락질하며 다음과 같이 말할 수 있는 누군가가 필요했습니다. "우리가 나치 이념대로 완벽하지 않을지는 몰라도, 적어도 우리는 독일인이지 유대인은 아니야." 다시 말하지만, 손가락질하려면 다른 누군가가 필요합니다.

이제 레닌 시대의 공산주의 계층 구조를 봅시다. 레닌은 완전한 부인의 상태에 있던 사람 중 하나였고, 그는 자신이 절대적으로 옳다고 생각했습니다. 그는 자신이 말한 모든 것, 혹은 그가 쓴 모든 글이 완벽하다고 생각했습니다. 사랑하는 이들이여, 소련 시절에 레닌이 죽은 후, 레닌이 쓴 글들을 읽으면서 모순점들을 지워버리는 시스템이 있었다는 사실을 알고 있나요? 그들은 레닌이 이전에 했던 말과 모순되는 문장들을 지워버리려 했습니다. 레닌의 절대 무오류에 의문을 품게 만드는 모순점들은 그 어떤 것도 허용될 수 없었기 때문입니다. 하지만, 레닌 휘하에 있던 사람들을 보면, 거기에는 또한 잘못을 찾기 위한 비판, 끊임없는 손가락질이 있었습니다.

스탈린이 통치했을 때 무슨 일이 있었나요? 자, 그는 완전한 부인의 상태에 있지 않았기 때문에 그러한 우월성을 주장하지 않았습니다. 그는 자신이 레닌만큼 영리하지 않다는 사실을 깨달았습니다. 그런데 그는 주변에 있는 대부분의 사람에 비해 영리하지는 않았지만, 가장 무자비했습니다. 그래서 그는 자신의 잘못이 발견되는 것을 피하고자, 다른 모든 사람의 잘못을 찾기 위해 끊임없이 감시하는 풍토를 다시 만들었습니다. 공산주의 사회에서, 사람들이 아주 가까운 몇 명의 가족을 제외하고는 누구와도 자유롭게 말하려 하지 않는 것을 볼 수 있습니다. 누군가가 언제든 당국에 자신을 고발할 수 있다는 것을 알고 있었기 때문입니다. 고발당한 자들은 공산주의를 믿는 진정한 소련 시민이자 항상 옳은 그 그룹에서 제외되었습니다. 물론, 강제 수용소로 보내지는 것은 불쾌한 일이었지만, 많은 사람이 그룹에서 제외되는 것을 두려워하게 되었습니다. 여러분은 동일한 현상을 마오쩌둥의 중국에서 볼 수 있고, 다른 독재정권들에서도 볼 수 있습니다.

가톨릭교회의 계층 구조(hierarchy)

자, 이제 우리가 지구에서 나타날 수 있는 최악의 독재 중 하나라고 말해 온 가톨릭교회를 살펴보세요. 이 구조의 정상에는 교황이 있고, 그는 무오류로 여겨집니다. 그의 말이, 적어도 신의 힘으로 말할 때, 그에게 오류는 없습니다. 오늘날 누구도 감히 교황에게 손가락질하지 않습니다. 여러분은 그 누구도 손가락질하지 못하는 이 한 사람이 어떻게 정상에 있었는지를 중세시대에서 볼 수 있습니다. 그의 아래에는 교회 상위 지도자 계층인 추기경들과 다른 이들이 있었습니다.

그들은 모두 교황 다음으로 높은 위치를 차지하기 위한 세력 다툼으로 서로를 향해 손가락질하고 있었습니다. 그들은 또한 자기 아래에 있는 모두에게 손가락질하고 있었습니다. 이것은 공동체의 모든 사람에게 신의 손가락으로 지적하고 있는 사람으로 여기지는 지역 교구의 가톨릭 사제로까지 내려갑니다. 이것은 모든 사람이 다시 다른 사람에게 손가락질하는 지점에 이릅니다. 그들은 이웃이 이런저런 것을 한다거나, 충분히 신실하지 않다거나, 혹은 주일 미사에 가지 않았다거나, 좋은 신자가 아니라는 어떤 징표를 찾으려 했습니다.

여러분은 중세에, 특히 가톨릭교회의 독재가 기승을 떨치는 동안, 어떻게 모든 사람이 다른 모든 사람에게 손가락질을 했는지를 보았습니다. 그들이 가지고 있던 두려움은 소비에트 연방 사람들이 가졌던 두려움보다 훨씬 더 컸습니다. 물론, 강제 수용소로 보내지고 죽임을 당하는 것은 달갑지 않은 것입니다. 하지만, 죽임을 당한다거나 시베리아로 보내지는 두려움은 가톨릭교회에서 만들어진 두려움에 비하면 아무것도 아니었습니다. 지옥에서 영원히 고통받는 두려움이 있는데, 무엇이 그보다 더 클 수 있겠습니까? 지구에서 그리스도를 대변하고, 선을 추구한다고 주장했던 그 독재가, 사실상 역사에 기록된 그 어떤 것보다 더 큰 두려움을 만들어왔음을 알 수 있습니다. 거기에서 누가 합리성을 찾을 수 있겠습니까?

자, 누구도 볼 수 없습니다. 가톨릭교회가 만든 최면 상태에서는 누구도 가톨릭의 문제점, 불일치, 모순점을 볼 수조차 없었습니다. 왜냐하면, 그들은 자신의 논리적이고 분석적인 관찰 능력을 유보했기 때문입니다. 그들은 교회를 살펴보고 이렇게 말하지 않았습니다. "이게 말이 돼? 우리가 정말로 이런 식으로 서로를 취급해야 할까? 이것이 예수께서 우리가 서로를 대하기를 바라는 방식인가? 그렇다면, 그는 왜 판단하지 말라고 말했을까? 그는 왜 자기 자신처럼 이웃을 사랑하라고 말했을까? 이웃의 잘못을 끊임없이 찾으려 하는데, 이것이 이웃을 사랑하는 것일까?" 그들은 이렇게 말했을 것입니다. "오, 그럼요. 우리는 사랑하고 있어요. 우리는 이웃의 잘못을 찾으면서 그들이 지옥으로 떨어지지 않게 구원하고 있어요." 이렇듯 그들은, 자신들이 이미 지옥에 있음을 볼 수 없었습니다. 그들이 상상했던 불타는 지옥은 존재하지 않습니다. 따라서, 그들이 여기 지구에서 가진 것보다 더 나쁜 지옥은 없습니다. 여러분은 아마 일부 아스트랄층이 더 심하다고 주장할지도 모르겠지만, 어쨌든 내가 말하려는 요지는 알아들었을 것입니다. 그들은 자신이 하늘나라로 가는 길 위에 있다고 생각했지만, 실상은 지옥에 있었습니다.

가톨릭교회 안의 누구도 자신의 직관 능력을 이용해서 살아 있는 상승 마스터인 예수 그리스도에게 조율할 수 없었습니다. 예수는 2000년 전 상승했지만, 가톨릭교회가 다스렸던 중세시대 동안, 상승 마스터로서 예수는 거기에 있었고, 그에게 조율할 수 있는 사람 누구와도 기꺼이 일했습니다. 예수는 누구라도 가톨릭교회를 살펴보고, "그런데, 이것은 그리스도와 조율하는 것이 아니야. 이것은 그리스도의 진동과 일치하는 것이 아니고, 그리스도의 말과 하나가 되는 것도 아니야. 그리스도의 행동도 아니야. 이것은 정말 미친 짓이다."라고 말할 수 있도록 궁극의 참조틀인 진동을 기꺼이 주었습니다.

사람들은 손가락질을 꿰뚫어 볼 준비가 되었습니다

다시 말하지만, 오랫동안 상승 마스터들에 의해 취해진 수많은 조치를 통해 압력이 축적됐습니다. 이것은 수 세기를 거슬러 올라갑니다. 우리는 아주 조심스럽게, 한 번에 한 걸음씩, 열려 있는 사람들과 함께 작업을 해왔습니다. 그리하여 이러한 자극과 입문을 만들었고, 집단의식을 상향나선으로 전환할 특정한 아이디어들을 방출했습니다.

이것이 그 긴장을 구축했습니다. 이러한 긴장으로 인해 최소한 더 많은 깨어있는 사람들이 이러한 역학, 즉 손가락질하는 이 행위가 인간의 삶에서 얼마나 파괴적인지를 볼 준비가 되었습니다. 손가락질은 개인의 심리에 있어서 파괴적인 힘입니다. 이것은 가족이나 단체, 모든 국가와 인류의 하나됨에 있어서 파괴적인 힘입니다.

관음께서 여러분이 볼 수 있게 도우려 했듯이, 우리는 상승 마스터 학생들로 이루어진 공동체들을 만들 수 있기를 희망합니다. 그곳에서 여러분은 자신을 기꺼이 살펴보려 할 것이기에, 서로에게 손가락질하지 않을 것입니다. 우리가 말했듯이, 이전 단체들에 똑같은 메커니즘이 있었습니다. 여러분은 자신이 단체 내부에 있고, 훌륭한 상승 마스터 학생들이기 때문에 자신이 특별하다고 생각합니다. 그러한 우월감, 특별하다는 감각의 대가는 성 저메인께서 밝혔듯이, 여러분 안에 어떤 잘못이 있어서 그 핵심 구성원에서 제외되는 것을 항상 두려워하게 된다는 것입니다. 서로에게 손가락질하고 돌아다니며 서로에게 항상 비판적이고 판단하는 상승 마스터 학생들이 있었습니다.

내가 확신할 수 있는 것은, 어떤 타락한 존재들은 이런 현상을 자신들이 지구에서 성취할 수 있는 궁극적인 승리에 꽤 근접한 것으로 생각했다는 점입니다. 그들은 상승 마스터 학생들마저도 이러한 손가락질 게임에 빠지게 할 수 있었습니다. 그들은 생각했습니다. "만약 우리가 상승 마스터들을 인식하는 학생들마저도 이렇게 만들 수 있다면, 상승 마스터들이 생각해 내는 모든 것에 대응할 수 있다." 물론 그들은 틀렸습니다. 우리는 그들이 대응할 수 없던 다른 많은 것을 찾아냈기 때문입니다. 하지만, 상승 마스터 학생들조차 이러한 손가락질 패턴에 빠질 수 있다는 점은 분명 숙고해 볼 만한 것입니다.

손가락질하지 않는 공동체

우리는 여러분에게 도구들과 가르침들을 줘서 이것을 피하도록 해왔습니다. 이것은 정말로 가르침들을 적용하는 문제이긴 하나 또한 그저 멈추면 되는 문제일 뿐입니다. 예수께서 말했듯이 이렇게 숙고해 봐야 합니다. "이것이 내게도 해당하는 것인가? 나에게도 남들에게 손가락질하려는 요소가 정말로 있는가. 만약 그렇다면, 나는 이제 손가락질하는 그 자아가 진정한 내가 아니라는 것을 알고 있다." 여러분이 이것을 깨달을 때, 타락한 존재들이 항상 여러분을 끌어들이려고 하는 더블 액션에 들어갈 필요가 없습니다. "나는 다른 사람들을 손가락질해 왔어. 이제 나는 그 손가락이 나 자신을 가리키도록 해야 해. 내가 다른 사람들에게 판단적이었으니, 이제 다른 사람에게 향했던 손가락을 나에게 겨누고 똑같이 판단할 필요가 있어."

사랑하는 이들이여, 이런 시나리오를 모두 생략하세요. 그냥 우리가 말했던 것을 알아차리세요. 손가락질하는 것은 여러분이 아니라 분리된 자아입니다. 그 분리된 자아를 비난하지 마세요. 그냥 그것을 바라보세요. 그 뒤에 감춰진 믿음을 보세요. 이것 뒤에 숨어 있는 믿음이 무엇일까요? 자, 그것은 지구상에서 어떤 범주를 정의하고, 그 안에 포함되는 사람과 그렇지 않은 사람을 구분함으로써 특별해지려는 욕망입니다. 그 안에 있으면 특별하고 바깥에 있으면 특별하지 않습니다. 일단 여러분이 이런 유형의 삶의 관점을 받아들이고 나면, 특별하다는 감각을 얻게 되지만, 그 대가로 여러분은 항상 특별하지 않게 되는 상황을 두려워해야 합니다.

다른 누군가를 제외함으로써 그룹 안에 머물기

여러분은 이런 상태로 들어갈 수 있습니다. 의식적인 수준에서, 여러분은 다른 사람들에게 손가락질하고 있습니다. 하지만, 무의식적으로는(잠재의식적으로는), 실제로 자신에게 끊임없이 손가락질하는 것입니다. 타락한 존재들은 여러분이 스스로를 비난하는 지점에 이르도록 했습니다. 왜 사람들은 이것을 의식적으로 보려 하지 않을까요? 타락한 존재들은 여러분이 서로를 비난하는 지점에 이르게 했습니다. 타락한 존재들은 일단 사람들이 이런 손가락질하는 상태에 들어가게 되면, 그들을 통제하는 방법이 사람들이 서로에게 손가락질하게 영향을 미치는 것임을 알고 있습니다. 여러분은 자신이 원하는 것이 드러날까 두려워합니다. 여러분은 자신이 틀에 맞지 않는다는 것이 드러날까 두려워합니다. 그것은 그 그룹의 기준이고, 이에 맞지 않는다는 것은 참을 수 없습니다. 그것은 견딜 수 없는 마음 상태입니다.

　타락한 존재들은 사람들이 이 견딜 수 없는 상태에서 벗어나는 방법을 제공해야 한다는 것을 알고 있습니다. 그렇지 않으면 사람들은 견딜 수 없을 것이고, 그 안에 있는 사람들을 가두어 둔 상태를 계속 유지할 수가 없을 테니까요. 사람들을 안심하게 할 수 있는 두 가지 방법이 있습니다. 하나는 사람들의 관심을 바꾸는 것입니다. 타인들을 비난하는 데 에너지를 쓰게 만드는 것입니다. 그들은 지구의 누구도 이에 대해 알아차리거나 기술한 적이 없는, 아주 교묘한 사고방식을 만들어서 그렇게 해왔습니다. 그것은, 여러분에게 결함이 있더라도 다른 사람에게서 더 큰 결함을 발견한다면, 여러분은 그룹 내에 남고 더 큰 결함을 가진 다른 사람은 그룹에서 제외될 것이라는 아주 교묘한 생각입니다. 달리 말하자면, 자신이 완벽하지 않다고 인식하더라도, 만약 자신보다 더 불완전한 누군가를 찾을 수 있다면, 이제 그들이 제외될 수 있다는 것입니다. 만약 여러분이 누군가를 제외하는 도구가 되었다면, 여러분은 여전히 그룹에 남을 수 있습니다.

　이에 대한 극단적인 예를 보세요. 아우슈비츠 수용소에 배치 받은 한 독일 군인이 있습니다. 그의 임무는 가축 수송용 열차에서 내리는 사람들을 가스실로 데려가는 것입니다. 가스를 방출하면 이 사람들에게 무슨 일이 벌어질지 그는 알고 있습니다. 사람들의 비명을 막기 위한 소음장치에도 불구하고 그는 비명을 들었습니다. 그는 무슨 일이 벌어지는지 알고 있습니다. 그는 왜 이것에 반대하지 않을까요? 그 이유는 그룹 내에 남고 싶기 때문입니다. 그는 그룹 내의 지위를 보전하기 위해서, 기꺼이 다른 누군가를 제외시켜 죽이려고 합니다. 여러분은 사람들이 그룹 내의 자기 자리를 지키기 위해서 다른 사람을 기꺼이 배제하는 것을 몇 번이고 되풀이해서 계속 보았습니다. 이것은 비록 여러분이 완벽하지 않아도 그룹 내에 머물 수 있다는 환상을 줍니다

이 뒤에 감춰진 메커니즘을 이해하겠습니까? 우리가 전에도 말했듯이, 타락한 존재들은 완벽함에 대한 기준을 만들어냈습니다. 그들은 이것을 아주 많이 만들었습니다. 그들은 완벽함에 대한 특정한 기준을 만들었습니다. 그들은 여기에 그룹이 있고, 그 기준에 따라 사는 사람들은 그 그룹에 속할 수 있다고 규정합니다. "하지만, 나는 완벽하므로 이 그룹에 속할 자격이 있어"라고 말하는 사람들이 실제로 이것을 볼 수 있다면, 이것은 작동하지 않을 것입니다. 이것은 오직 불가능한 기준을 설정할 때에만 작동합니다. 그래서 그룹 내에 있는 사람들은 자신들이 그 기준에 완전하지 않다는 사실을 인식하게 됩니다. 사람들이 자신이 제외될지도 모른다는 두려움을 가질 때에만 이것이 가능합니다. 사람들이 자신의 불완전함에 관한 관심을 돌려 타인의 불완전함을 지적하고 그들을 그룹에서 제외하려는 사고방식으로 들어가는 이유가 이것입니다.

자신의 불완전함을 부인하기

이렇듯 조화롭지 못한 비판적인 환경에 있어야 하는 이 견딜 수 없

는 상태를 완화하기 위해, 타락한 존재들이 제시하는 방법이 하나 더 있는데, 그것은 부인(denial)을 통한 것입니다. 그들은 사람들이 항상 자신의 불완전함을 부정하게 할 수 있게 하는 부인의 상태로 들어가게 만들었습니다. 히틀러 휘하의 몇몇은 그들이 순수 아리아인의 모델에 들어맞는다고 거의 확신하고 있었습니다. 왜냐하면 그들은 히틀러가 어느 날 그들에게 손가락질하면, 그들 역시 추방당할 수 있다는 사실을 여전히 인식하고 있었기 때문입니다.

이러한 부인의 상태에 들어가, 자신은 비난이나 책망과는 상관없는 위치에 있다고 완전히 확신하거나, 혹은 적어도 거의 확신했던 사람들이 여러 시대에 걸쳐 있었습니다. 가톨릭교회의 추기경들이나, 유럽의 귀족계급, 마오쩌둥 치하의 공산주의 고위 공직자들, 오늘날 한국의 대기업 총수들처럼, 세계 곳곳에서 볼 수 있는 모든 특권층이 바로 그들입니다. 가톨릭교회의 추기경들은 오늘날에도 여전히 이러한 태도를 가지고 있으며, 따라서 그들은 교회에 대한 자신들의 평가가 옳다고 믿고 있습니다. 그들은 사회에 적응하거나 변화할 필요가 없다고 고집합니다. 그렇게 하는 것이 그들이 생각하는 교회가 살아남을 유일한 방법이기 때문입니다. 물론 그렇게 해서는 확실히 교회가 살아남지 못합니다. 하지만, 그들은 그것을 볼 수 없습니다.

컨퍼런스에서 최상의 잠재력

사랑하는 이들이여, 우리는 여러분에게 이 컨퍼런스 동안 아주 많은 도구를 주었습니다. 지구에서의 독재정권을 끝내는 과정을 시작하는 데 결정적인 변화를 만들 수 있도록 도와주는 많은 정보를 제공했습니다. 이것에 대해, 여러분에게 감사합니다. 우리는 여러분이 기꺼이 함께 모인 것에 감사합니다. 여러분 중 대부분이 한 공간에 함께 모여서 주의를 집중하고자 한 것에 대해 감사드립니다. 그리고 주의를 집중함으로써, 여러분은 적어도 아주 잠깐이라도 한 공간에서 하나로 화합했습니다. 이 구술들이 전해지는 동안, 이 방의 거의 모든 사람과 웹으로 컨퍼런스를 듣고 있던 사람들이 하나로 화합했습니다. 이것은 우리가 방송국으로 사용할 수 있을 정도로 아주 강력한 역장(force field)을 구축했습니다.

우리는 또한 이 컨퍼런스의 가장 낮은 잠재성에 맞춰 계획했던 가르침들보다 더 많은 가르침을 공개할 수 있었습니다. 따라서 나는 우리가 이 컨퍼런스의 최상의 잠재성에 도달했다는 것을 여러분에게 기쁘게 전합니다. 우리는 이번 주제에 대한 부분에서는 최소한 우리가 원했던 만큼 공개할 수 있었습니다.

사랑하는 이들이여, 나는 구술문을 전한 상승 마스터들뿐만 아니라 이 컨퍼런스의 승리를 위해 지구와 함께 일하는 우리 상승 마스터들 모두의 감사를 표하고 싶습니다. 이것으로, 나는 여러분을 우리 모두의 사랑 안에 봉인합니다. 사랑은 손가락질 게임을 피하기 위한 궁극의 열쇠입니다.

사랑은 손가락질에 대한 해독제입니다

사랑하는 이들이여, 이러한 게임에서 벗어나기 위한 진정한 열쇠는 무엇일까요? 나는 여러분이 상승 마스터의 진동에 조율해야 한다고 말했습니다. 맞습니다. 하지만, 상승 마스터의 진동이란 무엇일까요? 그것은 궁극의 사랑입니다. 그것은 일곱 광선이나 혹은 다른 방식들로 표현될 수 있지만, 그것은 조건 없는 사랑입니다.

판단적인 마음 상태가 되어, 타인들을 판단하는 판단적인 환경에 처한 사람들이 있습니다. 자, 여러분이 다른 누군가와 자신을 동시에 손가락질할 수 없듯이, 다른 사람을 판단하면서 동시에 그를 사랑할 수 없습니다. 여러분은 자신을 판단하면서 동시에 사랑할 수 없습니다. 이러한 판단하는 마음의 틀에 갇히면, 여러분은 사랑을 느낄 수 없고 판단이라는 덫에 갇히게 됩니다.

아마 여러분은 타락한 존재들의 궁극적인 속임수처럼, 여러분 자신과 남을 판단하면서 완벽함의 기준에 맞춰 살면, 신의 왕국에 들어갈 수 있다고 생각할지도 모릅니다. 하지만, 그 판단하는 사고방식이 여러분을 하늘나라에 들어가지 못하게 합니다. 하늘나라에 들어가는 유일한 길은 판단하는 사고방식을 버리는 것이고, 이는 판단의 근원인 분리된 자아들을 놓아버린다는 의미입니다. 어떻게 이것을 할 수 있을까요? 그 자아들보다 더 큰 것이 있다는 것을 보아야 합니다. 그 이상을 경험해야 합니다. 여러분은 판단하는 자아보다 자신이 사랑하는 뭔가가 있음을 경험해야 합니다.

옳다고 믿고 필요하다고 믿는 이 판단하는 자아보다 더 사랑하는 무언가가 있다는 것을 어떻게 느낄 수 있나요? 음, 그것은 상승 마스터들의 순수하고 조건 없는 사랑을 통해서입니다. 판단하는 사고방식을 통해 사람들이 믿게 만드는 것, 즉 타락한 존재들의 궁극적인 속임수는 무엇일까요? 그것은 사람들이 신은 심판하는 신이며, 그 신은 화를 내고, 어떠한 불완전함이 보이면 가혹하게 심판한다고 믿게 만드는 것입니다. 사람들은 지구에서 정의된 기준에 따라 신이 자신을 심판하리라 생각합니다.

어떻게 해야 이러한 환영에서 벗어날 수가 있을까요? 신의 사랑은 판단하지 않으며, 조건을 초월한 사랑임을 경험함으로써 가능합니다. 사랑하는 이들이여, 이것을 경험하면, 여러분은 깨닫게 됩니다. 세속적인 기준에 따라 여러분이 얼마나 완벽한지, 또는 여러분 자신이나 누군가의 판단에 따라 얼마나 완벽한가와 상관없이, 그것이 여러분을 하늘나라로 데려가지 못한다는 것을 알게 됩니다. 판단은 여러분을 하늘나라에서 멀어지게 할 뿐입니다. 더 많이 판단할수록, 여러분은 하늘나라에서 자신을 더 멀어지게 합니다.

하늘나라로 가는 열쇠는 지구에서 정의된 어떤 조건들에 맞춰 살지 않는 것입니다. 하늘나라로 가는 열쇠는 지구의 모든 조건과 그것들을 정의한 의식을 초월하는 것입니다. 이러한 의식을 초월하는 길은 조건 없는 신의 사랑을 경험하는 것입니다. 그럼으로써 여러분은, 애초부터, 자신이 신에게 돌아갈 가치가 있게 창조되었음을 받아들입니다. 신이 여러분을 에덴동산에서 추방한 것이 아닙니다.

여러분은 이 세상을 경험하고 싶어서 그곳에서 나왔습니다. 여러분이 이 세상에서 무엇을 해왔건, 자신과 남들을 얼마나 판단해 왔거나 간에, 그것들이 돌아갈 수 있는 여러분의 자격을 박탈하지 않습니다. 예수가 말했듯이, 하늘에서 내려온 자만이 하늘로 다시 올라갈 수 있습니다. 그것은 '사람'이 아니라 자아입니다. 그것은 '의식하는 자아'입니다. 의식하는 자아(Conscious You)는 판단을 초월한 순수의식 상태이며, 어떠한 조건도 가지고 있지 않습니다. 여러분이 그 상태로 돌아가면, 자유롭게 하늘나라로 들어갈 수 있습니다.

여러분이 여전히 판단과 조건들을 가지고 있는 한, 스스로 하늘나라에 들어갈 자격이 있거나 준비가 되었다고 여기지 못합니다. 그러므로, 여러분 자신이 스스로를 하늘나라에 들어가지 못하게 막고 있습니다. 신은 그 누구도 하늘나라에 들어오지 못하도록 막지 않았습니다. 사람들은 스스로 그렇게 하였고, 의심할 여지 없이 타락한 존재들이 그렇게 하도록 돕고 있습니다.

조건 없는 사랑이 궁극적인 열쇠입니다. 조건 없는 사랑은, 여러분이 손가락질하는 이 게임과 손가락질하는 계층 구조를 살펴보면서 이렇게 말할 수 있게 해주는 궁극의 참조틀입니다. "어둠의 마스터는 벌거벗었다. 그는 정말 내게서 가져갈 것이 아무것도 없다."

사랑하는 이들이여, 이로써 나는 여러분을 이 시간에 봉인합니다.

12

어둠의 세력들로부터 자신을 보호하기

　상승 마스터 성모 마리아입니다. 나는 우리 가르침이 일부 학생을 불균형하게 만들 수 있다는 것을 잘 알고 있습니다. 여러분은 이곳에 와서 하려고 했던 일을 하는 것에 대해 무척이나 열정적인 상태가 됩니다. 일부 사람은 가르침을 발견하지 못함으로써, 삶의 큰 부분을 낭비한 것처럼 느낍니다. 마침내 이 가르침을 찾았을 때, 그들은 그것에 몰입하여, 온종일 기원문을 하고 요청하면서, 삶의 다른 부분들을 무시함으로써, 이를 보상하고 싶어 합니다. 나는 이렇게 하라고 요청하지 않습니다.

　나는 이 책이 지구의 심각한 상황을 다루고 있다는 것을 압니다. 나는 여러분이 전쟁터에 있는 군인이라면, 아주 극단적인 상태에 있다는 것을 압니다. 나는 상승 마스터 학생들인 여러분이 호전적인 사고방식으로 들어가서 삶의 다른 측면들을 제쳐둔 채, 타락한 존재들에 대한 심판을 불러오기 위해, 불균형하고 극단적인 생활 방식을 가져야 한다고 요청하는 것이 아닙니다. 나는 여러분이 균형 잡힌 영적인 삶을 살며, 여전히 요청할 시간을 가지고, 우리가 일할 수 있도록 우리에게 증폭할 에너지와 권한을 주라고 요청하는 것입니다.

그렇습니다. 우리는 극단적인 상황을 다루고 있습니다. 맞습니다. 타락한 존재들은 제거되어야 합니다. 하지만 타락한 존재들이 갈등과 전쟁을 일으켜서, 육화 중인 인간이 적을 물리치기 위해 점점 더 극단을 향해 치닫도록 몰아가고 있음을 보지 못하나요?

또한 물질계에서 일어나는 모든 일은, 의식 안에 그와 상응하는 것이 있음을 보지 못하나요? 여러분은 사람들이 극단적인 물리적 행위를 취할 때, 자신의 감정, 멘탈, 정체성체에서도 그와 유사한 극단으로 들어간다는 것을 압니다. 여러분 세 상위체의 불균형 역시 물질층에서 불균형으로 이어진다는 것을 알 수 있지 않나요? 여러분이 불균형 상태로 빠지는 것이, 어떻게 지구의 극단적인 상황을 제거하는 데 도움이 된다고 생각할 수 있겠습니까?

영적인 가르침을 따르는 영적인 학생일지라도, 실제로 지구에 불균형을 제공할 수 있습니다. 과거 시혜에서, 우리 가르침을 발견하고, 그 가르침을 불균형하게 사용했던 상승 마스터 학생들이 있었습니다. 그들은 실제로 자신의 불균형을 통해 지구에서 전쟁과 갈등이 지속하도록 기여했습니다. 그들은 또한 타락한 존재들, 또는 다른 정치 체계 내의 사람들에게 너무 분노하여, 전체 시스템을 먹여 살리는 오용된 에너지를 만들도록 기여했습니다. 내가 요청하는 것은 여러분이 이렇게 하지 않는 것입니다.

나는 여러분이 균형에 대한 우리 가르침이나 다른 많은 가르침을 받아들여, 균형 잡힌 여정으로 걸어가면서, 균형 잡힌 삶을 살기를 요청합니다. 어둠과 맞서 전쟁에 나가라고 요구하는 것이 아닙니다. 여러분이, 자신의 내적인 균형과 내적인 평화를 찾고 평화의 상태에 머물면서, 우리에게 요청하는 방식으로 어둠과 싸우라는 것입니다. 이를 테면, 우리가 아스트랄 구덩이와 멘탈, 정체성층을 정화하는 것과 같은 궂은 일을 할 수 있도록 우리에게 권한을 주는 요청을 하라는 것입니다. 이것은 우리의 일입니다. 이것은 우리의 임무입니다. 이것은 우리의 기쁨입니다. 우리는 불균형 상태로 들어가지 않은 채 이를 완벽하게 할 능력이 있습니다. 대천사 미카엘께서 타락한 존재들을 대할 때에는 절대적으로 단호하지만, 그들에게 분노하지 않습니다. 그는 그들과 전투를 벌일 마음이 없습니다. 그는 신의 평화 안에 완전히 중심이 잡혀 있으면서, 단순히 그의 일을 할 뿐입니다.

어둠의 세력들을 제거하라는 요청을 가장 효율적으로 하기 위해서는, 제거되는 것을 보고자 하는 그 의식을 초월해야 합니다. 이렇게 할 수 있는 도구들을 이 책과 우리의 다른 책들을 통해 주었습니다. 요청하기 위해 이 책을 이용하는 사람들에게, '평화의 전사(Warrior of Peace)'라는 책과 이원성 의식에 대해 구술한 우리의 책들을 공부하는 것도 중요하다고 여겨집니다. 분명히 여러분은 마이트레야의 가르침에 친숙해져야 할 것인데, '악의 우주론(Cosmology of Evil)'이라는 책에서 이에 관한 집중된 가르침을 얻을 수 있습니다.

임계수치의 사람들이 이 책과 도구들 그리고 가르침을 받아들이고 활용한다면, 우리는 이 행성에서 어둠을 제거하는 데 믿을 수 없을 정도로 중요한 수준에 이룰 수 있습니다. 만약 임계수치의 사람들이 이 책에서 준 도구와 가르침을 받아들이고 사용한다면, 우리는 지구에서 어둠을 완전히 제거할 수 있고, 돌이킬 수 없을 정도로 빠르게 이 과정을 시작할 수 있습니다.

그토록 짧은 시간에 그토록 극적인 변화들이 일어났다는 것을 사람들이 이해하기 어려워하면서 회상할 수 있습니다. 그런 일이 수십 년 안에 가능합니다. 그들은 수천 년 동안 인류에게 드리워져 있던 어둠의 망령을 보고 이렇게 말할 것입니다. "그것이 어떻게 이렇게 빨리 사라질 수 있었지?" 아마도 공식적인 사회는, 요청을 한 영적인 사람들의 중요성을 절대로 인정하지 않을 것입니다. 나는 임계수치의 사람들이 이 책의 가르침과 도구들을 받아들인다면, 여러분 중 많은 사람에게 이번 생에서 어둠이 존재할 수 없게 된다고 확신할 수 있습니다. 이것이 여러분의 가슴에 커다란 즐거움이 되지 않을까요? 이것이 여러분이 이 행성에 오기로 한 목적의 중요한 부분을 성취했다는 느낌을 주지 않을까요? 비록 육화하기에 너무나 힘들고 밀도가 높은 행성일지라도, 그만한 가치가 있다고 느끼게 하지 않을까요?

여러분 중 많은 사람이 많은 고난과 많은 어려움을 겪었다는 것을 압니다. 하지만, 여러분이 어둠을 제거하는 데 중요한 공헌을 했다고 느낄 수 있다면, 그 모두가 가치가 있는 일이 아니었을까요? 한 사람의 생애가 대수롭지 않게 보일지라도, 생명의 강이라는 우주적 상향의 움직임, 우주적 목적의 일부가 여전히 될 수 있다는, 생명의 강과의 연결을 느끼지 않을까요?

타락한 존재들로부터의 반발을 극복하기

여러분이 어둠에 대해 요청하기 시작하면, 다루고 있는 에너지에 부담을 느끼는 시기를 겪게 될 것입니다. 지금쯤 여러분은, 이 책의 도구들을 이용하기 시작하면, 타락한 존재들은 그들이 가진 모든 것을 여러분의 네 하위체로 내던진다는 것을 깨닫게 될지도 모르겠습니다. 그들은 여러분을 조종하려고 할 것입니다. 그들은 모든 방식으로 여러분에게 부담을 주려고 할 것입니다. 심지어 여러분 영향권 안에 있는 사람들에게도 그렇게 하려고 할 것입니다. 여러분은 자신뿐만 아니라 주변의 사람들 모두에 대한 보호를 기원해야 합니다.

다시 말하지만, 나는 여러분이 두려움의 상태로 타락한 존재들과의 전투나 전쟁의 감각으로 들어가라고 요청하는 것이 아닙니다. 나는 그저 여러분이 기원문을 낭송하면서 우리가 여러분을 보호할 수 있게 해달라고 요청하는 것입니다. 나는 또한 여러분이 부담을 느낄 때, 공격받고 있다고 느낄 때, 타락한 존재들이 여러분에게 부담을 주기 위해 이용하는 여러분 의식 안의 어떤 것, 어떤 환영이 있음을 알아차리라고 요청하고 있습니다. 여러분이 자기 눈 안에 있는 들보를 보고, 그것을 제거하는 데 우리 가르침과 도구들을 이용하면서, 그 부담을 초월하여 훨씬 더 효율적으로 되기를 요청합니다.

내가 여기서 말하는 것은 다음과 같습니다. 여러분이 이 책에 있는 도구와 가르침을 진지하게 사용하겠다고 결정한다면, 초기 단계에서 지금 느끼는 것보다 훨씬 더 큰 부담을 느끼는 시기를 겪을 수 있다는 것입니다. 여러분은 공격받는다고 느낄 것입니다. 이것은 여러분이 지구에서 자신들을 제거하는 일을 하지 못하고 단념하게 하려고 타락한 존재들이 여러분에게 온갖 것을 던지고 있다는 사실을 알아야 합니다. 그들이 이렇게 할 것이라는 사실에 놀라지 마세요. 상승 마스터들의 가르침과 도구들을 이용하면, 타락한 존재들을 지구에서 제거하는 상황으로 이어질 것이기에, 그들은 틀림없이 그것을 막기 위해서 할 수 있는 일은 무엇이든지 하려고 할 것입니다. 그들에게 이것은 죽느냐 사느냐 하는 전쟁으로 보일 것입니다.

그것을 이런 식으로 보라는 것이 아니라, 무슨 일이 일어나고 있고, 무슨 일이 일어날지를 그냥 알아채라고 말하는 것입니다. 그러고 나서 그것에 대해 요청하세요. 여러분 자신을 보고, 여러분 의식 속으로 그들이 침투하게 허용한 환영을 극복하세요. 의도적으로 이렇게 한다면, 여러분은 그 기간을 정말 빠르게 통과할 수 있었던 것에 대해 놀랄 것입니다. 여러분은, 타락한 존재들이 예전처럼 닿을 수 없는 지점까지, 스스로를 끌어올렸음을 깨닫게 될 것입니다. 여러분은 스스로를 가속했습니다. 과거에 여러분을 공격했던 타락한 존재들의 접근 너머로 여러분의 의식을 가속했습니다. 이것은 자유에 대한 커다란 감각이고, 내면의 앎에 대한 커다란 감각입니다.

여러분은 눈이 먼 채로 깨어있을 수 없습니다

사랑하는 이들이여, "무지가 축복이다."라고 하지만, 무지가 축복이 아니라는 것을 보기 시작했나요? 자신이 해야 할 일은, 긍정적인 사람이 되고 긍정적인 진동을 보내는 것이 전부라고 느끼는 영적인 사람들이 있습니다. 여러분이 하는 요청이나 기원문이 어둠의 세력들에게 에너지를 주기 때문에, 어둠이나 사악한 것에 마음을 쓰지 말아야 한다고 말하는 사람들이 있습니다. 장담하는데, 여러분이 극단적인 불균형의 상태에서 기원문을 낭송하지 않는 한, 이 기원문들은 어둠의 세력들에게 여러분의 에너지를 주지 않는 방식으로 고안되어 있습니다. 여러분이 무집착으로 평화에 중심이 잡혀 있으면서, 우리가 일한다는 것을 알면서 기원을 한다면, 여러분은 어둠의 세력들에게 에너지를 주지 않을 것입니다.

내가 여러분에게 강조하려는 것은, 영적인 여정이 깨어남의 여정이라는 것입니다. 눈먼 채로는 깨어있지 못합니다. 어둠의 세력들이 존재한다는 사실을 보기를 거부하는 영적인 사람들이 있습니다. 그들은 여전히 영적인 여정을 걸어갈 수 있다고 생각하지만, 그 여정에서 특정한 수준 이상으로는 넘어갈 수 없습니다. 진정한 여정은 스스로를 깨어나도록 하면서, 여러분이 있는 이 행성을 바라보는 것입니다. 지금 이곳에서 어떤 일들이 진행되고 있는지 보아야 합니다. 여러분은 타락한 존재들의 실체를 인정해야 하는데, 그들은 지구 행성의 참으로 까다로운 부분이고, 너무나 오래 존재해 왔기 때문입니다. 타락한 존재들에 대한 자각 없이 지구와 같은 행성에서 영적인 여정을 걸을 수 없습니다. 그들과 싸우거나 그들에게 에너지를 주라고 요청하는 것이 아닙니다. 그들을 두려워하라고 요청하는 것도 아닙니다. 나는 여러분에게 깨어있으라고 요청합니다.

지금 내가 하는 말을 이해하겠습니까? 깨어있지 못한 채로, 여러분은 의식의 더 높은 상태를 향해 영적인 여정을 걸을 수 없습니다. 단지 어떤 것이 불편하거나 불쾌하다는 이유로 그것을 보기를 거부한 채 여정을 걸을 수는 없습니다. 기꺼이 모든 것을 보려고 해야만 영적인 여정을 걸을 수 있습니다.

여러분은 먼저, 타락한 존재들을 살펴봐야 합니다. 우리가 이 책에서 말하는 것들을 인정하기 시작하면 여러분은 방해받을 것입니다. 여러분이 계속 올라감에 따라, 이제 여러분은 타락한 존재들을 초월하는 지점에 도달할 것입니다. 이제 여러분은 완전한 무집착과 내면의 평화를 가지고, 그들을 볼 수 있고 그들이 존재한다고 인정할 수 있습니다.

조화를 유지하면서 어둠을 살펴보기

어떤 영적인 학생들은, 평화에 머물면서 내면의 조화로움을 유지하는 것이 너무도 중요하므로 조화로움을 방해하는 어떤 것도 보지 않겠다고 생각합니다. 내면의 조화를 방해하는 뭔가가 존재하는 한, 여러분은 높은 수준의 영적 성취에 도달하지 못합니다. 여러분은 영적 성취에 대해 외적인 인상을 만들기만 한 것입니다. 여러분은 이러한 내면의 조화와 균형의 상태를 언제나 유지할 수 있을 것 같습니다. 하지만 이것은 진정한 영적 성취가 아닙니다. 이것은 통달이 아닙니다.

붓다가 마라의 데몬들을 무시함으로써 열반에 들어간 것이 아닙니다. 그가 직면했던 마지막 시험은, 마라의 모든 데몬을 보는 것이었습니다. 그는 그에게 반응을 유도하기 위해 데몬들이 생각할 수 있었던 모든 것을 하도록 허용해야 했습니다. 그는 거기에 앉아 모든 것을 보아야 했으며, 무집착의 상태가 되어 반응하지 않았습니다. 그때, 열반에 들어갈 수 있었습니다. 타락한 존재들이 여러분에게 집어 던질 수 있는 모든 것을 볼 수 있고, 그 모두를 기꺼이 보려고 하며, "이것은 내가 아니다."라고 말하기 전까지 여러분은 개인적인 열반에 들어갈 수 없습니다.

육화한 이 행성에서 무슨 일이 일어나고 있는지 모르면서 영적인 여정을 걸을 수는 없습니다. 여러분은 모든 것을 보아야 하고, 그것을 초월해야 합니다. 여러분은 마라의 모든 데몬 뒤에, 모든 것 안에 여전히 불성이 있음을 압니다. 모든 것은 여전히 하나입니다. 여러분은 지구에 있는 모든 것을 보고 이렇게 말합니다. "나는(I am) 이것이 아니다." 그런 다음, 영적인 영역의 하나됨을 보고 말합니다. "나는(I AM) 이것이다. 나는 위에 있는 'I AM'이지, 여기 아래에 있는 'I am'이 아니다." 그때 여러분은 열반에 들어갈 수 있습니다.

위에서 모든 것이듯, 이곳 아래에서도 그렇게 존재하세요.

내가 제일 먼저 여러분을 맞이하겠습니다. 지구에 육화한 이번 생의 목표가 열반에 들어가는 것이 아님을 생각해 보라고 여러분에게 요청합니다. 그 목표는 여러분이 이 행성에 육화하는 동안 어떤 일을 하는 것이었습니다. 지금이 지구의 진화를 위해 얼마나 중요한지를 보았기 때문에, 여러분은 변화를 일으키기 위해 여기에 온 것입니다. 여러분은 지구를 들어올려 지구에서 육화한 수십억의 생명흐름을 자유롭게 하는 일을 하려고 개인적으로 열반에 들어가는 일을 뒤로 제쳐두었습니다.

이러한 이유로, 나는 자신을 상승 마스터 학생으로서 만이 아니라,

지구에 있는 상승 마스터들의 확장으로 여기기 시작하는 사람들의 범주 안으로 여러분을 맞이하고 싶습니다.

여러분은 지구에서 가질 수 있는 최상의 가능성이 "위에서처럼, 여기 아래에서도"임을 깨닫기 시작하는 이들 안에 속합니다. 이것은 오직 여러분이 위에서처럼, 여기 아래에서도 존재할 때 일어날 것입니다. 여러분은 위에서 이미 그러하듯이, 여기 아래에서 모든 것이 되겠습니까? 나는(I AM) 위에 있는 성모 마리아입니다. 여러분은 아래에 있는 성모 마리아가 되겠습니까?

13

어둠의 세력들로부터 보호를 요청하기

I AM THAT I AM, 예수 그리스도의 이름으로, 나는 성모 마리아, 대천사 미카엘, 아스트레아와 성 저메인께, 우리가 자신을 가속하여 어둠의 세력들이 도달할 수 있는 범위를 넘어서도록 도와주시기를 요청합니다. 우리는 영적인 존재들이며 상승 마스터들과 함께 일함으로써 새로운 미래를 공동창조할 수 있다는 사실을 일깨워주소서. 나는 특히 이것을 요청합니다...

(여기에 개인적인 요청을 추가하세요)

파트 1

1. 대천사 미카엘이여, 물리적인 사고, 재난, 폭력 행위의 형태로 나타나는 타락한 존재들의 반발로부터, 당신이 나와 내 영향력 범위 안의 모든 사람을 전적으로 보호해주심을 받아들입니다.

대천사 미카엘이여, 찬란한 푸른빛이시여,
내 가슴은 오직 당신을 위해 열려 있습니다.
내 마음은 이제 둘이 아닌 하나가 되었고,
나에 대한 당신의 사랑은 언제나 진실합니다.

대천사 미카엘이여, 당신은 여기 함께하시며,
당신의 빛은 모든 의심과 두려움을 소멸합니다.
당신의 현존은 영원히 내 가까이 있으며,
당신은 나에게 너무나 소중합니다.

2. 대천사 미카엘이여, 질병이나 육체적 문제의 형태로 나타나는 타락한 존재들의 반발로부터, 당신이 나와 내 영향력 범위 안의 모든 사람을 전적으로 보호해주심을 받아들입니다.

대천사 미카엘이여, 나는 당신의 현존과
온전히 하나 되겠습니다.
내게 보이는 어떤 두려움도 나를 막지 못하며,
이 세상은 나를 지배할 힘이 없습니다.

대천사 미카엘이여, 당신은 여기 함께하시며,
당신의 빛은 모든 의심과 두려움을 소멸합니다.
당신의 현존은 영원히 내 가까이 있으며,
당신은 나에게 너무나 소중합니다.

3. 대천사 미카엘이시여, 나는 변덕스럽고 미친듯한 행동을 유발하는 감정적인 투사의 형태를 띤 타락한 존재들의 반발로부터, 나 자신과 내 영향력의 원 안에 있는 모든 사람을 위한 당신의 전적인 보호를 받아들입니다.

대천사 미카엘이여, 나를 굳게 잡아주시고,
이제 가장 어두운 밤을 산산조각내소서.
당신의 빛으로 내 차크라들을 정화하고,
나의 내면의 시야를 복원해주소서.

대천사 미카엘이여, 당신은 여기 함께하시며,
당신의 빛은 모든 의심과 두려움을 소멸합니다.
당신의 현존은 영원히 내 가까이 있으며,
당신은 나에게 너무나 소중합니다.

4. 대천사 미카엘이여, 우울증이나 낙담의 느낌을 일으키는 감정적 투사의 형태로 나타나는 타락한 존재들의 반발로부터, 당신이 나와 내 영향력 범위 안의 모든 사람을 전적으로 보호해주심을 받아들입니다.

대천사 미카엘이여, 나는 이제 일어나서,
당신의 빛과 함께 명령합니다.
내가 가장 높은 진리를 이해할 때까지,
영원히 내 가슴을 확장해 나가겠습니다.

대천사 미카엘이여, 당신은 여기 함께하시며,
당신의 빛은 모든 의심과 두려움을 소멸합니다.
당신의 현존은 영원히 내 가까이 있으며,
당신은 나에게 너무나 소중합니다.

5. 대천사 미카엘이여, 혼돈과 정신적 불안정을 일으키는 정신적 투사의 형태로 나타나는 타락한 존재들의 반발로부터, 당신이 나와 내 영향력 범위 안의 모든 사람을 전적으로 보호해주심을 받아들입니다.

대천사 미카엘이여, 내 가슴 안에 계신 존재시여,

당신은 결코 나를 떠나지 않습니다.
나는 우주적 위계의 일원이 되어,
신선한 새 출발을 받아들입니다.

대천사 미카엘이여, 당신은 여기 함께하시며,
당신의 빛은 모든 의심과 두려움을 소멸합니다.
당신의 현존은 영원히 내 가까이 있으며,
당신은 나에게 너무나 소중합니다.

6. 대천사 미카엘이여, 광신과 닫힌 마음을 일으키는 정신적 투사의 형태로 나타나는 타락한 존재들의 반발로부터, 당신이 나와 내 영향력 범위 안의 모든 사람을 전적으로 보호해주심을 받아들입니다.

대천사 미카엘이여, 당신의 푸른빛 검은,
모든 어둠을 갈라버립니다.
나는 이제 나의 그리스도 신성을 추구하며,
무엇이 진실인지를 분별합니다.

대천사 미카엘이여, 당신은 여기 함께하시며,
당신의 빛은 모든 의심과 두려움을 소멸합니다.
당신의 현존은 영원히 내 가까이 있으며,
당신은 나에게 너무나 소중합니다.

7. 대천사 미카엘이여, 특정한 신념 체계에 집착하게 하는 정체성 투사의 형태로 나타나는 타락한 존재들의 반발로부터, 당신이 나와 내 영향력 범위 안의 모든 사람을 전적으로 보호해주심을 받아들입니다.

대천사 미카엘이여, 당신의 날개 안에서,
지금 더 이하의 것들을 내려놓습니다.

집으로 돌아오라는 신의 부름이 울리면,
내 가슴은 당신과 함께 영원히 노래합니다.

대천사 미카엘이여, 당신은 여기 함께하시며,
당신의 빛은 모든 의심과 두려움을 소멸합니다.
당신의 현존은 영원히 내 가까이 있으며,
당신은 나에게 너무나 소중합니다.

8. 대천사 미카엘이여, 정체성의 위기나 광신을 일으키는 정체성 투사의 형태로 나타나는 타락한 존재들의 반발로부터, 당신이 나와 내 영향력 범위 안의 모든 사람을 전적으로 보호해주심을 받아들입니다.

대천사 미카엘이여, 나를 집으로 데려가소서.
나는 상위 구체에서 거닐고 싶습니다.
나는 우주의 거품에서 재탄생하고,
내 삶은 이제 신성한 시(詩)가 됩니다.

대천사 미카엘이여, 당신은 여기 함께하시며,
당신의 빛은 모든 의심과 두려움을 소멸합니다.
당신의 현존은 영원히 내 가까이 있으며,
당신은 나에게 너무나 소중합니다.

9. 대천사 미카엘이여, 우리의 영적인 성장에 반대하는 형태로 나타나는 타락한 존재들의 반발로부터, 당신이 나와 내 영향력 범위 안의 모든 사람을 전적으로 보호해주심을 받아들입니다.

대천사 미카엘이여, 당신은 가장 푸른 별처럼
찬란하게 빛나고 있습니다.
당신은 우주의 아바타이며,

나는 당신과 함께 아주 멀리 갈 것입니다.

대천사 미카엘이여, 당신은 여기 함께하시며,
당신의 빛은 모든 의심과 두려움을 소멸합니다.
당신의 현존은 영원히 내 가까이 있으며,
당신은 나에게 너무나 소중합니다.

파트 2

1. 사랑하는 아스트레아여, 당신께서 육화한 타락한 존재들과 세 상위 옥타브의 타락한 존재들에 의해 통제되는 사람들을 차단하여, 나와 내 영향력 범위 안의 모든 사람을 자유롭게 해주심을 받아들입니다.

아스트레아여, 사랑이 가득한 백색의 존재시여,
당신의 현존은 나의 순수한 기쁨입니다.
당신은 백청색의 원과 검으로,
아스트랄계를 갈라버립니다.

아스트레아여, 가속해오소서.
나를 순수함으로 진동하게 하소서.
빛나는 백청색의 불꽃을 방출하시어,
내 오라를 진동하는 빛으로 채워주소서.

2. 사랑하는 아스트레아여, 당신께서 아스트랄층의 타락한 존재들과 데몬들과 영체들(entities)을 차단하여, 나와 내 영향력 범위 안의 모든 사람을 자유롭게 해주심을 받아들입니다.

아스트레아여, 격렬한 폭풍을 잠재우시고,
순수함이 표준이 되게 하소서.

기사의 빛나는 갑옷처럼
나의 오라는 백청색 빛으로 채워집니다.

아스트레아여, 가속해오소서.
나를 순수함으로 진동하게 하소서.
빛나는 백청색의 불꽃을 방출하시어,
내 오라를 진동하는 빛으로 채워주소서.

3. 사랑하는 아스트레아여, 당신께서 멘탈층의 타락한 존재들과 데몬들을 차단하여, 나와 내 영향력 범위 안의 모든 사람을 자유롭게 해주심을 받아들입니다.

아스트레아여, 모든 구속하는 영체를 차단하시고
나를 자유롭게 하소서.
아스트랄 세력 모두를 결박하여,
내가 반드시 진정한 자유를 찾게 하소서.

아스트레아여, 가속해오소서.
나를 순수함으로 진동하게 하소서.
빛나는 백청색의 불꽃을 방출하시어,
내 오라를 진동하는 빛으로 채워주소서.

4. 사랑하는 아스트레아여, 당신께서 정체성층의 타락한 존재들과 데몬들을 차단하여, 나와 내 영향력 범위 안의 모든 사람을 자유롭게 해주심을 받아들입니다.

아스트레아여, 진지하게 촉구드립니다.
모든 데몬을 몰아내고 나를 정결하게 하소서.
그들을 모두 소멸하고 나를 더 높이 올려주소서.

나는 정화하는 당신의 불꽃을 견뎌내겠습니다.

아스트레아여, 가속해오소서.
나를 순수함으로 진동하게 하소서.
빛나는 백청색의 불꽃을 방출하시어,
내 오라를 진동하는 빛으로 채워주소서.

5. 사랑하는 아스트레아여, 전쟁을 멈추도록 요청하는 나에게 복수하기 위해 나와 내 영향력 범위 안의 사람들을 공격하는, 아스트랄층의 타락한 존재들과 데몬들을 당신께서 결박하고 태워버리심을 받아들입니다.

아스트레아여, 모든 영체를 결박하시어,
더 이상 내 눈이 멀지 않도록 하소서.
그 영체와 그의 트윈을 직시하면서,
나는 그리스도의 승리를 얻습니다.

아스트레아여, 가속해오소서.
나를 순수함으로 진동하게 하소서.
빛나는 백청색의 불꽃을 방출하시어,
내 오라를 진동하는 빛으로 채워주소서.

6. 사랑하는 아스트레아여, 전쟁을 멈추도록 요청하는 나에게 복수하기 위해 나와 내 영향력 범위 안의 사람들을 공격하는, 멘탈층의 타락한 존재들과 데몬들을 당신께서 결박하고 태워버리심을 받아들입니다.

아스트레아여, 죽음과 지옥의 에너지로부터,
나의 모든 세포를 정화해주소서.

내 몸은 이제 자유롭게 성장하고,
각 세포는 내면의 빛을 발산합니다.

아스트레아여, 가속해오소서.
나를 순수함으로 진동하게 하소서.
빛나는 백청색의 불꽃을 방출하시어,
내 오라를 진동하는 빛으로 채워주소서.

7. 사랑하는 아스트레아여, 전쟁을 멈추도록 요청하는 나에게 복수하기 위해 나와 내 영향력 범위 안의 사람들을 공격하는, 정체성층의 타락한 존재들과 데몬들을 당신께서 결박하고 태워버리심을 받아들입니다.

아스트레아여, 나의 감수성을 맑게 하소서.
순수함 안에서 나는 평화를 발견합니다.
당신이 방출하는 고양된 느낌과
완전한 평화 안에서 나는 공동창조를 합니다.

아스트레아여, 가속해오소서.
나를 순수함으로 진동하게 하소서.
빛나는 백청색의 불꽃을 방출하시어,
내 오라를 진동하는 빛으로 채워주소서.

8. 사랑하는 아스트레아여, 내가 지구에서 그들을 제거해달라는 요청을 하지 못하도록 좌절시킬 방법을 공격적으로 모색하고 있는 데몬들과 타락한 존재들을 당신께서 결박하고 태워버리심을 받아들입니다.

아스트레아여, 나의 멘탈층을 정화하시고,
내 그리스도 자아가 항상 지휘하게 하소서.

모두의 지고 선을 위한 매트릭스가
어떻게 구현되는지 나는 이제 압니다.

아스트레아여, 가속해오소서.
나를 순수함으로 진동하게 하소서.
빛나는 백청색의 불꽃을 방출하시어,
내 오라를 진동하는 빛으로 채워주소서.

9. 사랑하는 아스트레아여, 지구에서 그들을 제거하려는 상승 마스터들의 가르침과 도구들을 아무도 사용하지 못하게 막으려는 데몬들과 타락한 존재들을 당신께서 결박하고 태워버리심을 받아들입니다.

아스트레아여, 광대한 명료성 안에서,
나는 새로운 정체성을 선포합니다.
이제 나는 에테르 청사진을 보며,
깨어난 의식으로 공동창조를 합니다.

아스트레아여, 가속해오소서.
나를 순수함으로 진동하게 하소서.
빛나는 백청색의 불꽃을 방출하시어,
내 오라를 진동하는 빛으로 채워주소서.

파트 3

1. 성모 마리아시여, 네 옥타브 안의 데몬들과 타락한 존재들의 공격에 우리를 취약하게 만드는 모든 물리적 습관을 인식하고 초월하도록, 당신께서 나와 내 영향력 범위 안에 있는 모든 사람을 도와주심을 받아들입니다.

오 축복받은 성모 마리아, 나의 어머니시여,
당신의 사랑보다 더 큰 사랑은 없습니다.
우리가 가슴과 마음속에서 하나가 될 때,
나는 우주의 위계에서 내 자리를 발견합니다.

오 성모 마리아시여,
지구를 더 높은 상태로
가속하는 노래를 내어주소서.
이제 모든 물질이 눈부시게 반짝입니다.

2. 성모 마리아시여, 네 옥타브 안의 데몬들과 타락한 존재들의 공격
에 우리를 취약하게 만드는 모든 감정 패턴을 인식하고 초월하도록,
당신께서 나와 내 영향력 범위 안에 있는 모든 사람을 도와주심을 받
아들입니다.

나는 지구의 상승을 돕기 위해,
하늘에서 지구로 내려왔습니다.
나는 신성한 권한을 사용하여,
지구를 자유롭게 하라고 당신에게 명합니다.

오 성모 마리아시여,
지구를 더 높은 상태로
가속하는 노래를 내어주소서.
이제 모든 물질이 눈부시게 반짝입니다.

3. 성모 마리아시여, 네 옥타브 안의 데몬들과 타락한 존재들의 공격
에 우리를 취약하게 만드는 모든 정신적 환영들을 인식하고 초월하도
록, 당신께서 나와 내 영향력 범위 안에 있는 모든 사람을 도와주심
을 받아들입니다.

나는 이제 신의 신성한 이름 안에서,
어머니의 화염을 사용해,
두려움에서 나온 에너지를 모두 불태우고,
신성한 조화를 회복하라고 당신께 요청합니다.

오 성모 마리아시여,
지구를 더 높은 상태로
가속하는 노래를 내어주소서.
이제 모든 물질이 눈부시게 반짝입니다.

4. 성모 마리아시여, 네 옥타브 안의 데몬들과 타락한 존재들의 공격에 우리를 취약하게 만드는 모든 거짓된 정체성들을 인식하고 초월하도록, 당신께서 나와 내 영향력 범위 안에 있는 모든 사람을 도와주심을 받아들입니다.

나는 이로써 당신의 신성한 이름을 찬양하니,
당신은 집단의식을 들어올립니다.
어머니의 화염으로 불태우니,
두려움과 의심과 수치는 모두 사라집니다.

오 성모 마리아시여,
지구를 더 높은 상태로
가속하는 노래를 내어주소서.
이제 모든 물질이 눈부시게 반짝입니다.

5. 성모 마리아시여, 우리가 타락한 존재들이나 다른 사람들과 대립하고 있다고 생각하는 성향을 인식하고 초월하도록, 당신께서 나와 내 영향력 범위 안에 있는 모든 사람을 도와주심을 받아들입니다.

당신은 지상에서 모든 어둠을 몰아내고,
당신의 빛은 거대한 해일처럼 밀려옵니다.
어떤 어둠의 힘도 이제는,
상승나선을 멈출 수 없습니다.

오 성모 마리아시여,
지구를 더 높은 상태로
가속하는 노래를 내어주소서.
이제 모든 물질이 눈부시게 반짝입니다.

6. 성모 마리아시여, 우리가 자신의 신성한 계획을 성취하기 위해 극단주의나 불균형한 생활 방식으로 살아야 한다고 생각하는 성향을 인식하고 초월하도록, 당신께서 나와 내 영향력 범위 안에 있는 모든 사람을 도와주심을 받아들입니다.

당신은 모든 엘리멘탈을 축복하며,
그들에게서 인간이 부과한 스트레스를 거두어 줍니다.
이제 자연의 정령들은 자유를 얻어,
신성한 디크리를 실현합니다.

오 성모 마리아시여,
지구를 더 높은 상태로
가속하는 노래를 내어주소서.
이제 모든 물질이 눈부시게 반짝입니다.

7. 성모 마리아시여, 전쟁의 세력들에게 에너지를 공급하는 불합리한 사고방식에 빠진 우리의 성향을 인식하고 초월하도록, 당신께서 나와 내 영향력 범위 안에 있는 모든 사람을 도와주심을 받아들입니다.

나는 단호한 태도로 목소리를 높이며,
전쟁의 중단을 명합니다.
더 이상 지구는 전쟁으로 상처받지 않으며,
황금시대가 가까이 왔습니다.

오 성모 마리아시여,
지구를 더 높은 상태로
가속하는 노래를 내어주소서.
이제 모든 물질이 눈부시게 반짝입니다.

8. 성모 마리아시여, 적을 무찌르기 위해 우리가 더욱더 극단들로 치
닫도록 강요하는 타락한 존재들의 의도를 인식하고 초월하도록, 당신
께서 나와 내 영향력 범위 안에 있는 모든 사람을 도와주심을 받아들
입니다.

어머니 지구가 마침내 자유를 얻을 때,
재난들은 과거의 일이 됩니다.
어머니 빛은 너무나 강렬하여,
이제 물질의 밀도는 훨씬 낮아집니다.

오 성모 마리아시여,
지구를 더 높은 상태로
가속하는 노래를 내어주소서.
이제 모든 물질이 눈부시게 반짝입니다.

9. 성모 마리아시여, 나는 물리적 차원의 불균형으로 이어지는 세 상
위체 안의 불균형을 인식하고 초월하도록, 당신께서 나와 내 영향력
범위 안에 있는 모든 사람을 도와주심을 받아들입니다.

어머니 빛 안에서 지구는 순수해지고,
상향나선이 유지됩니다.
이제 번영은 일상의 기준이 되고,
신의 비전은 형상으로 구현됩니다.

오 성모 마리아시여,
지구를 더 높은 상태로
가속하는 노래를 내어주소서.
이제 모든 물질이 눈부시게 반짝입니다.

파트 4

1. 성 저메인이여, 나와 내 영향력 범위 안에 있는 모든 사람의 삶 속으로 보라색 화염의 대양을 보내주소서. 물리적 사고나 재난들 또는 우리의 신성한 계획에 장애가 되는 사건들에 대한 카르마적 취약함을 변형시켜주소서.

오 성 저메인이여, 당신은 영감을 부어 주시며,
내 비전을 영원히 더 높이 들어올립니다.
나는 당신과 함께 무한 8자 형상의 흐름을 만들며
당신의 황금시대를 공동창조합니다.

오 성 저메인이여, 당신이 가져오는 사랑은,
진실로 모든 물질을 노래하게 하고,
당신의 보라색 불꽃은 모든 것을 회복시키며,
당신과 함께 우리는 스스로를 초월합니다.

2. 성 저메인이여, 나와 내 영향력 범위 안에 있는 모든 사람의 육신 속으로 보라색 화염의 대양을 보내주소서. 우리의 신성한 계획에 장

애가 되는 물리적 질병 또는 신체적 불균형에 대한 카르마적 취약함을 변형시켜주소서.

오 성 저메인이여, 당신의 이름을 부를 때
자유의 불꽃이 방출됩니다.
당신이 가속을 더해주시니,
이로써 우리 행성은 더 높이 올라갑니다.

오 성 저메인이여, 당신이 가져오는 사랑은,
진실로 모든 물질을 노래하게 하고,
당신의 보라색 불꽃은 모든 것을 회복시키며,
당신과 함께 우리는 스스로를 초월합니다.

3. 성 저메인이여, 나와 내 영향력 범위 안에 있는 모든 사람의 감정체 속으로 보라색 화염의 대양을 보내주소서. 감정 옥타브의 존재들과 연결된 모든 카르마와 정서적 불안정과 우울증의 성향을 변형시켜주소서.

오 성 저메인이여, 우리는 사랑 안에서,
당신의 보라색 불꽃을 가져올 권리를 선언합니다.
모든 것을 변형시키는 당신의 불꽃이,
하늘에서 지상의 우리에게 흘러옵니다.

오 성 저메인이여, 당신이 가져오는 사랑은,
진실로 모든 물질을 노래하게 하고,
당신의 보라색 불꽃은 모든 것을 회복시키며,
당신과 함께 우리는 스스로를 초월합니다.

4. 성 저메인이여, 나와 내 영향력 범위 안에 있는 모든 사람의 멘탈

체 속으로 보라색 화염의 대양을 보내주소서. 멘탈 옥타브의 존재들과 연결된 모든 카르마와, 혼란스럽거나 명확성이 부족한 성향을 변형시켜주소서.

오 성 저메인이여, 당신을 너무나 사랑합니다
내 오라가 보라색 광휘로 채워지고.
내 차크라들이 보라색 불꽃으로 타오르니,
나는 당신의 우주적 증폭기입니다.

오 성 저메인이여, 당신이 가져오는 사랑은,
진실로 모든 물질을 노래하게 하고,
당신의 보라색 불꽃은 모든 것을 회복시키며,
당신과 함께 우리는 스스로를 초월합니다.

5. 성 저메인이여, 나와 내 영향력 범위 안에 있는 모든 사람의 정체성체 속으로 보라색 화염의 대양을 보내주소서. 정체성층의 존재들과 연결된 모든 카르마와, 광신 또는 폐쇄적인 마음의 성향을 변형해주소서.

오 성 저메인이여, 나는 이제 자유로워졌습니다.
당신의 보라색 불꽃은 치유법이며.
내 마음속의 모든 장애를 변형시켜 주니,
나는 진정한 내면의 평화를 발견합니다.

오 성 저메인이여, 당신이 가져오는 사랑은,
진실로 모든 물질을 노래하게 하고,
당신의 보라색 불꽃은 모든 것을 회복시키며,
당신과 함께 우리는 스스로를 초월합니다.

6. 성 저메인이여, 나와 내 영향력 범위 안에 있는 모든 사람의 삶 속으로 보라색 화염의 대양을 보내주소서. 우리가 균형된 여정을 걷고 균형된 삶을 영위하지 못하도록 방해하는 카르마적 취약성을 변형해 주세요.

오 성 저메인이여, 내 몸은 순수해지고,
당신의 보라색 불꽃은 모두를 치유합니다.
모든 질병의 원인을 태워버리니,
나는 완전한 평온함을 느낍니다.

오 성 저메인이여, 당신이 가져오는 사랑은,
진실로 모든 물질을 노래하게 하고,
당신의 보라색 불꽃은 모든 것을 회복시키며,
당신과 함께 우리는 스스로를 초월합니다.

7. 성 저메인이여, 나와 내 영향력 범위 안에 있는 모든 사람의 삶 속으로 보라색 화염의 대양을 보내주소서. 우리가 내면의 균형을 유지하면서 상승 마스터들께 지구에서 전쟁을 제거할 권한을 부여할 수 없도록 가로막는, 모든 카르마적 취약함을 변형시켜주소서.

오 성 저메인이여, 나는 카르마에서 해방되어,
과거의 짐에서 벗어납니다.
나는 그리스도 의식과 하나되어,
완전히 새로운 기회를 얻습니다.

오 성 저메인이여, 당신이 가져오는 사랑은,
진실로 모든 물질을 노래하게 하고,
당신의 보라색 불꽃은 모든 것을 회복시키며,
당신과 함께 우리는 스스로를 초월합니다.

8. 성 저메인이여, 나와 내 영향력 범위 안에 있는 모든 사람의 삶 속으로 보라색 화염의 대양을 보내주소서. 어둠의 세력들의 공격이나 에너지에 우리를 취약하게 만드는 우리 의식 속의 모든 환영을 변형시켜주소서

오 성 저메인이여, 우리는 이제 하나이고,
나는 당신을 위한 보랏빛 태양입니다.
우리가 이 지구 행성을 변형시키니,
당신의 황금시대가 탄생합니다.

오 성 저메인이여, 당신이 가져오는 사랑은,
진실로 모든 물질을 노래하게 하고,
당신의 보라색 불꽃은 모든 것을 회복시키며,
당신과 함께 우리는 스스로를 초월합니다.

9. 성 저메인이여, 나와 내 영향력 범위 안에 있는 모든 사람의 삶 속으로 보라색 화염의 대양을 보내주소서. 우리의 카르마적 취약성과 에너지를 변형하시어, 타락한 존재들이 미칠 수 있는 범위 너머로 우리의 의식을 가속함으로써 그들이 더 이상 우리를 해치지 못하게 해주세요.

오 성 저메인이여, 지구는 이원성의 부담을 벗어나
자유를 얻고,
우리는 하나됨 안에서 최상의 것을 이루니,
당신의 황금시대가 실현됩니다.

오 성 저메인이여, 당신이 가져오는 사랑은,
진실로 모든 물질을 노래하게 하고,
당신의 보라색 불꽃은 모든 것을 회복시키며,

당신과 함께 우리는 스스로를 초월합니다.

봉인하기

I AM THAT I AM의 이름으로, 나는 대천사 미카엘, 아스트레아와 쉬바께서 나와 모든 건설적인 사람 주위에 뚫을 수 없는 보호막을 형성하고, 우리를 네 옥타브 안에 있는 모든 두려움 기반의 에너지로부터 봉인해주심을 받아들입니다. 나는 신의 빛이 전쟁 배후의 세력을 구성하는 두려움 기반의 에너지를 모두 불태우고 변형하고 있음을 받아들입니다!

14
한국의 하나됨을 위한 기원

I AM THAT I AM, 예수 그리스도의 이름으로 나의 아이앰 현존이, 무한히 초월해 가는 내 미래의 현존을 통해 흐르며, 완전한 권능으로 이 기원을 해주시기를 요청합니다. 나는 사랑하는 성 저메인을 부르며 요청합니다. 당신의 보라색 화염으로 황금시대의 매트릭스에 일치하는 통일 한국이 이뤄지는데 장애가 되는 모든 불완전성을 변형해 주소서...

(여기에 개인적인 요청을 추가하세요)

파트 1

1. 성 저메인이여, 보라색 화염의 대양을 보내시어 고대 한국, 특히 배달(환웅) 시대와 고조선(단군) 시대의 전쟁과 갈등의 에너지와 기록들을 변형해 주소서.

오 성 저메인이여, 당신은 영감을 부어주시며
내 비전을 영원히 더 높이 들어올립니다.
나는 당신과 함께 무한 8자 형상의 흐름을 만들며
당신의 황금시대를 공동창조합니다.

오 성 저메인이여, 당신이 가져오는 사랑은
진실로 모든 물질을 노래하게 하고,
당신의 보라색 불꽃은 모든 것을 회복시키며,
당신과 함께 우리는 스스로를 초월합니다.

2. 성 저메인이여, 보라색 화염의 대양을 보내시어 삼국시대의 전쟁과
갈등의 에너지와 기록들을 변형해 주소서.

오 성 저메인이여, 당신의 이름을 부를 때
자유의 불꽃이 방출됩니다.
당신이 가속을 더해 주시니,
이로써 우리 행성은 더 높이 올라갑니다.

오 성 저메인이여, 당신이 가져오는 사랑은
진실로 모든 물질을 노래하게 하고,
당신의 보라색 불꽃은 모든 것을 회복시키며,
당신과 함께 우리는 스스로를 초월합니다.

3. 성 저메인이여, 보라색 화염의 대양을 보내시어 고려시대의 전쟁과
갈등의 에너지와 기록들을 변형해 주소서.

오 성 저메인이여, 우리는 사랑 안에서
당신의 보라색 불꽃을 가져올 권리를 선언합니다.
모든 것을 변형시키는 당신의 불꽃이

하늘에서 지상의 우리에게 흘러옵니다.

**오 성 저메인이여, 당신이 가져오는 사랑은
진실로 모든 물질을 노래하게 하고,
당신의 보라색 불꽃은 모든 것을 회복시키며,
당신과 함께 우리는 스스로를 초월합니다.**

4. 성 저메인이여, 보라색 화염의 대양을 보내시어 조선시대의 전쟁과
갈등의 에너지와 기록들을 변형해 주소서.

오 성 저메인이여, 당신을 너무나 사랑합니다.
내 오라가 보라색 광휘로 채워지고,
내 차크라들이 보라색 불꽃으로 타오르니,
나는 당신의 우주적 증폭기입니다.

**오 성 저메인이여, 당신이 가져오는 사랑은
진실로 모든 물질을 노래하게 하고,
당신의 보라색 불꽃은 모든 것을 회복시키며,
당신과 함께 우리는 스스로를 초월합니다.**

5. 성 저메인이여, 보라색 화염의 대양을 보내시어 대한제국 시대의
전쟁과 갈등의 에너지와 기록들을 변형해 주소서.

오 성 저메인이여, 나는 이제 자유로워졌습니다.
당신의 보라색 불꽃은 치유법이며,
내 마음속의 모든 장애를 변형시켜 주니,
나는 진정한 내면의 평화를 발견합니다.

오 성 저메인이여, 당신이 가져오는 사랑은

진실로 모든 물질을 노래하게 하고,
당신의 보라색 불꽃은 모든 것을 회복시키며,
당신과 함께 우리는 스스로를 초월합니다.

6. 오 성 저메인이여, 보라색 화염의 대양을 보내시어, 한국인들이 스스로를 세계로부터 차단하고 고립되게 만들었던 의식을 변형시켜 주소서.

오 성 저메인이여, 내 몸은 순수해지고,
당신의 보라색 불꽃은 모두를 치유합니다.
모든 질병의 원인을 태워버리니,
나는 완전한 평온함을 느낍니다.

오 성 저메인이여, 당신이 가져오는 사랑은
진실로 모든 물질을 노래하게 하고,
당신의 보라색 불꽃은 모든 것을 회복시키며,
당신과 함께 우리는 스스로를 초월합니다.

7. 오 성 저메인이여, 보라색 화염의 대양을 보내주시어, 한국인들이 자기 개인의 신성한 계획보다는 국가와 종교에 충성하고 전통에 순응하도록 만들었던 의식을 변형시켜 주소서.

오 성 저메인이여, 나는 카르마에서 해방되어,
과거의 짐에서 벗어납니다.
나는 그리스도 의식과 하나되어,
완전히 새로운 기회를 얻습니다.

오 성 저메인이여, 당신이 가져오는 사랑은
진실로 모든 물질을 노래하게 하고,

**당신의 보라색 불꽃은 모든 것을 회복시키며,
당신과 함께 우리는 스스로를 초월합니다.**

8. 성 저메인이여, 보라색 화염의 대양을 보내시어, 수세기에 걸쳐 한국인의 집단의식에 프로그램되어 공산주의에 취약하도록 만든, 기계적으로 획일화된 의식을 변형시켜 주소서.

오 성 저메인이여, 우리는 이제 하나이고,
나는 당신을 위한 보랏빛 태양입니다.
우리가 이 지구 행성을 변형시키니,
당신의 황금시대가 탄생합니다.

**오 성 저메인이여, 당신이 가져오는 사랑은
진실로 모든 물질을 노래하게 하고,
당신의 보라색 불꽃은 모든 것을 회복시키며,
당신과 함께 우리는 스스로를 초월합니다.**

9. 성 저메인이여, 보라색 화염의 대양을 보내시어, 한국인들을 침체에 빠뜨리고 외부 세력의 침략에 의해 강압적으로 변화될 수밖에 없도록 이끌었던 의식을 변형해 주소서.

오 성 저메인이여, 지구는 이원성의 부담을 벗어나
자유를 얻고,
우리는 하나됨 안에서 최상의 것을 이루니,
당신의 황금시대가 실현됩니다.

**오 성 저메인이여, 당신이 가져오는 사랑은
진실로 모든 물질을 노래하게 하고,
당신의 보라색 불꽃은 모든 것을 회복시키며,**

당신과 함께 우리는 스스로를 초월합니다.

파트 2

1. 성 저메인이여, 보라색 화염의 대양을 보내시어 일본의 한국 침략과 강점의 에너지와 기록들을 변형해 주소서.

오 성 저메인이여, 당신은 영감을 부어주시며
내 비전을 영원히 더 높이 들어올립니다.
나는 당신과 함께 무한 8자 형상의 흐름을 만들며
당신의 황금시대를 공동창조합니다.

**오 성 저메인이여, 당신이 가져오는 사랑은
진실로 모든 물질을 노래하게 하고,
당신의 보라색 불꽃은 모든 것을 회복시키며,
당신과 함께 우리는 스스로를 초월합니다.**

2. 성 저메인이여, 보라색 화염의 대양을 보내시어 일본인들이 한국인들에게 가한 수많은 잔혹 행위의 에너지와 기록들을 변형해 주소서.

오 성 저메인이여, 당신의 이름을 부를 때
자유의 불꽃이 방출됩니다.
당신이 가속을 더해 주시니,
이로써 우리 행성은 더 높이 올라갑니다.

**오 성 저메인이여, 당신이 가져오는 사랑은
진실로 모든 물질을 노래하게 하고,
당신의 보라색 불꽃은 모든 것을 회복시키며,
당신과 함께 우리는 스스로를 초월합니다.**

3. 성 저메인이여, 보라색 화염의 대양을 보내시어 일본이 저지른 한국 역사 변조의 에너지와 기록들을 변형해 주소서.

오 성 저메인이여, 우리는 사랑 안에서
당신의 보라색 불꽃을 가져올 권리를 선언합니다.
모든 것을 변형시키는 당신의 불꽃이,
하늘에서 지상의 우리에게 흘러옵니다.

오 성 저메인이여, 당신이 가져오는 사랑은
진실로 모든 물질을 노래하게 하고,
당신의 보라색 불꽃은 모든 것을 회복시키며,
당신과 함께 우리는 스스로를 초월합니다.

4. 성 저메인이여, 보라색 화염의 대양을 보내시어 한국의 남북 분단을 초래한 국제적 정치권력 게임의 에너지와 기록들을 변형해 주소서.

오 성 저메인이여, 당신을 너무나 사랑합니다.
내 오라가 보라색 광휘로 채워지고,
내 차크라들이 보라색 불꽃으로 타오르니,
나는 당신의 우주적 증폭기입니다.

오 성 저메인이여, 당신이 가져오는 사랑은
진실로 모든 물질을 노래하게 하고,
당신의 보라색 불꽃은 모든 것을 회복시키며,
당신과 함께 우리는 스스로를 초월합니다.

5. 성 저메인이여, 보라색 화염의 대양을 보내시어 한국의 6.25 전쟁과 한국인들에게 가해진 잔혹 행위의 에너지와 기록들을 변형해 주소서.

오 성 저메인이여, 나는 이제 자유로워졌습니다.
당신의 보라색 불꽃은 치유법이며,
내 마음속의 모든 장애를 변형시켜 주니,
나는 진정한 내면의 평화를 발견합니다.

오 성 저메인이여, 당신이 가져오는 사랑은
진실로 모든 물질을 노래하게 하고,
당신의 보라색 불꽃은 모든 것을 회복시키며,
당신과 함께 우리는 스스로를 초월합니다.

6. 성 저메인이여, 보라색 화염의 대양을 보내시어 남북분단으로 인해 견뎌내야 했던 어려움들, 특히 이산 가족들의 고통의 에너지와 기록들을 변형해 주소서.

오 성 저메인이여, 내 몸은 순수해지고,
당신의 보라색 불꽃은 모두를 치유합니다.
모든 질병의 원인을 태워버리니,
나는 완전한 평온함을 느낍니다.

오 성 저메인이여, 당신이 가져오는 사랑은
진실로 모든 물질을 노래하게 하고,
당신의 보라색 불꽃은 모든 것을 회복시키며,
당신과 함께 우리는 스스로를 초월합니다.

7. 성 저메인이여, 보라색 화염의 대양을 보내시어 4.19 혁명과 5.16 군사정변에서의 갈등의 에너지와 기록들을 변형해 주소서.

오 성 저메인이여, 나는 카르마에서 해방되어,
과거의 짐에서 벗어납니다.

나는 그리스도 의식과 하나되어,
완전히 새로운 기회를 얻습니다.

오 성 저메인이여, 당신이 가져오는 사랑은
진실로 모든 물질을 노래하게 하고,
당신의 보라색 불꽃은 모든 것을 회복시키며,
당신과 함께 우리는 스스로를 초월합니다.

8. 성 저메인이여, 보라색 화염의 대양을 보내시어 1980년 광주 민주화 운동에서의 갈등의 에너지와 기록들을 변형해 주소서.

오 성 저메인이여, 우리는 이제 하나이고,
나는 당신을 위한 보랏빛 태양입니다.
우리가 이 지구 행성을 변형시키니,
당신의 황금시대가 탄생합니다.

오 성 저메인이여, 당신이 가져오는 사랑은
진실로 모든 물질을 노래하게 하고,
당신의 보라색 불꽃은 모든 것을 회복시키며,
당신과 함께 우리는 스스로를 초월합니다.

9. 성 저메인이여, 보라색 화염의 대양을 보내시어 남한과 북한 모두에 진정한 민주주의가 확립되는데 장애가 되고 있는 의식을 변형해 주소서.

오 성 저메인이여, 지구는 이원성의 부담을 벗어나
자유를 얻고,
우리는 하나됨 안에서 최상의 것을 이루니,
당신의 황금시대가 실현됩니다.

오 성 저메인이여, 당신이 가져오는 사랑은
진실로 모든 물질을 노래하게 하고,
당신의 보라색 불꽃은 모든 것을 회복시키며,
당신과 함께 우리는 스스로를 초월합니다.

파트 3

1. 성 저메인이여, 보라색 화염의 대양을 보내시어 한국 분단의 직접
적인 원인인 이원성의 의식을 변형해 주소서.

오 성 저메인이여, 당신은 영감을 부어주시며
내 비전을 영원히 더 높이 들어올립니다.
나는 당신과 함께 무한 8자 형상의 흐름을 만들며
당신의 황금시대를 공동창조합니다.

오 성 저메인이여, 당신이 가져오는 사랑은
진실로 모든 물질을 노래하게 하고,
당신의 보라색 불꽃은 모든 것을 회복시키며,
당신과 함께 우리는 스스로를 초월합니다.

2. 성 저메인이여, 보라색 화염의 대양을 보내시어 남한과 북한 모두
의 엘리트주의 의식을 변형해 주소서. 남한과 북한의 파워 엘리트들
을 드러내시어, 그들에 의해 사람들이 어떻게 착취당하고 있는지 보
게 하소서.

오 성 저메인이여, 당신의 이름을 부를 때
자유의 불꽃이 방출됩니다.
당신이 가속을 더해 주시니,
이로써 우리 행성은 더 높이 올라갑니다.

오 성 저메인이여, 당신이 가져오는 사랑은
진실로 모든 물질을 노래하게 하고,
당신의 보라색 불꽃은 모든 것을 회복시키며,
당신과 함께 우리는 스스로를 초월합니다.

3. 성 저메인이여, 나는 남한과 북한 모두의 파워 엘리트들에 대해 그리스도의 심판을 요청합니다. 그리고 그들에 의해 행해진 사상의 자유, 언론의 자유에 대한 억압과 그 밖의 모든 민주적 자유에 대한 부인과 전복에 대해 그리스도의 심판을 요청합니다.

오 성 저메인이여, 우리는 사랑 안에서
당신의 보라색 불꽃을 가져올 권리를 선언합니다.
모든 것을 변형시키는 당신의 불꽃이,
하늘에서 지상의 우리에게 흘러옵니다.

오 성 저메인이여, 당신이 가져오는 사랑은
진실로 모든 물질을 노래하게 하고,
당신의 보라색 불꽃은 모든 것을 회복시키며,
당신과 함께 우리는 스스로를 초월합니다.

4. 성 저메인이여, 보라색 화염의 대양을 보내시어 북한을 장악하고 있는 전체주의 의식을 변형해 주소서.

오 성 저메인이여, 당신을 너무나 사랑합니다.
내 오라가 보라색 광휘로 채워지고,
내 차크라들이 보라색 불꽃으로 타오르니,
나는 당신의 우주적 증폭기입니다.

오 성 저메인이여, 당신이 가져오는 사랑은

진실로 모든 물질을 노래하게 하고,
당신의 보라색 불꽃은 모든 것을 회복시키며,
당신과 함께 우리는 스스로를 초월합니다.

5. 성 저메인이여, 북한의 김정은 계보와 정권에 대해, 그리고 북한, 중국, 러시아 등의 나라에서 그 정권을 지지하는 모든 자에 대해 나는 그리스도의 심판을 요청합니다.

오 성 저메인이여, 나는 이제 자유로워졌습니다.
당신의 보라색 불꽃은 치유법이며,
내 마음속의 모든 장애를 변형시켜 주니,
나는 진정한 내면의 평화를 발견합니다.

오 성 저메인이여, 당신이 가져오는 사랑은
진실로 모든 물질을 노래하게 하고,
당신의 보라색 불꽃은 모든 것을 회복시키며,
당신과 함께 우리는 스스로를 초월합니다.

6. 성 저메인이여, 보라색 화염의 대양을 보내시어 북한과 중국과 러시아의 공산주의 의식을, 특히 한국의 통일을 저해하고 있는 측면을 변형해 주소서.

오 성 저메인이여, 내 몸은 순수해지고,
당신의 보라색 불꽃은 모두를 치유합니다.
모든 질병의 원인을 태워버리니,
나는 완전한 평온함을 느낍니다.

오 성 저메인이여, 당신이 가져오는 사랑은
진실로 모든 물질을 노래하게 하고,

당신의 보라색 불꽃은 모든 것을 회복시키며,
당신과 함께 우리는 스스로를 초월합니다.

7. 성 저메인이여, 보라색 화염의 대양을 보내시어 일본의 점령자들과 북한의 공산주의 점령자들에 의해, 그리고 남한의 파워 엘리트에 의해 한국 사람들에게 부과된 열등 의식을 변형해 주소서.

오 성 저메인이여, 나는 카르마에서 해방되어,
과거의 짐에서 벗어납니다.
나는 그리스도 의식과 하나되어,
완전히 새로운 기회를 얻습니다.

오 성 저메인이여, 당신이 가져오는 사랑은
진실로 모든 물질을 노래하게 하고,
당신의 보라색 불꽃은 모든 것을 회복시키며,
당신과 함께 우리는 스스로를 초월합니다.

8. 성 저메인이여, 보라색 화염의 대양을 보내시어 한국의 통일을 막고 있는 북한 내의 의식을 변형해 주소서. 북한 주민들의 정서에 전환이 일어나 정권의 평화로운 와해와 재통일이 '용인된 현실'이 되도록, 우리는 당신의 연금술적인 기적을 요청합니다.

오 성 저메인이여, 우리는 이제 하나이고,
나는 당신을 위한 보랏빛 태양입니다.
우리가 이 지구 행성을 변형시키니,
당신의 황금시대가 탄생합니다.

오 성 저메인이여, 당신이 가져오는 사랑은
진실로 모든 물질을 노래하게 하고,

당신의 보라색 불꽃은 모든 것을 회복시키며,
당신과 함께 우리는 스스로를 초월합니다.

9. 성 저메인이여, 보라색 화염의 대양을 보내시어 한국의 통일을 막고 있는 국제 사회의 의식을 변형해 주소서. 국제적인 정서에 전환이 일어나서 재통일이 '구현된 현실'이 되도록 우리는 당신의 연금술적인 기적을 요청합니다.

오 성 저메인이여, 지구는 이원성의 부담을 벗어나
자유를 얻고,
우리는 하나됨 안에서 최상의 것을 이루니,
당신의 황금시대가 실현됩니다.

오 성 저메인이여, 당신이 가져오는 사랑은
진실로 모든 물질을 노래하게 하고,
당신의 보라색 불꽃은 모든 것을 회복시키며,
당신과 함께 우리는 스스로를 초월합니다.

파트 4

1. 성 저메인이여, 보라색 화염의 대양을 보내시어 한반도에서 핵전쟁이나 핵 도발이 일어날 모든 잠재력을 변형시켜 주소서.

오 성 저메인이여, 당신은 영감을 부어주시며
내 비전을 영원히 더 높이 들어올립니다.
나는 당신과 함께 무한 8자 형상의 흐름을 만들며
당신의 황금시대를 공동창조합니다.

오 성 저메인이여, 당신이 가져오는 사랑은

진실로 모든 물질을 노래하게 하고,
당신의 보라색 불꽃은 모든 것을 회복시키며,
당신과 함께 우리는 스스로를 초월합니다.

2. 성 저메인이여, 보라색 화염의 태양을 보내시어 남한과 북한 사이에 전쟁이 일어날 모든 잠재력을 변형시켜 주소서.

오 성 저메인이여, 당신의 이름을 부를 때
자유의 불꽃이 방출됩니다.
당신이 가속을 더해 주시니,
이로써 우리 행성은 더 높이 올라갑니다.

오 성 저메인이여, 당신이 가져오는 사랑은
진실로 모든 물질을 노래하게 하고,
당신의 보라색 불꽃은 모든 것을 회복시키며,
당신과 함께 우리는 스스로를 초월합니다.

3. 성 저메인이여, 임계수치의 북한 사람들이 일어나서 비공산주의 정부와 한국의 재통일을 요구하게 되도록 우리는 당신의 연금술적인 기적을 요청합니다.

오 성 저메인이여, 우리는 사랑 안에서
당신의 보라색 불꽃을 가져올 권리를 선언합니다.
모든 것을 변형시키는 당신의 불꽃이,
하늘에서 지상의 우리에게 흘러옵니다.

오 성 저메인이여, 당신이 가져오는 사랑은
진실로 모든 물질을 노래하게 하고,
당신의 보라색 불꽃은 모든 것을 회복시키며,

당신과 함께 우리는 스스로를 초월합니다.

4. 성 저메인이여, 현 북한의 정권과 군부가 핵 프로그램을 통해서 국제적인 대응을 불러일으키려는 시도를 포기하도록 우리는 당신의 연금술적인 기적을 요청합니다.

오 성 저메인이여, 당신을 너무나 사랑합니다.
내 오라가 보라색 광휘로 채워지고,
내 차크라들이 보라색 불꽃으로 타오르니,
나는 당신의 우주적 증폭기입니다.

오 성 저메인이여, 당신이 가져오는 사랑은
진실로 모든 물질을 노래하게 하고,
당신의 보라색 불꽃은 모든 것을 회복시키며,
당신과 함께 우리는 스스로를 초월합니다.

5. 성 저메인이여, 현 북한의 정권과 군부가 평화롭게 집권을 포기하고 한국 재통일의 길을 열어주도록 우리는 당신의 연금술적인 기적을 요청합니다.

오 성 저메인이여, 나는 이제 자유로워졌습니다.
당신의 보라색 불꽃은 치유법이며,
내 마음속의 모든 장애를 변형시켜 주니,
나는 진정한 내면의 평화를 발견합니다.

오 성 저메인이여, 당신이 가져오는 사랑은
진실로 모든 물질을 노래하게 하고,
당신의 보라색 불꽃은 모든 것을 회복시키며,
당신과 함께 우리는 스스로를 초월합니다.

6. 성 저메인이여, 국제적인 정서에 전환이 일어나, 러시아와 중국과 미국, 일본을 비롯한 모든 나라가 재통일된 한국을 용인하도록 우리는 당신의 연금술적인 기적을 요청합니다.

오 성 저메인이여, 내 몸은 순수해지고,
당신의 보라색 불꽃은 모두를 치유합니다.
모든 질병의 원인을 태워버리니,
나는 완전한 평온함을 느낍니다.

오 성 저메인이여, 당신이 가져오는 사랑은
진실로 모든 물질을 노래하게 하고,
당신의 보라색 불꽃은 모든 것을 회복시키며,
당신과 함께 우리는 스스로를 초월합니다.

7. 성 저메인이여, 남한의 경제가 향상되어 재통일이 안겨줄 부담을 처리할 수 있도록 우리는 당신의 연금술적인 기적을 요청합니다.

오 성 저메인이여, 나는 카르마에서 해방되어,
과거의 짐에서 벗어납니다.
나는 그리스도 의식과 하나되어,
완전히 새로운 기회를 얻습니다.

오 성 저메인이여, 당신이 가져오는 사랑은
진실로 모든 물질을 노래하게 하고,
당신의 보라색 불꽃은 모든 것을 회복시키며,
당신과 함께 우리는 스스로를 초월합니다.

8. 성 저메인이여, 남한과 북한 양국의 국민이 통일된 한국을 '구현된 현실'로 완전히 받아들일 수 있게 되도록 우리는 당신의 연금술적인

기적을 요청합니다.

오 성 저메인이여, 우리는 이제 하나이고,
나는 당신을 위한 보랏빛 태양입니다.
우리가 이 지구 행성을 변형시키니,
당신의 황금시대가 탄생합니다.

오 성 저메인이여, 당신이 가져오는 사랑은
진실로 모든 물질을 노래하게 하고,
당신의 보라색 불꽃은 모든 것을 회복시키며,
당신과 함께 우리는 스스로를 초월합니다.

9. 성 저메인이여, 통일된 한국이 이미 정체성, 멘탈, 감정층에서 구현되었음을, 우리는 당신과 함께 단언합니다. 당신과의 하나됨, 그리고 서로의 하나됨 안에서 우리는 지금 그것이 물리적으로 구현될 것을 요청합니다. 그리고 우리는, 하나가 된 한국을 위한 당신의 황금시대 매트릭스를 받아들입니다.

오 성 저메인이여, 지구는 이원성의 부담을 벗어나
자유를 얻고,
우리는 하나됨 안에서 최상의 것을 이루니,
당신의 황금시대가 실현됩니다.

오 성 저메인이여, 당신이 가져오는 사랑은
진실로 모든 물질을 노래하게 하고,
당신의 보라색 불꽃은 모든 것을 회복시키며,
당신과 함께 우리는 스스로를 초월합니다.

봉인하기

신성한 어머니의 이름으로, 나는 이 요청의 힘이 마터 빛을 자유롭게 함으로써, 나 자신의 삶과 모든 사람과 행성을 위한 그리스도의 완전한 비전을 구현할 수 있음을 전적으로 받아들입니다. I AM THAT I AM 의 이름으로, 이것이 이루어졌습니다! 아멘.

15
한국의 정화를 위한 아스트레아 기원

안내. 엘로힘 아스트레아께서는 다음과 같이 이 기원문의 사용 지침을 주셨습니다. "이제 사랑하는 이들이여, 나는 여러분에게 또 하나의 시혜를 베풀고자 합니다. 나, 아스트레아는 여러분에게 그 어떤 나라든 정화할 수 있는 새로운 기원문 하나를 후원해 주려고 합니다. 물론 한국의 여러분도 모국을 정화하는 데 이 기원문을 사용할 수 있습니다. 나는 메신저에게 모든 나라에서 보편적으로 사용할 수 있는 기원문을 작성하도록 지시하겠습니다. 따라서, 두세 사람이 함께 자신의 나라를 위해 이 기원을 바칠 때 나는 그들의 헌신과 그 나라에 필요한 사항을 보면서 내가 결정하는 배율에 따라 그들이 불러내는 빛을 증폭해 주겠습니다. 이것은 자기 나라를 정화하려고 노력하는 사람들에게 엄청난 기회가 될 것입니다." 여러분은 이 기원문을 자기 나라의 특정한 상황에 알맞게 변형해서 사용할 수 있습니다. 예를 들어, "사랑하는 아스트레아여, 당신의 원과 검으로 데몬들과 영체들을 결박해 주시고 사람들이 집착에서 벗어날 수 있도록 (   )에 관한 기록들을 소멸해 주소서"라고 요청할 수 있습니다.

I AM THAT I AM과 모든 생명 안에 있는 보편적 그리스도 마음의 이름으로, 우리는 엘로힘 아스트레아께 우리나라의 (모든 상황)에 대한 지휘권을 취하시기를 요청합니다. 당신의 원과 검을 방사하시어, 모든 불순한 에너지를 소멸하고 모든 타락한 존재들과 데몬들과 영체들을 결박하여 사람들을 자유롭게 해방하소서...
(여기에 개인적인 요청을 추가하세요)

파트 1

1. 사랑하는 아스트레아여, 우리는 당신의 현존을 요청합니다. 인간의 형상으로 우리나라 위에 높이 서시어 무한히 밝은 백색 빛을 방사해 주소서.

사랑하는 아스트레아, 진실한 가슴을 지닌 존재시여,
백청색 원과 검으로 무지(無智)의 드라마를 잘라내어,
당신이 모든 생명을 자유롭게 하시니,
우리 행성은 퓨리티의 날개를 타고 올라갑니다.

사랑하는 아스트레아, 우리와 하나 되신 존재시여,
백청색 번개 같은 당신의 원과 검은,
퓨리티의 빛으로 거침없이 불순함을 잘라내고,
지구를 드높여 진리로 충만하게 합니다.

2. 사랑하는 아스트레아여, 우리는 찬란하게 빛나는 백색과 사파이어 같은 청색 화염으로 덮인 당신의 원을 요청합니다.

사랑하는 아스트레아여, 신 안에서 퓨리티는,

우리의 모든 생명 에너지를 가속하며,
우리는 퓨리티의 빛과 함께 영원히,
모든 불순함 너머로 높이 비상합니다.

사랑하는 아스트레아, 우리와 하나 되신 존재시여,
백청색 번개 같은 당신의 원과 검은,
퓨리티의 빛으로 거침없이 불순함을 잘라내고,
지구를 드높여 진리로 충만하게 합니다.

3. 사랑하는 아스트레아여, 우리는 빛나는 백색과 사파이어 같은 청색
화염으로 덮인 당신의 검을 요청합니다.

사랑하는 아스트레아여, 모든 생명을 향해,
퓨리티는 오늘 구원의 광선을 발산합니다.
순수함으로 가속하며 우리는 이제 자유로워집니다.
사랑의 순수함에 이르지 못한 모든 것에서.

사랑하는 아스트레아, 우리와 하나 되신 존재시여,
백청색 번개 같은 당신의 원과 검은,
퓨리티의 빛으로 거침없이 불순함을 잘라내고,
지구를 드높여 진리로 충만하게 합니다.

4. 사랑하는 아스트레아여, 당신의 빛나는 원과 검을 합쳐서 매우 빠
르게 회전하게 하시고, 백색과 청색 광휘를 방사하게 하소서.

사랑하는 아스트레아여, 우리 모두를 가속하소서.
당신의 구원을 열렬히 요청합니다.
모든 생명을 불순한 비전에서 자유롭게 하소서.
우리는 분명히 두려움과 의심 너머로 올라갑니다.

사랑하는 아스트레아, 우리와 하나 되신 존재시여,
백청색 번개 같은 당신의 원과 검은,
퓨리티의 빛으로 거침없이 불순함을 잘라내고,
지구를 드높여 진리로 충만하게 합니다.

5. 사랑하는 아스트레아여, 빠르게 회전하고 있는 당신의 원과 검을 곧바로 물질층으로 내려오게 하소서.

사랑하는 아스트레아여, 우리는 기꺼이,
자유를 구속하는 모든 거짓말을 통찰합니다.
우리는 타락으로 이끄는 모든 거짓말을 버리고,
모두의 하나됨을 영원히 확언합니다.

사랑하는 아스트레아, 우리와 하나 되신 존재시여,
백청색 번개 같은 당신의 원과 검은,
퓨리티의 빛으로 거침없이 불순함을 잘라내고,
지구를 드높여 진리로 충만하게 합니다.

6. 사랑하는 아스트레아여, 물질층으로 내려온 당신의 원과 검이, 동일한 수백만 개의 원과 검으로 분화되고 전 방향으로 빛을 발하면서 우리나라 전체를 덮게 하소서.

사랑하는 아스트레아여, 모든 이원성의 투쟁과
갈등 너머로 삶을 가속하소서.
신과 인간 사이의 분열을 모두 소멸하시고,
신의 완전한 계획이 구현되도록 가속하소서.

사랑하는 아스트레아, 우리와 하나 되신 존재시여,
백청색 번개 같은 당신의 원과 검은,

퓨리티의 빛으로 거침없이 불순함을 잘라내고,
지구를 드높여 진리로 충만하게 합니다.

7. 사랑하는 아스트레아여, 당신의 원과 검이 우리나라와 여기에 사는
모든 사람의 집단의식을 정화하고, 물질, 감정, 멘탈, 정체성층을 정화
하게 하소서.

사랑하는 아스트레아여, 우리가 사랑으로 요청드리니,
보이지 않는 분리의 장벽을 부숴주소서.
사랑의 마스터들과 무한 안에서,
내 마음을 진정한 하나됨으로 들어올립니다.

사랑하는 아스트레아, 우리와 하나 되신 존재시여,
백청색 번개 같은 당신의 원과 검은,
퓨리티의 빛으로 거침없이 불순함을 잘라내고,
지구를 드높여 진리로 충만하게 합니다.

8. 사랑하는 아스트레아여, 이 조치가 우리나라에 황금시대 의식과 빛
이 확산되는 것을 막고 있는 불순함을 점차로 돌파해 갈 도미노 효과
를 일으키게 하소서.

사랑하는 아스트레아여, 마음과 함께 창조하는 비밀을,
우리 모두가 깨닫게 하소서.
따라서 우리가 무지로 인해 잊어버린 것을,
앎 속에서 쉽게 재창조하게 하소서.

사랑하는 아스트레아, 우리와 하나 되신 존재시여,
백청색 번개 같은 당신의 원과 검은,
퓨리티의 빛으로 거침없이 불순함을 잘라내고,

지구를 드높여 진리로 충만하게 합니다.

9. 사랑하는 아스트레아여, 당신의 원과 검으로, 우리나라에 성 저메인의 황금시대가 구현되는 것을 막고 있는 국가 데몬들과 영체들을 결박하고 소멸해 주소서.

사랑하는 아스트레아여, 순수한 당신의 화염을,
우리 모두가 사용하게 되기를 열망합니다.
오명 속에 심어진 모든 형상을 들어올릴 때,
지구에서 성 저메인의 시대가 시작됩니다.

사랑하는 아스트레아, 우리와 하나 되신 존재시여,
백청색 번개 같은 당신의 원과 검은,
퓨리티의 빛으로 거침없이 불순함을 잘라내고,
지구를 드높여 진리로 충만하게 합니다.

파트 2

1. 사랑하는 아스트레아여, 당신의 원과 검으로 데몬들과 영체들을 결박하시고, 사람들을 우리나라의 역사와 전통에 집착하게 만드는 기록들을 소멸해 주소서.

사랑하는 아스트레아, 진실한 가슴을 지닌 존재시여,
백청색 원과 검으로 무지(無智)의 드라마를 잘라내어,
당신이 모든 생명을 자유롭게 하시니,
우리 행성은 퓨리티의 날개를 타고 올라갑니다.

사랑하는 아스트레아, 우리와 하나 되신 존재시여,
백청색 번개 같은 당신의 원과 검은,

퓨리티의 빛으로 거침없이 불순함을 잘라내고,
지구를 드높여 진리로 충만하게 합니다.

2. 사랑하는 아스트레아여, 당신의 원과 검으로 데몬들과 영체들을 결박하시고, 사람들을 전쟁에 나가도록 만드는 기록들을 소멸해 주소서.

사랑하는 아스트레아여, 신 안에서 퓨리티는,
우리의 모든 생명 에너지를 가속하며,
우리는 퓨리티의 빛과 함께 영원히,
모든 불순함 너머로 높이 비상합니다.

사랑하는 아스트레아, 우리와 하나 되신 존재시여,
백청색 번개 같은 당신의 원과 검은,
퓨리티의 빛으로 거침없이 불순함을 잘라내고,
지구를 드높여 진리로 충만하게 합니다.

3. 사랑하는 아스트레아여, 당신의 원과 검으로 집단의식과 국민의 개인 심리에 있는 모든 전쟁의 기록을 소멸해 주소서.

사랑하는 아스트레아여, 모든 생명을 향해,
퓨리티는 오늘 구원의 광선을 발산합니다.
순수함으로 가속하며 우리는 이제 자유로워집니다.
사랑의 순수함에 이르지 못한 모든 것에서.

사랑하는 아스트레아, 우리와 하나 되신 존재시여,
백청색 번개 같은 당신의 원과 검은,
퓨리티의 빛으로 거침없이 불순함을 잘라내고,
지구를 드높여 진리로 충만하게 합니다.

4. 사랑하는 아스트레아여, 당신의 원과 검으로 데몬들과 영체들을 결박하시고, 사람들을 특정한 종교적, 정치적 사고 체계에 집착하게 만드는 기록들을 소멸해 주소서.

사랑하는 아스트레아여, 우리 모두를 가속하소서.
당신의 구원을 열렬히 요청합니다.
모든 생명을 불순한 비전에서 자유롭게 하소서.
우리는 분명히 두려움과 의심 너머로 올라갑니다.

사랑하는 아스트레아, 우리와 하나 되신 존재시여,
백청색 번개 같은 당신의 원과 검은,
퓨리티의 빛으로 거침없이 불순함을 잘라내고,
지구를 드높여 진리로 충만하게 합니다.

5. 사랑하는 아스트레아여, 당신의 원과 검으로 데몬들과 영체들을 결박하시고, 사람들이 하나의 이념을 조장하기 위해 서슴없이 타인을 죽이게 만드는 기록들을 소멸해 주소서.

사랑하는 아스트레아여, 우리는 기꺼이,
자유를 구속하는 모든 거짓말을 통찰합니다.
우리는 타락으로 이끄는 모든 거짓말을 버리고,
모두의 하나됨을 영원히 확언합니다.

사랑하는 아스트레아, 우리와 하나 되신 존재시여,
백청색 번개 같은 당신의 원과 검은,
퓨리티의 빛으로 거침없이 불순함을 잘라내고,
지구를 드높여 진리로 충만하게 합니다.

6. 사랑하는 아스트레아여, 당신의 원과 검으로 데몬들과 영체들을 결

박하시고, 우리나라나 다른 나라의 특정한 그룹을 향해 편견이나 증오심을 품게 만드는 기록들을 소멸해 주소서.

사랑하는 아스트레아여, 모든 이원성의 투쟁과
갈등 너머로 삶을 가속하소서.
신과 인간 사이의 분열을 모두 소멸하시고,
신의 완전한 계획이 구현되도록 가속하소서.

사랑하는 아스트레아, 우리와 하나 되신 존재시여,
백청색 번개 같은 당신의 원과 검은,
퓨리티의 빛으로 거침없이 불순함을 잘라내고,
지구를 드높여 진리로 충만하게 합니다.

7. 사랑하는 아스트레아여, 당신의 원과 검으로 데몬들과 영체들을 결박하시고, 우리의 국가적 환경이나 개인적 환경에 대해 스스로 책임을 받아들이지 않고, 항상 다른 사람의 잘못이라고 투사하도록 만드는 기록들을 소멸해 주소서.

사랑하는 아스트레아여, 우리가 사랑으로 요청드리니,
보이지 않는 분리의 장벽을 부숴주소서.
사랑의 마스터들과 무한 안에서,
내 마음을 진정한 하나됨으로 들어올립니다.

사랑하는 아스트레아, 우리와 하나 되신 존재시여,
백청색 번개 같은 당신의 원과 검은,
퓨리티의 빛으로 거침없이 불순함을 잘라내고,
지구를 드높여 진리로 충만하게 합니다.

8. 사랑하는 아스트레아여, 당신의 원과 검으로 데몬들과 영체들을 결

박하시고, 우리 국민이 가진 의식의 특정한 조건들이 일으키는 문제를 보지 못하게 만드는 기록들을 소멸해 주소서.

사랑하는 아스트레아여, 마음과 함께 창조하는 비밀을,
우리 모두가 깨닫게 하소서.
따라서 우리가 무지로 인해 잊어버린 것을,
앎 속에서 쉽게 재창조하게 하소서.

사랑하는 아스트레아, 우리와 하나 되신 존재시여,
백청색 번개 같은 당신의 원과 검은,
퓨리티의 빛으로 거침없이 불순함을 잘라내고,
지구를 드높여 진리로 충만하게 합니다.

9. 사랑하는 아스트레아여, 당신의 원과 검으로 데몬들과 영체들을 결박하시어, 우리가 같은 패턴을 되풀이하고 있고, 스스로 국가적, 개인적 심리를 들여다보지 않는다면, 그 패턴을 극복할 수 없음을 깨닫지 못하게 만드는 기록들을 소멸해 주소서.

사랑하는 아스트레아여, 순수한 당신의 화염을,
우리 모두가 사용하게 되기를 열망합니다.
오명 속에 심어진 모든 형상을 들어올릴 때,
지구에서 성 저메인의 시대가 시작됩니다.

사랑하는 아스트레아, 우리와 하나 되신 존재시여,
백청색 번개 같은 당신의 원과 검은,
퓨리티의 빛으로 거침없이 불순함을 잘라내고,
지구를 드높여 진리로 충만하게 합니다.

파트 3

1. 사랑하는 아스트레아여, 당신의 원과 검으로, 소수 엘리트가 우리나라를 지배하는 상황을 유지시켜 주는 데몬들과 영체들, 타락한 존재들을 결박해 주소서.

사랑하는 아스트레아, 진실한 가슴을 지닌 존재시여,
백청색 원과 검으로 무지(無智)의 드라마를 잘라내어,
당신이 모든 생명을 자유롭게 하시니,
우리 행성은 퓨리티의 날개를 타고 올라갑니다.

사랑하는 아스트레아, 우리와 하나 되신 존재시여,
백청색 번개 같은 당신의 원과 검은,
퓨리티의 빛으로 거침없이 불순함을 잘라내고,
지구를 드높여 진리로 충만하게 합니다.

2. 사랑하는 아스트레아여, 당신의 원과 검으로, 우리나라의 정치 과정을 조종하려는 데몬들과 영체들, 타락한 존재들을 결박해 주소서.

사랑하는 아스트레아여, 신 안에서 퓨리티는,
우리의 모든 생명 에너지를 가속하며,
우리는 퓨리티의 빛과 함께 영원히,
모든 불순함 너머로 높이 비상합니다.

사랑하는 아스트레아, 우리와 하나 되신 존재시여,
백청색 번개 같은 당신의 원과 검은,
퓨리티의 빛으로 거침없이 불순함을 잘라내고,
지구를 드높여 진리로 충만하게 합니다.

3. 사랑하는 아스트레아여, 당신의 원과 검으로, 우리나라의 금융 시스템과 경제를 조종하려는 데몬들과 영체들, 타락한 존재들을 결박해

주소서.

사랑하는 아스트레아여, 모든 생명을 향해,
퓨리티는 오늘 구원의 광선을 발산합니다.
순수함으로 가속하며 우리는 이제 자유로워집니다.
사랑의 순수함에 이르지 못한 모든 것에서.

사랑하는 아스트레아, 우리와 하나 되신 존재시여,
백청색 번개 같은 당신의 원과 검은,
퓨리티의 빛으로 거침없이 불순함을 잘라내고,
지구를 드높여 진리로 충만하게 합니다.

4. 사랑하는 아스트레아여, 당신의 원과 검으로, 우리나라의 언론과 미디어를 조종하려는 데몬들과 영체들, 타락한 존재들을 결박해 주소서.

사랑하는 아스트레아여, 우리 모두를 가속하소서.
당신의 구원을 열렬히 요청합니다.
모든 생명을 불순한 비전에서 자유롭게 하소서.
우리는 분명히 두려움과 의심 너머로 올라갑니다.

사랑하는 아스트레아, 우리와 하나 되신 존재시여,
백청색 번개 같은 당신의 원과 검은,
퓨리티의 빛으로 거침없이 불순함을 잘라내고,
지구를 드높여 진리로 충만하게 합니다.

5. 사랑하는 아스트레아여, 당신의 원과 검으로, 인간으로서의 권리와 민주적 권리에 대한 침해가 드러나지 않도록 막고 있는 데몬들과 영체들, 타락한 존재들을 결박해 주소서.

사랑하는 아스트레아여, 우리는 기꺼이,
자유를 구속하는 모든 거짓말을 통찰합니다.
우리는 타락으로 이끄는 모든 거짓말을 버리고,
모두의 하나됨을 영원히 확언합니다.

사랑하는 아스트레아, 우리와 하나 되신 존재시여,
백청색 번개 같은 당신의 원과 검은,
퓨리티의 빛으로 거침없이 불순함을 잘라내고,
지구를 드높여 진리로 충만하게 합니다.

6. 사랑하는 아스트레아여, 당신의 원과 검으로, 우리나라의 교육 시
스템을 조종하려는 데몬들과 영체들, 타락한 존재들을 결박해 주소서.

사랑하는 아스트레아여, 모든 이원성의 투쟁과
갈등 너머로 삶을 가속하소서.
신과 인간 사이의 분열을 모두 소멸하시고,
신의 완전한 계획이 구현되도록 가속하소서.

사랑하는 아스트레아, 우리와 하나 되신 존재시여,
백청색 번개 같은 당신의 원과 검은,
퓨리티의 빛으로 거침없이 불순함을 잘라내고,
지구를 드높여 진리로 충만하게 합니다.

7. 사랑하는 아스트레아여, 당신의 원과 검으로, 우리나라의 기업과 산
업을 조종하려는 데몬들과 영체들, 타락한 존재들을 결박해 주소서.
우리는 당신께서 모든 부패를 드러내 주시기를 요청합니다.

사랑하는 아스트레아여, 우리가 사랑으로 요청드리니,
보이지 않는 분리의 장벽을 부숴주소서.

사랑의 마스터들과 무한 안에서,
내 마음을 진정한 하나됨으로 들어올립니다.

사랑하는 아스트레아, 우리와 하나 되신 존재시여,
백청색 번개 같은 당신의 원과 검은,
퓨리티의 빛으로 거침없이 불순함을 잘라내고,
지구를 드높여 진리로 충만하게 합니다.

8. 사랑하는 아스트레아여, 당신의 원과 검으로, 우리나라의 군대와 군사 정책을 조종하려는 데몬들과 영체들, 타락한 존재들을 결박해 주소서.

사랑하는 아스트레아여, 마음과 함께 창조하는 비밀을,
우리 모두가 깨닫게 하소서.
따라서 우리가 무지로 인해 잊어버린 것을,
앎 속에서 쉽게 재창조하게 하소서.

사랑하는 아스트레아, 우리와 하나 되신 존재시여,
백청색 번개 같은 당신의 원과 검은,
퓨리티의 빛으로 거침없이 불순함을 잘라내고,
지구를 드높여 진리로 충만하게 합니다.

9. 사랑하는 아스트레아여, 당신의 원과 검으로, 우리나라와 다른 국가 간의 상호 교류를 조종하려는 데몬들과 영체들, 타락한 존재들을 결박해 주소서.

사랑하는 아스트레아여, 순수한 당신의 화염을,
우리 모두가 사용하게 되기를 열망합니다.
오명 속에 심어진 모든 형상을 들어올릴 때,

지구에서 성 저메인의 시대가 시작됩니다.

사랑하는 아스트레아, 우리와 하나 되신 존재시여,
백청색 번개 같은 당신의 원과 검은,
퓨리티의 빛으로 거침없이 불순함을 잘라내고,
지구를 드높여 진리로 충만하게 합니다.

파트 4

1. 사랑하는 아스트레아여, 당신의 원과 검으로 서사적 사고방식과 흑백 논리를 차단하시어, 가장 창조적인 사람들이 자유로워지게 하소서.

사랑하는 아스트레아, 진실한 가슴을 지닌 존재시여,
백청색 원과 검으로 무지(無智)의 드라마를 잘라내어,
당신이 모든 생명을 자유롭게 하시니,
우리 행성은 퓨리티의 날개를 타고 올라갑니다.

사랑하는 아스트레아, 우리와 하나 되신 존재시여,
백청색 번개 같은 당신의 원과 검은,
퓨리티의 빛으로 거침없이 불순함을 잘라내고,
지구를 드높여 진리로 충만하게 합니다.

2. 사랑하는 아스트레아여, 당신의 원과 검으로, 타인을 해쳐도 자신에게 아무런 영향이 없다고 믿는 환영과 분리 의식을 차단하시어, 가장 창조적인 사람들이 자유로워지게 하소서.

사랑하는 아스트레아여, 신 안에서 퓨리티는,
우리의 모든 생명 에너지를 가속하며,
우리는 퓨리티의 빛과 함께 영원히,

모든 불순함 너머로 높이 비상합니다.

사랑하는 아스트레아, 우리와 하나 되신 존재시여,
백청색 번개 같은 당신의 원과 검은,
퓨리티의 빛으로 거침없이 불순함을 잘라내고,
지구를 드높여 진리로 충만하게 합니다.

3. 사랑하는 아스트레아여, 당신의 원과 검으로 마약, 술, 섹스, 도박 중독 등을 차단하시어, 가장 창조적인 사람들이 자유로워지게 하소서.

사랑하는 아스트레아여, 모든 생명을 향해,
퓨리티는 오늘 구원의 광선을 발산합니다.
순수함으로 가속하며 우리는 이제 자유로워집니다.
사랑의 순수함에 이르지 못한 모든 것에서.

사랑하는 아스트레아, 우리와 하나 되신 존재시여,
백청색 번개 같은 당신의 원과 검은,
퓨리티의 빛으로 거침없이 불순함을 잘라내고,
지구를 드높여 진리로 충만하게 합니다.

4. 사랑하는 아스트레아여, 당신의 원과 검으로, 자신의 문제 원인을 타인에게 투사하는 성향과 다른 사람과의 투쟁에 끝없이 말려드는 성향을 차단하시어, 가장 창조적인 사람들이 자유로워지게 하소서.

사랑하는 아스트레아여, 우리 모두를 가속하소서.
당신의 구원을 열렬히 요청합니다.
모든 생명을 불순한 비전에서 자유롭게 하소서.
우리는 분명히 두려움과 의심 너머로 올라갑니다.

사랑하는 아스트레아, 우리와 하나 되신 존재시여,
백청색 번개 같은 당신의 원과 검은,
퓨리티의 빛으로 거침없이 불순함을 잘라내고,
지구를 드높여 진리로 충만하게 합니다.

5. 사랑하는 아스트레아여, 당신의 원과 검으로, 어떤 궁극적인 시스템에 모든 사람을 복종하도록 강요하면 문제가 모두 해결될 수 있다는 망상을 차단하시어, 가장 창조적인 사람들이 자유로워지게 하소서.

사랑하는 아스트레아여, 우리는 기꺼이,
자유를 구속하는 모든 거짓말을 통찰합니다.
우리는 타락으로 이끄는 모든 거짓말을 버리고,
모두의 하나됨을 영원히 확언합니다.

사랑하는 아스트레아, 우리와 하나 되신 존재시여,
백청색 번개 같은 당신의 원과 검은,
퓨리티의 빛으로 거침없이 불순함을 잘라내고,
지구를 드높여 진리로 충만하게 합니다.

6. 사랑하는 아스트레아여, 당신의 원과 검으로 가장 창조적인 사람들을 자유롭게 하시어, 그들이 자신과 모든 사람의 내면에 있는 근원적인 인간애에 연결될 수 있게 하소서.

사랑하는 아스트레아여, 모든 이원성의 투쟁과
갈등 너머로 삶을 가속하소서.
신과 인간 사이의 분열을 모두 소멸하시고,
신의 완전한 계획이 구현되도록 가속하소서.

사랑하는 아스트레아, 우리와 하나 되신 존재시여,

백청색 번개 같은 당신의 원과 검은,
퓨리티의 빛으로 거침없이 불순함을 잘라내고,
지구를 드높여 진리로 충만하게 합니다.

7. 사랑하는 아스트레아여, 당신의 원과 검으로 가장 창조적인 사람들을 자유롭게 하시어, 우리 문제를 해결하기 위한 유일한 방법은, 우리가 자각과 의식을 더 높이 올리고, 우리나라를 위한 황금시대 아이디어를 성 저메인으로부터 직접받는 것임을 보게 하소서.

사랑하는 아스트레아여, 우리가 사랑으로 요청드리니,
보이지 않는 분리의 장벽을 부숴주소서.
사랑의 마스터들과 무한 안에서,
내 마음을 진정한 하나됨으로 들어올립니다.

사랑하는 아스트레아, 우리와 하나 되신 존재시여,
백청색 번개 같은 당신의 원과 검은,
퓨리티의 빛으로 거침없이 불순함을 잘라내고,
지구를 드높여 진리로 충만하게 합니다.

8. 사랑하는 아스트레아여, 당신의 원과 검으로 가장 창조적인 사람들을 자유롭게 해주시고, 성 저메인과의 지속적인 협력 관계를 방해하는 모든 것을 차단해 주소서.

사랑하는 아스트레아여, 마음과 함께 창조하는 비밀을,
우리 모두가 깨닫게 하소서.
따라서 우리가 무지로 인해 잊어버린 것을,
앎 속에서 쉽게 재창조하게 하소서.

사랑하는 아스트레아, 우리와 하나 되신 존재시여,

백청색 번개 같은 당신의 원과 검은,
퓨리티의 빛으로 거침없이 불순함을 잘라내고,
지구를 드높여 진리로 충만하게 합니다.

9. 사랑하는 아스트레아여, 당신의 원과 검으로 가장 창조적인 사람들을 자유롭게 해주시고, 우리나라가 가진 황금시대 잠재력을 보고 받아들이는 것을 방해하는 모든 것을 차단해 주소서.

사랑하는 아스트레아여, 순수한 당신의 화염을,
우리 모두가 사용하게 되기를 열망합니다.
오명 속에 심어진 모든 형상을 들어올릴 때,
지구에서 성 저메인의 시대가 시작됩니다.

사랑하는 아스트레아, 우리와 하나 되신 존재시여,
백청색 번개 같은 당신의 원과 검은,
퓨리티의 빛으로 거침없이 불순함을 잘라내고,
지구를 드높여 진리로 충만하게 합니다.

봉인하기
I AM THAT I AM, 모든 생명 안에 계신 보편적인 그리스도 마음의 이름으로, 우리는 대천사 미카엘과 아스트레아와 성 저메인께서 우리와 우리나라의 모든 사람 주위에 뚫을 수 없는 보호막을 형성하여, 네 층의 모든 불완전한 에너지와 어둠의 세력들로부터 봉인해 주심을 받아들입니다. 보랏빛 화염이 우리 존재 안에 있는 모든 불완전한 에너지를 변형하고 있기에, 이 세상의 지배자가 오더라도 우리에게서 아무것도 가져갈 것이 없음을 받아들입니다. 아멘.

주요 용어집

감정체(Emotional Body)

우리의 감정적인 에너지를 저장하고 있는 우리의 오라/마음의 한 측면.

그리스도(Christ)

넓은 의미에서, 그리스도라는 기본 의식으로부터 형상 세계(world of form)의 모든 것이 창조되었다고 말할 수 있습니다. 그리스도의 목적은 창조주와 창조물 사이의 하나됨을 유지하는 것입니다. 그리스도는 특별히, 자유의지를 가지고 분리의 환영 안으로 자발적으로 하강하기를 선택하는 존재들과 관련이 있습니다. 이 분리의 환영으로 인해, 사람들은 자신들이 근원으로부터 분리되었다고 믿게 됩니다. 그리스도 의식은, 분리 안으로 아무리 깊이 내려가더라도 언제든 창조주와의 하나됨으로 돌아갈 수 있는 선택권을 보장해 줍니다. 창조된 모든 것 안에 그리스도 의식이 있기 때문에, 우리가 그리스도 의식으로 도달할 수 없는 곳이란 없습니다.

보다 구체적인 의미에서, 그리스도란 분리의 환영을 극복하고 그리스도 의식을 성취한 존재를 의미합니다. 그리스도 의식의 성취에 있어서는 여러 수준이 존재합니다.

그리스도 자아(Christ Self)

분리와 이원성에 갇힌 존재들을 돕기 위해 상승 마스터들이 보내 주는 중개자. 대부분의 사람들은 직관으로서, 혹은 내면의 고요하고 작은 목소리를 가진 그리스도 자아를 알고 있습니다. 그리스도 자아가 실제로 우리에게 어떤 선택을 해야 한다고 말해 주는 것은 아닙니다. 단지 우리에게 더 나은 선택들을 위한 기준틀을 제시해 줍니다. 그리스도 자아가 우리에게 반드시 궁극적이고 절대적인 진리를 가져다주지는 않습니다. 대신 현재 우리의 의식 상태보다 조금 더 높은 통찰력을 제공할 것입니다.

그리스도 분별력(Christ Discernment)

그리스도 분별력은 분리와 이원성의 의식을 통해 형성된 수많은 환영을 꿰뚫어 볼 수 있는 능력입니다. 또한 모든 눈에 보이는 현상 배후에 있는 근본적인 하나됨을 볼 수 있는 능력이기도 합니다.

그리스도 신성(Christhood)

한 존재가 그리스도 의식을 성취하면, 그 존재는 그리스도 신성에 이르렀다고 말합니다.

구체들(Spheres)

일반적으로 창조주가 창조한 대 우주를 의미합니다.

형상을 가진 우주의 창조는, 처음에 창조주가 구체의 경계를 정한 다음, 거대한 허공(void)의 중심에 있는 하나의 특이점으로 자신을 응축시킴으로써 시작되었습니다. 그 다음 창조주는 마-터 빛을 사용하여 허공 안에 구체를 창조했습니다. 창조주는 그 구체 속에 구조들을 만들었고 그 속으로 자의식을 가진 자신의 확장들을 보냈습니다.

그 이후에 이 확장들이 자신들의 의식을 높이며 성장함에 따라 이 구체의 진동도 높아졌고, 마침내는 영적인 영역으로 상승했습니다. 이로써 형상을 초월한 영적인 영역에서 첫 번째 구체가 형성되었습니다. 그 다음에 창조주가 두 번째 구체를 창조하자, 첫 번째 구체에서 내려온 상승 마스터들은 두 번째 구체의 구조들을 만들었으며, 이 구체에 자신들의 확장들을 내려 보냈습니다. 하나의 구체가 상승하고 새로운 구체가 창조되는 이러한 과정이 계속되었으며, 지금 우리는 그런 방식으로 창조된 일곱 번째 구체에 존재하고 있습니다. 처음 세 구체에서, 모든 존재는 분리와 이원성 의식으로 들어가지 않고 상승했습니다. 네 번째 구체에서 상승을 거부하는 일부 존재들이 생겼으며, 그들은 최초의 타락한(혹은 추락한) 존재들이 되었습니다. 네 번째 구체가 상승했을 때 타락한 존재들은 상승할 수가 없었고, 그들은 여섯 번째 구체로 추락했습니다. 새로 창조된 구체는 일반적으로 낮은 진동을 지니고 있으므로, 타락한 존재들이 여전히 그곳에 거주할 수 있었기 때문입니다. 이 사실은, 우리 세계에 악이 존재하는 이유에 대한 기본적인 설명입니다.

네 하위체들, 마음의 네 층들(Four Lower Bodies, Four Levels Of The Mind)

마스터들은, 우리 인간들이 물질우주의 네 층에 대응하여 정체성체, 멘탈체, 감정체, 육체란 네 하위체들을 가지고 있다고 말합니다.

마스터들은 또한 마음의 네 층들에 대해서 설명합니다. 정체성 마음에는 우리의 가장 깊은 정체감이 저장되어 있습니다(우리는 누구인가? 우리는 무엇을 할 수 있는가), 멘탈 마음에는 우리의 사념들이 저장되어 있습니다(우리는 어떤 방식으로 일하는가), 감정적 마음에는 우리의 감정들이 저장되어 있습니다(왜 우리가 그것을 하길 원하고 해야만 하는가), 그리고 물리적 마음은 육체의 요구와 연관되어 있습니다.

다르마(Dharma)

불교 전통에서 다르마란, 우리가 여기에 와서 수행해야 하는 신성한 일을 의미합니다. 또한 다르마는 우리의 신성한 계획을 의미하며, 우리가 지구에 육화하기 전에 여기 가져오고자 결정했던 긍정적인 자질들입니다.

대천사(Archangel), 여성 대천사(Archeia)

천사들은 집단으로 구성되며, 각 집단은 대천사에 의해 주도됩니다. 각 대천사는 여성 대천사로 불리는 여성성의 짝을 가지고 있습니다. 각각의 일곱 광선마다 한 쌍의 대천사들이 존재하지만, 다른 집단의 천사들에도 역시 존재합니다.

디크리(Decree)

영적인 영역으로부터 높은 진동수의 에너지를 불러내어 개인 또는 행성적 수준의 특정한 조건 속으로 향하도록 만드는 영적인 기법. 디크리는 일반적으로 운율이 실린 문구들로 구성되어 있으며, 큰 권능과 권한을 가지고 소리 내어 낭송합니다.

마야의 베일(The Veil Of Maya)

불교 전통에서 마야의 베일이란 육화 중인 존재들이 실재를 있는 그대로 보지 못하게 가리고 있는 어떤 것입니다. 모든 것이 불성이며, 모든 생명의 하나됨이 바로 실재입니다. 이 베일은, 물질우주가 특정한 밀도를 가진 에너지로부터 만들어졌기 때문에 형성된 것입니다. 이 베일로 인해, 우리의 감각은 물질조차도 다 영적인 빛으로 만들어져 있다는 것을 인지하지 못하게 됩니다.

마-터 빛(Ma-ter Light)

형상을 가진 만물이 창조되어 나오는, 우주의 바탕 에너지. 마-터 빛 자체는 어떤 형상도 띠고 있지 않지만, 어떤 형태든지 취할 수 있는 능력이 있습니다. 또한 그것은 어떤 기본적 형태의 의식을 가지고 있으며, 이 의식은 다른 특성들 가운데서 자신의 근원인 창조주를 향한 고유한 추동력을 가지고 있습니다. 마-터 빛은 단계적으로 진동수를 낮추면서, 연속적으로 구체(spheres)들을 창조하고 있습니다. 우리는 창조된 구체들 중에서 일곱 번째의 구체에 살고 있으며, 이전의 여섯 구체들은 모두 상승하여 영적인 영역의 일부가 되었습니다.

물병자리 시대(Aquarian Age)

물병자리 시대는 점성학적 주기 상의 세차 운동으로, 약 2150년간 지속됩니다. 이전 시대는 물고기자리 시대였으며, 예수님이 그 영적인 마스터였습니다. 물병자리 시대의 주관 마스터는 상승 마스터 성 저메인입니다. 성 저메인에 따르면, 물병자리 시대는 공식적으로 2010년 3월 22일에 시작되었습니다.

물질 영역의 네 층들(Four Levels Of The Material Realm)

모든 것은 에너지로 만들어지며, 따라서 전체 형상 세계는 다양한 진동수의 에너지들로 이루어졌습니다. 창조주의 수준인 최상층부터 최하층에까지 이르는 진동들의 연속체가 있습니다. 연속체는 몇 개의 구획으로 나누거나, 진동수의 수준으로 구분하여 정의할 수 있습니다. 예를 들어, 하나의 주요한 구분은 영적인 영역과 물질 영역 사이에 있습니다.

영적인 영역 안에도 여러 구분이 있고, 물질 영역은 네 층으로 구분합니다. 높은 진동에서 낮은 진동에 이르기까지 존재합니다.

에테르층 또는 정체성층 / 멘탈층 / 감정층 / 물질층

멘탈체(Mental Body)

우리의 사념과 정신적 에너지들을 저장하고 있는 우리 오라/마음의 한 측면.

무한 8 자 형상의 흐름

신의 화염의 빛이 신의 순수한 존재(Pure Being of God)와 우리 형상 세계 사이를 8자의 형상으로 순환하는 원리를 말합니다. 이때 위의 원은 신의 전체 현존을, 아래의 원은 우리가 사는 세계를 의미합니다.

또한 신의 화염의 빛이 상위 존재인 아이엠 현존과 우리의 하위 존재 사이를 8자의 형상으로 순환하는 원리나 혹은, 상승한 영역의 마스터들과 지상의 제자들 사이를 8자의 형상으로 순환하는 원리를 의미할 수도 있습니다.

우리가 위에서 오는 흐름을 받아 태양처럼 이 세계에 빛을 방사하고 다시 올려 보냄으로써 8자 흐름을 완결할 때, 신과 상위 영역에서는 우리가 증식해서 보낸 것을 더 배가해서 내려 보냅니다.

이런 증식의 순환 과정을 통해, 우리는 위에서와 같이 아래에서도 동일한 현존을 성취하고, 그 이상의 존재로 계속 초월해 갈 수 있습니다.

보라색 화염(Violet Flame)

카르마 또는 오용된 에너지를 변형하는데 특별히 효과적인 영적 에너지입니다. 성 저메인은 1930년대에 보라색 화염을 드러내라는 우주적인 시혜를 받았습니다. 그 이후로 상승 마스터 학생들은 디크리와 기원문과 확언들을 통해 보라색 화염을 기원하고 있습니다.

그러나 이 보라색 화염이 오용될 수 있다는 것을 깨닫는 것이 중요합니다. 제한된 신념은 에너지를 부적절하게 변질시킵니다. 이 에너지는 점차적으로 우리의 오라에 축적되어 부담을 느끼게 만듭니다. 우리는 제한된 신념을 바꾸지

않은 채로 보라색 불꽃을 기원할 수 있는데, 이것이 단기적으로는 더 기분 좋게 느껴질 수도 있습니다. 그러나 우리가 신념을 바꾸지 않는다면, 계속해서 에너지는 오용되고 변질될 것입니다. 그리고 우리가 그 에너지를 변형하기 위해 보라색 불꽃을 계속 사용한다면 장기적으로 영적 성장을 이루지 못하게 되며, 이는 성 저메인의 시혜를 오용하는 것입니다.

붓다의 8정도(正道)(Eightfold path of the Buddha)
불교 전통에서는 모든 고(苦)를 극복한 고타마 붓다에 의해 규정된, 8가지 올바른 수행의 방법을 전하고 있습니다. 그러나 더 깊은 신비주의적 이해에서 8정도란, 처음의 일곱 영적인 광선들과 통합의 제8광선을 통달하는 방법을 나타냅니다.

사나트 쿠마라(Sanat Kumara)
고도의 성취를 이룬 상승 마스터 (불교 전통에서는 과거불로, 석가모니의 전생에 수기를 주신 붓다이신 연등불로도 알려져 있습니다). 이전 시대에, 지구에서는 수많은 사람이 이원성 의식 속으로 깊이 추락해 버렸습니다. 그러자 카르마 위원회와 우주 영단은, 더 이상 성장을 위한 무대로서 존속할 수 없게 된 지구가 자멸의 길을 가도록 허용하기로 결정했습니다. 그때 지구의 영적 균형을 잡기 위해 금성에서 사나트 쿠마라가 144,000 생명흐름과 함께 지구로 왔습니다. 지구에서 충분한 수의 사람들의 의식을 높여서 그들이 행성을 위한 균형을 유지할 수 있도록 해 주기 위함이었습니다.
사나트 쿠마라와 함께 온 144,000 생명흐름들의 다수가 여전히 육화 중이며, 그들은 흔히, 세상을 개선하고 다른 사람을 도우려는 큰 열망을 가진, 대단히 영적인 사람들입니다. 그러나 그러한 사람들이 다른 사람들을 변화시키거나 도우려는 욕구를 놓아버리지 않는 한, 자신의 상승이 저지되는 그러한 시점이 올 것입니다.

상승 마스터(Ascended Master)
일반적으로 인간으로서 지구상에 육화하여, 종종 많은 육화 후에 상승의 과정에 대한 자격을 갖추게 되었던 존재를 가리킵니다. 또한 이 단어는 (네 층인 물질계를 초월한) 영적인 영역에 있는 모든 존재를 가리키는 것으로 더 광범위하게 사용될 수 있으며, 여기에는 물리적 세상에 육화하지 않은 존재도 포함됩니다.

상승(Ascension)
한 존재가 그리스도 의식으로 충만한 자의식(self-awareness)에 도달하는 과정을 말합니다. 이 의식 상태에서는, 분리와 이원성의 환영에 의해 만들어진 모든 거짓을 꿰뚫어 볼 수 있습니다. 따라서 그는 아무것도 창조주로부터 분리될 수 없으며, 모든 자의식을 지닌 존재는 창조주의 확장이라는 배후의 현실을 봅니다. 그런 까닭에 그는 분리된 존재로서의 자신을 높이려고 하는 대신, 모든 생명을 높이고자 추구합니다. 상승하고 난 후에 그 존재는 영적인 영역에서 영구적으로 거주하게 되며, 다시 육화할 필요가 없습니다.

생명흐름(Lifestream)
자의식을 지닌 개별 존재를 지칭하는 용어. 종종 "영혼(soul)"으로 표현됩니다. 그러나 생명흐름은 영혼을 넘어서는 우리 존재의 부분들을 가리키며, 여기에는 아이앰 현존과, 또 창조주에 이르는 모든 영적 존재들의 계보가 포함되어 있습니다.

성 저메인(Saint Germain)
물병자리 시대의 지도자인 상승 마스터입니다. 또한 성 저메인은 일곱 번째 영적 광선인 자유의 광선을 대표합니다. 따라서 그는 때때로 "지구를 위한 자유의 신"이라 불립니다. 성 저메인은 지구에서 황금시대를 구현하기 위한 계획을 가지고 있으며, 오는 2,000년 동안 중요한 역할을 담당할 것입니다.

성모 마리아(Mother Mary)
예수의 어머니로 육화했던 상승 마스터입니다. 그녀는 지구를 위한 신성한 어머니란 영적인 사무국을 유지하고 있습니다.

쉬바(Shiva)
전통적으로 힌두교의 삼위 일체 신성 중의 하나. 그러나 더 깊은 의미에서 쉬바는 우리를 어둠의 세력과 아스트랄계로부터 단절하여 자유롭게 해 주는데 특별히 도움이 되는 우주적 존재입니다. 우리는 쉬바란 이름을 9번, 33번, 144번 반복해서 낭송함으로써 대단히 효과적인 요청을 할 수 있습니다.

신비 학교(Mystery School)

자의식을 지닌 존재들에게 의식을 높이기 위한 목적을 가진 입문을 제공해 주기 위해 설계된 환경을 의미합니다. 일반적으로 신비 학교는 높은 성취를 이룬 상승 마스터에 의해 감독됩니다.

신성한 계획(Divine Plan)

이번 육화 중에 우리가 수행하고자 세웠던 계획을 말합니다. 이것은, 우리가 지구에 가져오려는 영적인 선물과, 하고자 원하는 경험과, 우리가 배우고자 하는 교훈과 균형 잡아야 할 카르마를 포함합니다. 흔히 이것은, 우리가 만나고 싶은 어떤 사람이 있고, 그들과 다양한 유형의 관계 속으로 들어가기를 원한다는 의미입니다.

신성한 안내(Divine Direction)

더 높은 근원으로부터 오는 안내이며, 우리는 그리스도 자아를 통해 신성한 인도를 받게 됩니다. 그 인도는 당신의 아이앰 현존이나, 우주적 존재이자 상승 마스터인 대 신성 안내자(Great Divine Director)로부터 올 수 있습니다. 그는 신성한 안내를 대표하는 존재입니다.

신성한 어머니(Divine Mother)

지구 행성에서 신의 여성적인 측면을 대표하는 영적인 사무국을 의미합니다. 현재 이 사무국은 상승 마스터 성모 마리아께서 맡고 계십니다.

아스트랄계(Astral Plane)

모든 것은 에너지로 이루어졌고, 에너지는 진동의 연속체입니다. 이 에너지 연속체에는 어떤 구획들이 있는데, 예를 들면 물질우주는 일정한 스펙트럼 안에서의 진동수로 만들어졌습니다. 물질우주는 네 구획으로 나눠집니다. 정체성(에테르)층, 멘탈층, 감정층, 물질층.

감정층 안에는 더 많은 구획들이 있으며, 가장 낮은 곳은 사람들의 부정적 감정으로 창조되었는데, 말하자면 두려움, 분노, 증오와 같은 것들입니다. 아스트랄계는 감정층 안의 한 부분이며, 여러 시대에 걸쳐 사람들이 가졌던 지옥의 비전과 유사한 곳입니다.

아이앰 현존(I AM Presence)

우리의 더 높은 상위 자아 또는 영적 자아, 진아(眞我). 의식하는 자아는 아이앰 현존의 확장이며, 우리의 가장 높은 잠재력은 그 현존(Presence)과 완벽한 하나됨을 성취하는 것입니다. 그럼으로써 우리는 물질계 안에서 진아인 현존을 표현하는 열린 문으로 봉사할 수 있습니다. 우리의 영적인 정체성과 영적인 개성은, 아이앰 현존에 뿌리내리고 있으며, 따라서 지상에서 일어나는 그 어떤 일에 의해서도 결코 파괴되지 않습니다.

어둠의 세력들(Dark Forces)

분리와 이원성의 환영에 갇혀 있는 존재들로서, 아스트랄계에는 이러한 존재들이 많이 있습니다. 물질우주의 모든 것은 더 높은 영역에서 흘러오는 에너지에 의해 유지됩니다. 그러나 어떤 존재가 의도적으로 자의식을 지닌 다른 존재들을 해치기 시작한다면, 그 존재는 상위 영역에서 오는 에너지를 받지 못하도록 차단됩니다. 따라서 그는 물질계의 존재들로부터 에너지를 훔쳐야만 존재를 유지할 수 있습니다. 이것은, 어둠의 세력들이 인간으로부터 에너지를 훔쳐야만 계속 존재할 수 있다는 의미입니다. 그들은, 인간들이 저열한 감정과 이기적인 행동을 통해 부적절한 에너지를 방출하게 만든 후 이 에너지를 취합니다.

어둠의 세력들은 (인간들이 허락한다면) 인간의 마음을 지배할 수 있으며, 지구에서 보는 전쟁과 범죄의 대부분은 어둠의 세력들에 의해 발생합니다. 그들은 사람들을 선동하여 다른 사람에게 폭력을 가하도록 만들며, 고통으로 인해 에너지가 방출되면 어둠의 세력들은 이 에너지를 자신들을 유지하는 데 사용합니다.

어머니 신(God The Mother)

신성한 어머니를 의미하는 또 다른 용어입니다. 그러나 신의 여성적 측면, 즉 전체 형상 세계를 지칭할 수도 있습니다. 우리는 어머니 신의 일부입니다.

영적인 광선들(Spiritual Rays)

모든 것은 에너지로 만들어집니다. 심지어 아인슈타인의 유명한 방정식인, $E = mc^2$도 물질이 매우 높은 형태의 에너지에서 창조되었으며 그것이 빛의 속도의 제곱이라는 인자에 의해 진동이 감소된다는 의미입니다. 마스터들은 아인슈타인의 이론이 기본적으로 옳지만, 거기에는 일곱 가지의 감소 인자들이 있다고 가르칩니다. 다시 말해서, 물질우주는 7가지의 영적인 에너지로 만들어지며, 이 에너지들은 물질계의 모든 현상을 만들기 위해 결합됩니다. 이러한 유형의 에너지를 광선 또는 영적인 광선이라고 부릅니다. 전체 형상 세계를 창조하는데 모두 15 광선들이 사용되었습니다.

에테르체(Etheric Body)

우리의 정체성을 저장하고 있는 우리 오라/마음의 한 측면.

엘로힘(Elohim)

대단히 높은 의식 수준을 가지고 있고 물질의 창조에 대해 완전한 통달의 경지에 올라 있는, 상승한 존재들입니다. 일곱 광선 각각에 남성/여성 극성을 지닌 엘로힘이 존재합니다.

엘리멘탈, 자연의 정령(Elementals)

형상 세계는 창조주로부터 확장되어 나온 존재들의 위계 구조를 통해서 창조되었습니다. 예를 들어, 지구 행성은 엘로힘이라 불리는 영적인 영역의 일곱 존재들에 의해 창조되었습니다. 그들은 지구에 대한 원설계(blueprint)의 비전을 형성한 후, 물질계의 네 층으로 그 비전을 투사했습니다.

그리고 네 그룹의 엘리멘탈들이 그 원설계를 담은 비전을 물리적으로 구현해 내었습니다. 그들은 인간보다 낮은 정도의 자의식을 가진 존재이지만, 물질세계를 구축하는 것을 돕는 봉사를 통해 성장할 수 있습니다. 네 영역의 엘리멘탈들의 명칭은 다음과 같습니다.

에테르 영역: 불의 엘리멘탈 또는 살라맨더(salamanders)

멘탈 영역: 공기의 엘리멘탈 또는 실프(sylphs)

감정 영역: 물의 엘리멘탈 또는 언딘(undines)
물질 영역: 땅의 엘리멘탈 또는 노움(gnomes)

예수(Jesus)

상승 마스터 예수님은 물고기자리 시대를 주관한 마스터였습니다. 그는 행성
적 그리스도라는 영적인 사무국과 권한(the office of planetary Christ)을 유지
하고 있으며, 우리는 그리스도 의식을 통하지 않고서는 상승할 수 없습니다.
이것은, 사람들이 상승하기 위해서는 반드시 지상에 형성되어 있는 왜곡된 그
리스도 이미지를 초월하고 진정한 예수님과 평화를 이루어야 한다는 것을 의
미합니다.

오라(Aura)

인체를 둘러싸고 있는 에너지 장. 오라는 물질 영역의 각 수준에 대응하는 수
준들을 가지고 있습니다. 우리는 육체 위로 감정체와 멘탈체 그리고 정체성체
를 가지고 있습니다.

우주적 존재(Cosmic Being)

특정한 영적인 사무국을 담당하는 영적인 존재로, 일반적으로 특정한 신성 자
질에 대한 초점이 됩니다. 우주적 존재들은 상위 구체에서 상승한 존재들이므
로 지상에는 육화한 적이 없습니다.

은거처들(Retreats)

많은 상승 마스터들은 에테르 영역 또는 정체성층에 존재하는 영적인 은거처
를 가지고 있습니다. 우리 육체가 밤에 자는 동안, 우리는 정묘체(finer bodies)
로 그러한 은거처를 방문하게 해 달라고 요청을 할 수 있습니다. 은거처는 보
통 지상의 물리적인 장소 위에 위치하고 있으나 에테르 영역에 있기 때문에,
물리적인 수단으로는 감지될 수 없습니다. 각 은거처는 지구로 내보내는 특정
한 영적 에너지에 초점을 맞추고 있습니다. 또 준비가 된 사람들에게 특정한
가르침을 주는 집중점이 될 수 있습니다.

이원성(Duality), 이원성 의식(Duality Consciousness)

의식하는 자아가 순수한 인식 능력을 가지고 볼 때면, 모든 생명이 하나이고 동일한 근원에서 왔다는 근원적인 실상을 인식할 수 있습니다. 이원적 의식은 이러한 하나됨을 보지 못하게 가립니다. 이원성 의식은 물질과 영이 분리되어 있고, 인간과 신이 분리되어 있으며, 사람들이 서로 분리되어 있는 것처럼 보이도록 만듭니다.

또한 이원성은 서로 상반되게 작용하는 부정적인 양극성을 포함하며, 한쪽이 다른 한쪽을 소멸하려고 합니다. 따라서 이원성은 언제나 대립하는 양 측면을 수반하면서, 통상적으로 한 쪽은 선이고 다른 쪽은 악이라는 가치 판단을 부여합니다.

이원성은 항상 환영입니다. 왜냐하면 그 어느 것도 모든 생명의 하나됨을 파괴하거나 변화시킬 수 없기 때문입니다. 따라서 이원성은 단지 자기의식적인 존재들의 마음 안에서 환영으로만 존재할 수 있습니다. 이원성으로 눈이 멀어 있는 한 우리는 그리스도 의식을 성취할 수 없고, 따라서 상승할 수도 없습니다.

인간 에고(Human Ego)

의식하는 자아가 분리와 이원성의 환영 속으로 하강했을 때 인간 정신 안에서 형성된 요소입니다. 의식하는 자아는 순수인식이므로, 원래적으로는 분리된 존재로서 활동할 수 없습니다. 그럼에도 불구하고 의식하는 자아는 분리된 자아의 감각 안으로 들어갈 수 있으며, 그 자아의 지각 필터를 통해 세상을 인식할 때에는 자신이 정말 분리된 존재라고 믿을 수 있습니다. 이 왜곡된 인식을 실제처럼 여겨지게 만드는 것은 바로 에고입니다.

입문(Initiation)

그리스도 의식을 향해서 우리의 의식을 높여가는 점진적인 과정. 이것은 각 개인이 자신의 내면에서 안내를 받는 개별적인 과정이 될 수 있지만, 일반적으로는 외적인 가르침이나 구루, 혹은 단체를 따르는 것을 포함합니다.

의식하는 자아(Conscious You, conscious self)

의식하는 자아는 우리의 하위 존재의 핵심입니다. 의식하는 자아는 바로 아이앰 현존의 확장으로서, 영적인 영역에서 하강한 것입니다. 우리의 자유의지가 자리한 곳은 바로 의식하는 자아입니다. 그러나 우리는 자신의 인식에 근거해서 선택을 합니다. 만일 의식하는 자아가 순수한 인지능력을 가지고 있다면 아이앰 현존을 위한 열린 문으로 활동할 수 있습니다. 그러나 어떤 존재가 분리 의식으로 들어가면 그의 의식하는 자아는 자신을 외적인 자아나 역할로 투사하게 되고, 그 분리된 자아의 필터를 통해서 모든 것을 인식합니다. 이로 인해 마치 자신이 실제로 분리된 존재인 것처럼 종종 선택을 하게 됩니다.

중요한 점은 의식하는 자아가 언제나 그리고 영원히 순수 의식으로 남는다는 것입니다. 이것은, 의식하는 자아가 스스로 선택하는 어떤 역할로도 자신을 투사할 수 있지만, 그 역할로부터 자신을 다시 유리시키는 능력을 결코 잃어버리지 않는다는 의미입니다. 또한 그리스도 의식에 도달하여 그 안에서 예수님과 함께 "나와 나의 아버지(아이앰 현존)는 하나입니다."라고 말할 수 있는 것이 의식하는 자아입니다.

자유의지(Free Will)

마스터들은 특히 이원성 의식과 관련해서 자유의지를 이해하는 것이 대단히 중요하다고 가르칩니다. 자유의지는 물질 영역이 어떻게 작동하는지에 대해 안내하는 기본 법칙입니다. 예를 들어, 지구는 엘로힘에 의해서 오늘날 우리가 볼 수 있는 것보다 훨씬 높은 상태로 창조되었습니다. 원래는 자원의 부족도 없었고, 자연의 불균형도 없었으며 질병도 없었습니다.

대다수 인간들이 자유의지를 사용해서 이원성 안으로 하강했기 때문에 이러한 제한적인 조건들이 생겨났습니다. 자연의 정령들, 즉 엘리멘탈들은 대다수 사람들의 의식 안에 있었던 것을 물질적 조건으로 구현해 낼 수밖에 없었습니다. 인간들은 지구에 지배권을 가지도록 창조되었고, 엘리멘탈들은 오직 인간들이 정체성, 멘탈, 감정적, 물리적 마음 안에 품고 있는 이미지를 취할 수 있을 뿐입니다.

그러나 자유의지에서 중요한 점은, 우리가 언제든 이전에 했던 선택을 초월할 권리를 가지고 있다는 것입니다. 신과 상승 마스터들은 우리가 이전의 선택들을 초월하는 것을 결코 저지하지 않습니다. 우리가 과거의 선택에 속박되어 있다고 믿게 만드는 것은 단지 에고와 어둠의 세력들입니다.

정체성체(Identity Body)

우리의 정체성을 저장하고 있는 우리 오라/마음의 한 측면.

차크라(Chakra)

오라의 집중점. 에너지 센터. 일곱 영적 광선들 각각에 대응하는 일곱 개의 주요한 차크라들이 있습니다. 차크라들이 순수한 경우, 우리의 아이엠 현존으로부터 나오는 높은 진동수의 에너지가 차크라를 통해 흐르고, 이것은 우리에게 최대한의 창조적인 능력을 줍니다. 차크라가 오염된 경우 높은 에너지의 흐름은 감소되고, 그 대신 차크라는 우리의 오라로 들어오는 저급한 에너지를 받아들이는 통로가 될 수 있습니다. 심하게 오염된 차크라는 아스트랄계의 저급한 에너지에 개방될 수 있습니다.

초한(Chohan)

각 일곱 영적 광선마다 지도자 또는 주된 교사로 봉사하고 있는 상승 마스터들이 존재합니다. 이 영적인 사무국(spiritual office)을 초한이라고 부릅니다.

카르마(Karma)

모든 것은 에너지이고, 따라서 우리가 무엇을 하든지, 심지어 생각하고 느끼는 것도 에너지를 사용해서 이루어집니다. 우리는 이 에너지를 아이엠 현존으로부터 선물로 받습니다. 우리가 받는 에너지는 순수하지만, 우리 마음의 네 층에 담겨 있는 내용에 따라서 에너지의 질이 변화됩니다. 우리는 자신의 에너지의 사용에 대한 책임이 있으며, 부적합해진 에너지는 우리의 오라와 아카식 기록 양쪽에 카르마로서 저장됩니다. 우리가 상승하기 위해서는 모든 에너지를 원래의 진동수로 높임으로써 균형을 잡아야 합니다.

또한 마스터들은 카르마에 대해 더 깊은 이해를 제공하는데, 카르마는 우리 마음의 네 층들에 보유하고 있는 이미지입니다. 우리는 모든 것을 이 에너지들의 필터를 통해서 보고 있기 때문에, 끊임없이 에너지의 질을 변화시키고 있습니다. 그러나 우리는 자신이 가진 정신적 이미지를 관찰하면서 언제든지 제한된 이미지를 초월할 수 있는 선택권이 있습니다. 그리고 이것이야말로 진정 그리스도 신성으로 가는 길이며, 우리의 신성한 정체성을 수용하는 것입니다.

여기에는 카르마의 균형을 잡는 두 가지 방법이 있습니다. 우리는 디크리와 기원문들을 통해서 영적인 에너지를 불러일으키고 에너지를 다시 조정하여, 우리의 현재 의식 수준을 벗어날 수 있습니다. 이것은 가능하지만, 느린 과정입니다. 왜냐하면 우리는 계속 더 많은 카르마를 만들어 가고 있기 때문입니다. 더 빠른 방법은 정신적 이미지를 초월하는 작업을 하는 것이고, 그럼으로써 우리는 새로운 카르마의 생성을 멈추게 됩니다. 우리가 여기에 이르면, 남아 있는 모든 카르마의 균형을 훨씬 더 빨리 잡을 수 있는데, 높은 의식 상태에서는 더 많은 에너지를 불러일으킬 수 있기 때문입니다.

타락(Fall)
가장 넓은 의미에 있어서, 자의식을 지닌 존재가 분리 의식 속으로 내려오는 과정을 가리킵니다. 타락 이전에 우리는 자신을 고립된 존재가 아니라 자신보다 더 큰 어떤 존재에 연결되어 있는 존재로 봅니다. 타락 이후에 우리는 자신이 신에 의해 버림받고 처벌 받은, 분리된 존재라고 확신하게 됩니다.

중요한 차이점은, 타락 이후부터는 우리가 자신의 성장에 대한 책임감을 가지기가 어렵다는 것입니다. 타락은 우리 자신의 선택에 의해 일어난 것이므로, 오직 자신의 선택에 의해서만 되돌릴 수 있습니다. 우리가 자신을 분리된 존재로 여길 때, 다른 사람에 미칠 영향을 고려하지 않고 자신이 원하는 무엇이든 할 수 있다고 생각하게 됩니다. 이로 인해 우리는 지속적으로 타인과의 투쟁에 빠져들게 되며, 더 나아가 우리가 타인과 물질우주와 심지어는 신과 맞서서 싸워야 한다고 생각하는 마음의 상태로 이어질 수 있습니다.

이런 마음의 상태는 딜레마에 봉착하는데, 자신의 상황이 자기 자신의 선택에 의해 창조된 것임을 인정하지 않는 한, 그 선택을 바꿀 수 없기 때문입니다. 그 대신 우리는 다른 사람들과 물질세계를 강압적으로 통제하고 심지어 신까지도 통제하여 자신의 상황을 변화시키고자 합니다. 자기 결점은 무시하면서 타인의 작은 결점을 변화시키려고 합니다.

타락한 존재들(Fallen Beings) 또는 타락한 천사들(Fallen Angels)
넓은 의미에서, 이원적 의식에 의해 눈이 멀어 있는 모든 존재들을 의미합니다. 그러나 흔히 마스터들은 좀 더 구체적으로, 이전의 구체(sphere)에서 타락했던 존재들의 그룹을 지칭할 때 이 용어를 사용합니다. 이들의 중요한 특징은, 그들이 타락 이전에 이미 상당한 수준의 성취에 이르러 있었다는 것입니다. 따라서 그들은 대개, 이 행성에서 삶을 시작한 존재들보다 더 월등한 능력을 가지고 있습니다.

역사를 통해 타락한 존재들은 종종 강력하지만 잔혹한 지도자들이 되었는데, 분명한 예들은 히틀러, 스탈린, 마오쩌둥입니다. 그러나 많은 타락한 존재들은 눈에 띄는 권력의 남용 없이 중요한 위치를 차지하고 있으면서 사회에 지대한 영향을 미치고 있습니다. 그들의 주된 특성은, 대부분의 지구 사람들에 대해 우월감을 느끼면서 자신들이 옳다고 절대적으로 확신합니다. 또한 물리적으로 육화하지 않고, 아스트랄계나 멘탈계에 머물고 있는 타락한 존재들도 있습니다.

황금시대(Golden Age)

현재, 지구는 원래 엘로힘들이 의도했던 것보다 더 낮은 상태로 존재합니다. 이런 상태는 대부분의 사람들이 이원적 의식에 의해 현혹됨으로 인해 생겨난 것이며, 필연적으로 다양한 갈등들과 한계로 봉착하게 됩니다. 그러나 상승 마스터들, 특히 다가오는 2,000년 주기의 주관자인 성 저메인의 목표는, 임계 수치의 사람들이 개별적인 그리스도 신성에 이를 수 있도록 영감을 주는 것입니다. 충분한 수의 사람들의 의식이 높아지게 되면 오늘날보다 훨씬 높은 상태의 사회가 구현될 수 있으며, 이것을 일반적으로 황금시대라 부릅니다.

▶ 아이앰 출판사 연락처
· 이 책의 오류 및 아래 내용과 관련된 문의 사항은 메일로 해 주세요.
· biosoft@naver.com (리얼셀프)

▶전체 용어집
  cafe.naver.com/christhood/2411 (그리스도 의식을 추구하며 카페)
  이 책에 나오지 않는 용어는 카페의 용어집을 참조하거나 카페에서 검색
및 질문을 할 수 있습니다.

▶온라인, 오프라인 모임 및 행사 안내
· 공부 모임: 서울, 분당, 대전, 대구, 부산 지역별 매달 1~2회 주말 모임
  (공부를 하기 위한 진지한 목적으로는 누구나 참여 가능함)
· 온라인 기원문 낭송: 카페에서 매주 1~2회 저녁에 공동 기원문 낭송
· 성모 마리아 500 세계 기원: 매월 마지막 일요일 개최
  (오후 3시~7시 또는 8시~12시. 전 세계적으로 같은 시간에 진행)
· 상승 마스터 국제 컨퍼런스: 한국에서 매년 또는 정기적으로 개최
  (한국, 유럽, 러시아, 미국 등에서 개최함)
· 더 상세한 내용은 네이버 카페 공지사항을 참조하시기 바랍니다.
  (cafe.naver.com/christhood)

▶ 셀프 마스터 과정

상승 마스터들은 2012년부터 매년 한 광선에 해당하는 셀프 마스터 시리즈의 책을 킴 마이클즈를 통해서 전해주고 있습니다. 이 과정은 책만 구매하면 별도의 비용이 들지 않고 개인적으로 누구나 수행할 수 있습니다. 처음 수행하는 분은 비영리 단체인 '그리스도 의식을 추구하며' 카페에서 진행과 관련하여 도움을 받을 수 있습니다.

· 단계별로 아래의 책을 구매 후 개인적으로 수행을 해도 됩니다.
  (카페에서 번역서 구매 가능. 일부 책은 www.yes24.com에서 구매 가능)
· 초기에는 오프라인 모임, '셀프 마스터' 메뉴에서 도움을 받을 수 있습니다.
· 책을 읽고 기원문을 낭송하는 방식으로 진행됩니다.
· 수행 시간은 매일 약 20분~40분 내외입니다.

셀프 마스터 시리즈 책 (킴 마이클즈 저)
(카페에서 한글판 서적 구입 가능)

한글 서적 명	시리즈
'영원한 나'를 찾아가는 여정	1
내면의 창조적인 힘 (1광선)	3
'신성한 지혜'를 찾아가는 여정 (2광선)	4
'조건 없는 사랑'을 찾아가는 여정 (3광선)	5
'영적인 순수함'을 찾아가는 여정 (4광선)	6
'초월적인 비전'을 찾아가는 여정 (5광선)	7
'내면의 평화'를 찾아가는 여정 (6광선)	8
'영원한 자유'를 찾아가는 여정 (7광선)	9
생명의 강과 함께 흐르기 (8광선) 생명의 강과 함께 흐르기-실습교재	2

주의 사항: 상승 마스터 가르침을 처음 접하면, 몇 권의 책을 읽고, 기원문을 일정 기간 낭송하면서 자신에게 적합한지 살펴본 후에 이 과정을 시작하세요. 이 과정 전체를 마치는데 약 2년 소요됩니다.

▶그리스도 신성 과정

이 과정은 그리스도 신성의 마스터키(Master Keys to Personal Christhood) 책으로 진행하며, 2008년도에 킴 마이클즈가 예수님께서 준 메시지를 책으로 출판했습니다. (카페에서 구입 가능)

이 과정은 예수님과 스승-제자 관계가 되어 그리스도 의식으로 올라가는 과정입니다. 2,000년 전에 예수님께서 제자들에게 모든 것을 말해주셨다는 얘기들 읽었으리라 봅니다. 이 시대에 다시 예수님께서 직접 그리스도가 되는 길을 갈 제자를 모집하고 있습니다.

예수님께서도 육화 중에 이 과정을 동일하게 밟았다고 합니다. 특히 다른 메시지에 언급되듯이, 예수님께서 이 과정을 시작할 당시에 이미 높은 의식 수준을 달성해 있었지만, 처음부터 단계를 밟아서 올라갔다고 합니다. 마찬가지로, 여기 온 모든 분들도 자신의 의식 수준을 내세우지 말고 바닥부터 차근차근 올라가시기 바랍니다.

모두 17개의 열쇠가 있으며 열쇠마다 기원문을 낭송하고 메시지의 일부를 읽는 과정을 33일간 실천하라고 제안하고 있습니다. 각 열쇠에 메시지가 있습니다. 메시지를 전체 읽고 나서 기원문을 하시면 됩니다. 그리고 33일간 기원문을 하기 전에 메시지 중 일부를 읽고 생활하면서 숙고하는 과정으로 진행됩니다. 예수님께서 마음속으로 어떤 아이디어와 가르침을 주십니다.

· 책을 보면서 카페의 '그리스도 과정' 메뉴 또는 오프라인 모임에서 도움을 받을 수 있습니다.
· 단계별로 책의 내용을 일부 읽고, 로자리 또는 기원문을 매일 약 40분 내외 낭송합니다. 단계별 33일간 매일 계속합니다.
· 총 17단계이며, 책에 나오는 예수님의 가르침에 따라서 진행합니다.

주의 사항: 상승 마스터 가르침을 처음 접하면, 몇 권의 책을 읽고, 기원문을 일정 기간 낭송하면서 자신에게 적합한지 살펴본 후에 이 과정을 시작하세요. 이 과정 전체를 마치는데 약 2년 소요됩니다.

▶ 힐링 과정

'예수와 함께했던 나의 생애들' 책은 지구에 육화한 어느 존재의 수많은 전생 이야기를 통해 지구 문명과 예수 그리스도의 사명과 악의 기원에 대해 깊은 통찰을 제시하는 자서전적 소설입니다.

'힐링 트라우마' 책은 소설 '예수와 함께했던 나의 생애들'과 짝을 이루는 수행서(workbook)입니다. 그 소설은 많은 영적인 사람이 자원자나 "아바타"로 지구에 오게 되었다는 개념을 소개합니다. 우리는 그때 지구에서 겪은 경험의 결과로 깊은 영적인 트라우마를 받았습니다.

아래의 책들은 이러한 개념에 대한 더 많은 가르침을 포함하고 있습니다. 또한, 여러분이 그 트라우마들을 치유하고, 이 행성에서의 삶의 태도에서 모든 부정성을 극복할 수 있도록 도울 수 있는, 실제적인 도구들을 포함하고 있습니다. 이 책을 활용하기 전에 우선 '예수와 함께했던 나의 생애들' 소설을 읽어볼 것을 권합니다. 그 소설이 여러분이 치유 과정을 시작하도록 도울 수 있는 중요한 가르침을 많이 포함하고 있기 때문입니다.

· 단계별로 아래의 책을 구매 후 개인적으로 수행을 해도 됩니다.
  (카페에서 번역서 구매 가능. 일부 책은 www.yes24.com에서 구매 가능)
· 초기에는 오프라인 모임, '힐링 과정' 메뉴에서 도움을 받을 수 있습니다.
· 책을 읽고 기원문을 낭송하는 방식으로 진행됩니다.

아바타 시리즈 책 (킴 마이클즈 저)
(카페에서 한글판 서적 구입 가능)

한글 서적 명	시리즈
예수와 함께했던 나의 생애들	1
힐링 트라우마	2
신성한 계획 완성하기	3
최상의 영적인 잠재력 완성하기	4
지구에서 평화롭게 존재하기	5